Mandel
Tourismus und Kulturelle Bildung

Kulturelle Bildung vol. 28

Eine Reihe der BKJ - Bundesvereinigung Kulturelle Kinder- und Jugendbildung, Remscheid (vertreten durch Hildegard Bockhorst und Wolfgang Zacharias) bei kopaed

Beirat
Karl Ermert   (Akademie Wolfenbüttel)
Burkhard Hill   (Hochschule München)
Birgit Jank   (Universität Potsdam)
Peter Kamp   (Vorstand BKJ/BJKE)
Birgit Mandel   (Universität Hildesheim)
Wolfgang Sting   (Universität Hamburg)
Rainer Treptow   (Universität Tübingen)

Kulturelle Bildung setzt einen besonderen Akzent auf den aktiven Umgang mit künstlerischen und ästhetischen Ausdrucksformen und Wahrnehmungsweisen: von Anfang an und lebenslang. Sie umfasst den historischen wie aktuellen Reichtum der Künste und der Medien. Kulturelle Bildung bezieht sich zudem auf je eigene Formen der sich wandelnden Kinderkultur und der Jugendästhetik, der kindlichen Spielkulturen und der digitalen Gestaltungstechniken mit ihrer Entwicklungsdynamik.

Entsprechend der Vielfalt ihrer Lernformen, Inhaltsbezüge und Ausdrucksweisen ist Kulturelle Bildung eine Querschnittsdisziplin mit eigenen Profilen und dem gemeinsamen Ziel: Kultur leben lernen. Sie ist gleichermaßen Teil von Sozial- und Jugendpolitik, von Kunst- und Kulturpolitik wie von Schul- und Hochschulpolitik bzw. deren Orte, Institutionen, Professionen und Angebotsformen.

Die Reihe „Kulturelle Bildung" will dazu beitragen, Theorie und Praxis Kultureller Bildung zu qualifizieren und zu professionalisieren: Felder, Arbeitsformen, Inhalte, Didaktik und Methodik, Geschichte und aktuelle Entwicklungen. Die Reihe bietet dazu die Bearbeitung akzentuierter Themen der ästhetisch-Kulturellen Bildung, der Kulturvermittlung, der Kinder- und Jugendkulturarbeit und der Kulturpädagogik mit der Vielfalt ihrer Teildisziplinen: Kunst- und Musikpädagogik, Theater-, Tanz-, Museums- und Spielpädagogik, Literaturvermittlung und kulturelle Medienbildung, Bewegungskünste, Architektur, Stadt- und Umweltgestaltung.

Birgit Mandel

Tourismus und Kulturelle Bildung

Potentiale, Voraussetzungen, Praxisbeispiele und empirische Erkenntnisse

www.kopaed.de

Bibliografische Information Der Deutschen Nationalbibliothek
Die Deutsche Nationalbibliothek verzeichnet diese Publikation in der Deutschen Nationalbibliografie; detaillierte bibliografische Daten sind im Internet über http://dnb.ddb.de abrufbar

ISBN 978-3-86736-328-0

Titelfotos: Jana Mandel
Druck: Kessler Druck+Medien, Bobingen

© kopaed 2012
Pfälzer-Wald-Str. 64, 81539 München
Fon: 089. 688 900 98 Fax: 089. 689 19 12
e-mail: info@kopaed.de Internet: www.kopaed.de

Inhaltsverzeichnis

0. Einführung
Warum der Tourismus Potential für die Kulturelle Bildung bietet — 9

1. Kultur im Tourismus, historischer Rückblick und aktuelle Tendenzen im Überblick — 17

1.1 Von der Grand Tour zur Pauschalreise. Was den Massentourismus von den kulturellen Bildungsreisen früherer Reisender unterscheidet — 17

1.2 Fakten und Trends im (Kultur-)Tourismus — 19

1.3 Beweggründe für Kulturrezeption im Urlaub — 22

2. Kulturelle Bildung und touristische Aneignung — 31

2.1 Kennzeichen und Ziele (inter-)Kultureller Bildung — 31

2.2 Touristische Aneignung von Urlaubswelt: Sehenswürdigkeiten, Sightseeing und Souvenirs — 39

2.3 Lernen in der Freizeit optimieren oder zur Emanzipation animieren. Positionen der Reisepädagogik — 47

2.4 Idealtypische Stufen kultureller Aneignung im Tourismus — 50

2.5 Zwischenergebnis: Potentiale touristischer Reisen für (inter-)kulturelle Bildung — 51

3. Ziele und Akteure von Kulturvermittlung im Tourismus — 55

3.1 Tourismus-Management als Kulturvermittlung — 56

3.2 Schriftliche Reiseführer als mediale Kulturvermittler — 59

3.3 Reiseleiter und Gästeführer als Kulturvermittler — 62

3.4 Animateure als Anreger kultureller Aktivitäten — 64

4. Strategien der Kulturvermittlung und Potentiale für Kulturelle Bildung in einzelnen kulturtouristischer Formaten — 67

4.1 Kulturelles Sightseeing und Stadtführungen im Städtetourismus — 68

4.2 Museen, Schlösser und andere Kultureinrichtungen als (städte-)touristische Attraktionen — 77

4.3 Studienreisen und Ethnien-Kultur-Tourismus — 87

4.4 Kultur-Event-Tourismus in Festivals und (Open-Air-)Inszenierungen — 102

4.5 Tourismus in Themenparks und kulturellen Erlebniswelten — 107

4.6 Kulturelle Animation in Cluburlauben und auf Kreuzfahrtschiffen — 116

5. Best Practise Beispiele und Experten-Meinungen zur Kulturvermittlung im Tourismus — 127

5.1 „Route der Romanik", „Wege ins Mittelalter" und Gartenträume" in Sachsen-Anhalt. Der Tourismus als Motor für neue Wege in der Kulturvermittlung. Christian Antz, Referatsleiter im Wirtschaftsministerium Sachsen-Anhalt — 127

5.2 Stiftung Preußische Schlösser und Gärten: Vermittlung als Sensibilisierung für die Schönheit und den Erhalt des gemeinsamen kulturellen Erbes. Heinz Buri, Marketingdirektor — 132

5.3 Tourismusorientierter Service, kurzweilige Vermittlungsangebote und einprägsame Architektur. Tourismusmagnet Jüdisches Museum. Martina Dillmann, Tourismusmarketing — 134

5.4 Die Gästeführung als unverzichtbare Profession stärken. Markus Müller-Tenckhoff, Stadtführer in Berlin — 139

5.5 Differenzierte interkulturelle Kulturvermittlung als entscheidender Marktfaktor. Kulturvermittlungskonzepte des Studienreiseunternehmens Studiosus. Peter Strub, Mitglied der Unternehmensleitung, und Ernst Koelnsperger, Leiter der Reiseleiterabteilung — 142

5.6 Reality Tours, Travel Mumbai und Salaam Baalak City Walk Neu Delhi – Tourismusprojekte in der Verbindung von sozialen, unternehmerischen und interkulturellen Zielen. Christine Sader, Mitarbeiterin bei Tourismusprojekten in Indien — 146

5.7 Usdeom Musikfestival: Verbindung von hochwertigen Musikkonzerten mit Erkundungen von Natur und Kultur auf einer Ferieninsel.
Thomas Hummel, Leiter Usedom Musikfestival ... 151

5.8 Europapark Rust: Emotionale und ästhetische Verbundenheit mit den Länder-Kulturen Europas erfahren durch eine Kurzreise in ein idealisiertes Europa ... 154

5.9 Phantasie statt Animation. Vamos-Reisen für Eltern und Kinder.
Ulrich Müllenmeister, Geschäftsführer, und Ninanin Raschewski, Leitung Kinderprogramm ... 158

5.10 „Die Zukunft des Kulturtourismus liegt in der Leichtigkeit des Umgangs mit kulturellen Phänomenen." Wolfgang Isenberg, Thomas-Morus-Akademie und Berater Zukunftswerkstatt TUI ... 161

5.11 Kulturrezeption im Tourismus. Ein weißes Blatt in der Tourismus- und der Kulturmanagementforschung.
Yvonne Pröbstle, Kulturmanagementwissenschaftlerin ... 164

6. Fazit: Qualitätskriterien, Vermittlungsstrategien und Voraussetzungen für Kulturelle Bildung im Tourismus ... 169

6.1 Realität und Potentiale Kultureller Bildung in verschiedenen Tourismusformaten ... 169

6.2 Thesen und Ergebnisse zu den Voraussetzungen für Kulturelle Bildung im Tourismus ... 172

6.3 Die Perspektive: Tourismus als kulturelles Lernfeld ... 178

Literaturverzeichnis ... 181

0. Einführung
Warum der Tourismus Potential für Kulturelle Bildung bietet

„Reisen bildet" – dieser Erkenntnis, die maßgeblich im Zeitalter der klassischen bürgerlichen Bildungsreise gewonnen wurde, wird vermutlich kaum jemand widersprechen. Können aber auch die durch Massentourismus geprägten Urlaubsreisen im 21. Jahrhunderts bilden, und mehr noch, können sie auch kulturell bilden?

Der Tourismus ist ein Massenphänomen, dessen Nachfrage auch in wirtschaftlichen Krisenzeiten ungebrochen ist. Für die nächsten Jahre wird weltweit ein stabiles Wachstum erwartet. Der Tourismus wird deshalb heute als einer der globalen Wachstumsmotoren angesehen (vgl. u.a. BMWI 2008, S. 10).

Die Urlaubsreise gilt für einen Großteil der Deutschen, die über ein sicheres Einkommen verfügen, als unverzichtbarer Bestandteil ihres Lebens. Mit zunehmendem Wohlstand verreisen viele sogar mehrfach im Jahr. Kurzurlaube, vor allem in Großstädte, haben stark zugenommen. Fast immer, und zunehmend mehr, sind mit einer Urlaubsreise auch kulturelle Aktivitäten bzw. kulturelle Erlebnisse verknüpft, etwa wenn Sehenswürdigkeiten besichtigt werden oder kulturelle Besonderheiten in der Alltagskultur eines bereisten Landes erfahren werden oder auch nur, wenn eine Landschaft bewusst als Kulturlandschaft wahrgenommen wird.

„Der Tourismus selbst ist immer bereits Kultur und vermittelt zwischen Kulturen des Herkunftslandes der Reisenden wie des Gastlandes der Bereisten" (Nahrstedt 2000, S.10). Der (Massen-)Tourismus ist damit potentiell auch ein kulturelles Lern- und Erfahrungsfeld.

Hinzu kommt, dass in einer „Wissensgesellschaft" auch Urlaubsreisen immer weniger nur der körperlichen Erholung dienen, sondern auch neue Anregungen vermitteln sollen und häufig als ein informelles Lernfeld genutzt werden für individuelle Bildungsprozesse. „Heute sind Freizeit und Reisen Trainingsfelder des notwendigen Selbstdesigns.(...) Sie sind eminent notwendig für die Zukunftsfähigkeit der Bürger" (Romeiss-Stracke 1999, S. 85/86).

Die Beschäftigung mit Kunst und Kultur als einem emotional und ästhetisch aufgeladenen, als auratisch und authentisch empfundenen, sinnliche Erfahrungen ermöglichenden Bereich könnte sich für solche informellen Erfahrungs- und Bildungsprozesse im Urlaub auf besondere Weise anbieten.

„Tourismus im allgemeinen und Kulturtourismus im besonderen unterstützt den Menschen bei seiner Sinnsuche, indem ihm eine Bandbreite an Alternativen für das alltägliche wirtschafts- und berufsorientierte Leben geboten wird. Dem Streben nach ökonomischem Zugewinn wird hier ein Zugewinn an Lebenssinn und Lebenskultur entgegengesetzt" (Steckenbauer 2004, S. 25).

Touristen nennen sehr häufig in Befragungen das Reisemotiv „Neues sehen und erfahren" ebenso wie „Land und Leute kennenlernen", ohne dass damit jedoch konkrete Bildungs-Ansprüche verknüpft würden.

Nur die kleine Gruppe derjenigen, die gezielt Bildungs- und Studienreisen bei renommierten Veranstaltern bucht, erwartet eine profunde Vermittlung von Kunst und Kultur durch professionelle Mittler. Touristen, die etwa im Rahmen von Städtereisen oder während kurzer Ausflüge vom Strandurlaub z.B. eine bekannte Kirche besichtigen, wollen oft gar nicht mehr als „auch da gewesen zu sein".

Kulturelle Bildung soll hier verstanden werden als ein Allgemeinbildungsprozess in Auseinandersetzung mit Kunst und Kultur. Kulturelle Bildung ist, im Unterschied etwas zum schulischen Lernen, freiwillig, selbst bestimmt und intrinsisch motiviert. Kulturelle Bildung umfasst die Fähigkeit, kulturelle Phänomene, wozu Kunst und kulturelle Traditionen ebenso wie Alltagskultur gehören, bewusst ästhetisch wahrzunehmen, sie entziffern zu können und daraus Sinn machen zu können für die (Neu-) Interpretation und Gestaltung des eigenen Lebens. Sie umfasst die Fähigkeit, kreativ mit Kunst und Kultur umzugehen. Kulturelle Bildungsprozesse können durch unterschiedlichste ästhetische und kulturelle Erfahrungen ausgelöst werden, brauchen jedoch immer eine bewusste Reflexion, damit aus Erlebnissen und Erfahrungen Bildung wachsen kann. Diese Anregung zur bewussten Reflexion wird häufig durch professionelle Kulturvermittler stimuliert.

Kulturelle Bildung wurde gerade in den letzten Jahren auch kultur- und bildungspolitisch als eine Schlüsselkompetenz erkannt. Vor allem für die Zielgruppen Kinder und Jugendliche werden gegenwärtig vielfältige Anstrengungen unternommen, um Kulturelle Bildung, häufig im Rahmen schulischer Bildung, zu fördern.

Touristisches Reisen ist bislang weder für Kinder und Jugendliche noch für Erwachsene als potentieller Nährboden für Kulturelle Bildung in der Literatur zur Kulturellen Bildung oder der Tourismuswissenschaft näher betrachtet worden.

Dabei bietet der Tourismus grundsätzlich Zeit und Raum, sich ästhetisch, zweckfrei und selbstbestimmt mit kulturellen Phänomenen auseinander zu setzen sowie Möglichkeiten für kulturelle Differenzerfahrungen. Gleichzeitig hat der Massentourismus jedoch auch zu einer Standardisierung der touristischen Rolle sowie zur Standardisierung von Urlaubswelten geführt, in denen Kultur häufig nur noch als Bestandteil touristischer Infrastruktur wahrgenommen wird und das Verhaltens-Repertoire des Touristen eingeschränkt ist.

Inwiefern sind auch innerhalb der touristisch aufbereiteten Welten individuelle Prozesse Kultureller Bildung möglich? Kann die Urlaubsreise als positiv definierter Freiraum öffnen für neue ästhetische Perspektiven auf die Welt? Kann durch kulturtouristisches Sightseeing nachhaltig Interesse für Kunst und Kultur geweckt werden?

Kann die Urlaubsreise zu eigenem, kreativen Gestalten anregen? Und inwiefern können durch touristische Erfahrungen in anderen Ländern auch interKulturelle Bildungsprozesse als Fähigkeit zur Wertschätzung anderer Kulturen und Lebensweisen ausgelöst werden?

Für die Analyse von kulturtouristischen Phänomenen muss von einem weiteren Kulturbegriff ausgegangen werden als dies üblicherweise in Deutschland der Fall ist, wo Kultur eher mit den schönen Künsten der sogenannten Hochkultur assoziiert wird. Kulturrezeption im Tourismus kann „Hochkultur" umfassen wie den Besuch von Museen oder Konzerten oder kulturhistorischen Monumenten. Ebenso gehört dazu aber auch populäre Kultur wie Volksfeste, Alltagskultur als Lebensart von Einheimischen einschließlich gastronomischer Kultur oder auch inszenierte kulturelle Erlebniswelten und Themenparks.

Auseinandersetzung mit Kultur im Tourismus als Chance interkultureller Erfahrungen und Reflexionen
In der Kultur im ethnologischen Sinne als Volks-Kultur einer Region oder eines Landes manifestieren sich deren besondere Eigenheiten, Geschichte, Traditionen, Lebensweise, Esskultur, ökonomische Verhältnisse. Volkskultur wird sowohl in der Alltagskultur erfahrbar wie auch über kulturelle Sehenswürdigkeiten und kulturelle Veranstaltungen. Bei kulturellen Veranstaltungen im touristischen Kontext handelt es sich häufig um Folklore, um traditionelle Kunst-Kulturen, die oft speziell für den Tourismus wieder aufbereitet werden.

Auch zeitgenössische Kunst-Kultur kann Hinweise auf die Charakteristika der Kultur eines bereisten Landes geben, wird aber in der Regel von Touristen nicht als typisch wahrgenommen, da zeitgenössische Kunst in ihren Ausdrucksformen häufig global ist bzw. zwischen verschiedenen Kulturen agiert. Am häufigsten wird Kultur in Form kultureller Relikte aus der weiter entfernten Vergangenheit im touristischen Sightseeing erfahren. Die Besichtigung historischer Sehenswürdigkeiten ist gleichzeitig immer auch eingebettet in zeitgenössische alltagskulturelle Formen und Infrastruktur.

Die Beschäftigung mit einer als „anders" oder „fremd" empfundenen Kultur fordert den Vergleich mit der eigenen Kultur heraus und ermöglicht im besten Fall ein differenzierteres Verständnis des bereisten wie des eigenen Landes. Die direkte Begegnung mit Menschen des Gastlandes kann diese interkulturellen Erfahrungen weiter bereichern. Angesichts der Herausforderungen einer zunehmend von Migration geprägten Gesellschaft könnte der Tourismus damit potentiell auch ein Lernfeld für die Herausbildung interkultureller Kompetenz sein, um so mehr als Ziele massentouristischen Reisens wie etwa die Türkei zugleich auch Herkunftsländer von Migranten in Deutschland sind. Die Frage ist, unter welchen Bedingungen solche interkulturellen Begegnungen im Sinne Kultureller Bildung wirken können.

Die interkulturellen Wirkungen des Tourismus werden hier im Wesentlichen aus der Perspektive der Reisenden und nicht aus der der Bereisten untersucht. Insofern werden die Auswirkungen des Kulturtourismus auf die bereisten Länder und Regionen und ihre Alltags- ebenso wie ihre Dienstleistungskultur nicht betrachtet, die auch dort kulturelle Formen und Wahrnehmungsweisen verändern.

Kulturrezeption im Tourismus als Chance, mehr Menschen für Kunst und Kultur auch über die touristische Reise hinaus zu interessieren
Kulturelle Sehenswürdigkeiten gehören, ebenso wie kulturelle bzw. (folkloristische) Veranstaltungen zum touristischen Standardprogramm und Rollenrepertoire, auch bei vielen, die im Alltag kein Interesse für Kunst und Kultur zeigen. Dabei kann es sich nur um eine Konvention, eine reine Pflichtübung ohne nachhaltige Wirkung handeln. Solche Besichtigungsprogramme im Urlaub könnten jedoch, neben einem besseren Verständnis der Kultur eines bereisten Landes oder einer Region, auch zu einem dauerhaften Interesse an kulturellen und künstlerischen Manifestationen beitragen.

„Der Tourismus wird die Kultur popularisieren", prognostiziert FAZ-Feuilletonist Serra: „Dank des Tourismus bleibt die Kultur ein lebendiger Teil unseres Lebens, unseres Alltags. Der Tourismus wird quasi ihre Lebensversicherung sein" (Serra 2007, S. 14). Im Kontext einer touristischen Reise würden viele Menschen angeregt, das erste Mal in ein Museum gehen oder ein Konzert zu besuchen. „Der Massentourismus holt die elitäre Kultur vom Sockel", so proklamiert auch Freizeitforscher Opaschowski die Bedeutung des Tourismus für die seiner Einschätzung nach von abnehmendem Interesse bedrohte „Hochkultur" (Opaschowski 2001, S.97).

Kann auch Kunst-Kultur über den Umweg der touristischen Reise attraktiv werden für bislang nicht kunstinteressierte Bevölkerungsgruppen? Kann der Tourismus also auch ein Instrument des Audience Development sein? Hierbei dürfte eine entscheidende Rolle spielen, wie Kunst und Kultur auf einer Reise vermittelt werden.

Die touristische Reise als Ort und Zeit für eigene ästhetische und kreative kulturelle Tätigkeiten
Reisen kann auch mit eigenen kreativen ästhetischen Aktivitäten verbunden sein, z.B. im Rahmen von Kreativkursen (Malen, Musizieren, Fotografieren etc.) oder eher en passant wie beim Knipsen. Diese Aktivitäten können sich auf das handwerkliche Gestalten oder Erlernen einer künstlerischen Technik beschränken oder sich auch bewusst mit Kultur und Natur des bereisten Landes ästhetisch auseinandersetzen. Fotografieren als ästhetische Tätigkeit, die aufgrund ihrer einfachen und schnellen Handhabbarkeit von fast jedem Touristen praktiziert wird, kann ein ideales Mittel sein, um die eigene Perspektive auf das Gesehene und Erfahrene auszudrücken – sie kann aber auch umgekehrt dazu beitragen, Wahrnehmung weiter zu standardisieren und letztlich zu verhindern.

Potentiell bietet die Urlaubsreise Zeit, Muße und Distanz zum Alltag sowie neue Eindrücke, die zu einer ästhetischen Aneignung anregen können, – die Frage ist, welche Anstöße es braucht, damit Touristen den Urlaub auch als Freiraum für eigene Kreativität wahrnehmen können.

Eine wesentliche Voraussetzung dafür, dass die vielfältigen Prozesse Kultureller Bildung im Rahmen von touristischen Reisen stattfinden können, dürfte eine professionelle Kulturvermittlung sein, die Rahmenbedingungen, Zeit und Raum sowie Hintergrundwissen für eine bewusste Auseinandersetzung mit Kunst und Kultur ermöglicht.

Kulturvermittlung im Tourismus findet sowohl in medialer Form statt, vor allem durch schriftliche Reiseführer, die von fast jedem Touristen zur Orientierung und Information genutzt werden, wie auch in personaler Weise durch Reiseleiter, Stadtführer, Animateure. Kulturvermittlung wirkt darüber hinaus auch in indirekter Form durch Tourismusmarketing, indem attraktive Rahmenbedingungen und Serviceleistungen geschaffen werden, die die Beschäftigung mit Kunst und Kultur ermöglichen. Dazu gehört auch die Aufbereitung einer Region in touristisch erfahrbare Etappen und Sehenswürdigkeiten unter bestimmten, touristisch interessanten Leitmotiven und ein entsprechendes Aufmerksamkeitsmanagement.

Forschungsstand

Das Thema Kulturtourismus ist in den vergangenen Jahren zunehmend von Kulturschaffenden und Touristikern entdeckt und auf diversen Kulturmanagement-Tagungen diskutiert worden. Dabei fällt auf, dass es fast ausschließlich aus der Anbieterperspektive betrachtet wird: Der Tourismus erweist sich als neuer Absatzmarkt für Kultureinrichtungen, die von schwindenden Stammnutzerzahlen bedroht sind und sich intensiv um neues Publikum und neue Einnahmequellen bemühen müssen. Auch für die Profilierung von Städten und Regionen als touristischem Ziel ist der Kulturtourismus ein wichtiger (flexibler) Faktor, so dass intensiv über vielfältige Kooperationsstrategien zwischen Stadtmarketing, touristischen Anbietern und Kultureinrichtungen nachgedacht wird.

Kaum beachtet wird hingegen die Perspektive des einzelnen Touristen und der individuelle Wert, der diesem aus der Beschäftigung mit Kunst und Kultur im Rahmen einer Urlaubsreise erwachsen kann.

Es gibt bislang noch keine Untersuchung, die sich mit dem besonderen Einfluss von Kunst und Kultur auf Aneignungs- und Bildungsprozesse in touristischen Kontexten auseinandersetzt und die Themen Tourismus und Kulturvermittlung (einschließlich Kulturmarketing, Kultur-PR, Kulturpädagogik und Kunstvermittlung) in ihrem Wirkungszusammenhang betrachtet. Das könnte daran liegen, dass der Tourismus größtenteils privatwirtschaftlich organisiert ist und man in Deutschland kommerziellen Angeboten wenig Bildungspotential zutraut, könnte aber auch damit zusammenhängen, dass der (Massen-)Tourismus insgesamt eher als „anspruchsloses Ablenkungsprogramm" (ab-)gewertet wird und man ihm wenig Anregungspotentiale zugesteht.

Für Kulturvermittlung im Tourismus gibt es bislang noch so gut wie keine Qualitätsstandards.

In der Tourismuswissenschaft wurde in den 70er-Jahren für die Seite der Vermittlung der Begriff der Reisepädagogik entwickelt. Damit wurde das Bildungspotential des Tourismus in den Blick genommen vor allem unter dem Aspekt „Besser reisen" im Sinne von bewusster und umweltschonender, es fand jedoch kaum eine Auseinandersetzung mit kulturpädagogischen Dimensionen des Tourismus statt. Die Reisepädagogik verschwand sehr bald wieder von der tourismuswissenschaftlichen Bildfläche und überließ das Feld der Tourismuswirtschaft, die mehrheitlich keine Ansprüche an die Bildung ihrer Kunden stellt.

Pröbstle konstatiert nach einer Recherche aller deutschsprachigen empirischen Studien zum Kulturtourismus ein Forschungsdefizit in Hinblick auf folgende Felder:
Fehlen würden differenzierte Erkenntnisse zu unterschiedlichen Typen von Kulturtouristen. In keiner der Studien über Kulturtourismus werde klar unterschieden zwischen „spezifisch Kulturinteressierten" und „Auch-Kulturtouristen". Vor allem die große Gruppe der „Auch-Kulturtouristen" müsse weiter erforscht und differenziert werden in ihren Motiven, denn diese seien ein unbeschriebenes Blatt (Pröbstle 2010, S. 251). Weiter stellt auch sie fest, dass es kaum Erkenntnisse über Wirkungsweisen kulturtouristischer Aktivitäten auf Touristen gibt. Weder würden Kulturanbieter formulieren, welche (Bildungs-)Ziele sie an ihre Angebote in Bezug auf die Zielgruppe Touristen stellen, noch gäbe es Erkenntnisse darüber, welche Ansprüche diese selbst an Kulturvermittlung hätten. Gerade für einen nachhaltigen Kulturtourismus sei die Frage wesentlich, „welche Wirkungsabsicht Kulturbetriebe gegenüber Kulturtouristen anstreben und welcher spezifischen Vermittlungsformen diese bedürfen. Ein bloßer „Abhaktourismus", der weder dazu beiträgt, das kulturell Erlebte zu verinnerlichen, noch langfristig die Erinnerung daran wachzuhalten, steht der Kulturvermittlung konträr gegenüber und kann nicht Gegenstand eines nachhaltigen Kulturtourismus sein" (Pröbstle 2010, S. 243/244). Aspekte der Kulturvermittlung würden in den wenigen bestehenden Studien nicht berücksichtigt.

In der traditionellen Tourismusforschung wird das Phänomen Tourismus allgemein mit den beiden kontroversen Ansätzen der „Fluchttheorie" (mit Enzensberger als ihrem ersten Protagonisten) und der „Explorationstheorie" (die u.a. Nahrstedt, Wöhler, Wegener Spöhring vertreten) erklärt: Tourismus als „weg von" und vergebliche Flucht oder Tourismus als „hin zu" und Chance für neue Erfahrungen.
Letzterer Ansatz liegt auch dieser Publikation zugrunde, die nach Potentialen des Tourismus als kulturellem Lernfeld fragt.
Bildet touristisches Reisen? Begreift man den Tourismus als „vergebliche Flucht" (Enzensberger) vor der eigenen Realität und die „touristische Rolle" als total (Knebel), dann sicherlich nicht. Begreift man touristische Räume hingegen als Möglichkeitsräume für die Herausbildung neuer Perspektiven und Interessen, dann unbedingt.

Ziele des Buches, Vorgehensweisen und Methoden

Ziel dieser Publikation ist es, aufmerksam zu machen auf das Potential des Tourismus für die Kulturelle Bildung, das bislang noch nicht in den Fokus kulturwissenschaftlicher und auch nur ansatzweise in den Fokus freizeit- und tourismuswissenschaftlicher Forschung genommen wurde.
Weiter soll Wissen über kulturelle Aneignungs- und Vermittlungsprozesse im Tourismus ebenso wie über die spezifischen Potentiale verschiedener Vermittlungsformen generiert werden, um kulturtouristisch relevanten Einrichtungen Kriterien und

0. Einführung

Konzepte für eine erfolgreiche Kulturvermittlung zur Verfügung zu stellen, die Kulturelle Bildungsprozesse nachhaltig stimulieren kann.

Diese Publikation ist ein erster Aufriss des Themas auf der Basis wissenschaftlicher Literatur sowie mehrerer empirischer Lehrforschungsprojekte an der Universität Hildesheim zu verschiedenen kulturtouristischen Formaten. Es geht zum einen um die Frage, wie Touristen Kultur erleben, erfahren und sich aneignen und zum anderen darum, welche Präsentations- und Vermittlungsformate sie dabei besonders erfolgreich unterstützen. Die Studie ist bewusst breit angelegt und umfasst sowohl Sightseeing im Städtetourismus einschließlich des Besuchs traditioneller Kultureinrichtungen, Studienpauschalreisen, Besuche kulturtouristischer Festivals und Events wie auch kulturtouristische Aktivitäten in Erlebnisparks, bei Cluburlauben und auf Kreuzfahrtschiffen. Damit sollen erste wissenschaftliche Grundlagen gelegt ebenso wie vielfältige Ansatzpunkte für differenzierte zukünftige Forschungen ermöglicht werden.

Nach der Darstellung historischer Grundlagen und aktueller Trends im Kulturtourismus (Kapitel 1) werden Prinzipien der Kulturellen Bildung und der Kulturvermittlung sowie Erkenntnisse der Kulturnutzerforschung mit Erkenntnissen der Reisepädagogik auf touristische Aneignungsprozesse übertragen (Kapitel 2). Dabei interessiert vor allem die große Gruppe der nicht-primär kulturinteressierten Touristen, die Kultur eher zufällig und nebenbei im Rahmen einer Urlaubsreise wahrnehmen.

In einem empirischen Teil wird das Potential verschiedener Tourismusformen für kulturelle Aneignung betrachtet (Kapitel 3 und Kapitel 4). Kulturvermittlungsformate und -formen in touristischen Kontexten werden analysiert und durch Befragung von Teilnehmern und Anbietern touristischer Reisen darauf hin evaluiert, inwiefern sie geeignet sind, Kulturelle Bildungsprozesse anzustoßen und welche Art von Kulturvermittlung dabei unterstützend wirkt.

Ergänzt werden die empirischen Erhebungen durch Experteninterviews und Best Practise Beispiele aus den unterschiedlichen Feldern kulturtouristischer Vermittlung (Kapitel 5).

In einem Fazit werden die vorhandenen Erkenntnisse zusammengeführt unter der Fragestellung, wie und unter welchen Bedingungen Prozesse Kultureller Bildung stattfinden, welche Kriterien sich daraus für Kulturvermittlung in den verschiedenen touristischen Kontexten ableiten lassen und wie Kultureinrichtungen auf der einen und Tourismusunternehmen auf der anderen Seite überzeugt werden können, Verantwortung für Kulturelle Bildung aktiv wahrzunehmen (Kapitel 6).

Das Buch möchte zum einen Anregungen für weitere differenzierte Forschungen geben und zum anderen praktische Anhaltspunkte dazu, wie Kulturvermittlung mit dem Ziel Kulturelle Bildung im touristischen Kontexte angelegt werden könnte. Es möchte sensibilisieren für das große Potential, das auch der Massentourismus für Kulturelle

Bildungsprozesse eröffnet. Es möchte das Feld des Tourismus anschließen an die in den letzten Jahren stark vorangeschrittenen Fachdiskurse im Bereich der Kulturvermittlung und Kulturellen Bildung, und es möchte ermutigen, neue Vermittlungskonzepte zu entwickeln, die dem touristischen Kontext und den touristischen Bedürfnissen adäquat sind und zugleich die positiv konnotierte Ausnahmesituation „Urlaub" dafür nutzen, neue Zielgruppen für kulturelle Themen zu begeistern.

1. Kultur im Tourismus, historischer Rückblick und aktuelle Tendenzen im Überblick

1.1. Von der Grand Tour zur Pauschalreise. Was den Massentourismus von den kulturellen Bildungsreisen früherer Reisender unterscheidet

Der Tourismus als Reiseform, die der Erholung, dem Vergnügen und der „Ablenkung von den Sorgen des Alltags" dient, ist ein jüngeres Phänomen, das sich erst mit der fortschreitenden Industrialisierung entwickelte. Voraussetzungen für den Tourismus waren ein relativ gesichertes Einkommen größerer Bevölkerungsgruppen in einer arbeitsteiligen Gesellschaft, die klare Trennung von Arbeit und Freizeit sowie gesetzliche Urlaubsregelungen. Vor Ort waren ein gut ausgebautes Verkehrssystem, die Entwicklung einer touristischen Infrastruktur sowie die Standardisierung touristischer Angebote notwendig, um das Reisen massentauglich zu machen.

Viele der Reiseformen vor dem Tourismus waren explizit am Motiv der Kulturellen Bildung orientiert. Die Grand Tour der Adligen im 16./17. Jahrhundert, die in der Regel ein Jahr dauerte und von einem Mentor als „Kulturvermittler" begleitet wurde, diente der Persönlichkeits-Bildung, der Erweiterung des eigenen Weltbildes, dem Kontakt zu anderen Adligen in Europa sowie vor allem dem Erwerb kommunikativer, diplomatischer und interkultureller Kompetenzen. Neben den Studienreisen der Adligen nutzten auch Handwerkerstände und Studenten Reisen, um Kompetenzen und Bildung zu erwerben.

Die sogenannte Bildungsreise, geistesgeschichtlicher Vorläufer des „spezifisch Kultur interessierten Touristen", entstand im 19. Jahrhundert als Veranstaltung des höheren Bildungsbürgertums. Sie diente vor allem der Selbstbildung, vorwiegend in Auseinandersetzung mit Kulturleistungen vorangegangener Generationen. Ihre innere Orientierung erhielt die Bildungsreise durch die deutsche Klassik, die maßgeblich in kulturhistorischen Zeugnissen der Antike Anregungen und ideellen Halt für die Gegenwart suchte. Die Idee, dass die Begegnung mit dem „Guten, Wahren, Schönen" analoge Kräfte der Seele wecke und ausbilde, wurde besonders durch Goethes „Italienische Reise" zum Gemeinplatz bürgerlicher Kultur (vgl. Spode 1993). Über die Auseinandersetzung mit der klassischen Kunst wollte Goethe seine Persönlichkeit erweitern und mit sich und der Welt ins Reine kommen. „Mir ist es jetzt um die sinnlichen Eindrücke zu tun, die mir kein Buch und kein Bild geben kann, dass ich wieder Interesse an der Welt nehme und dass ich meinen Beobachtungsgeist versuche, ob und wie mein Auge licht, rein und hell ist, was ich in der Geschwindigkeit fassen kann und ob die Falten, die sich in mein Gemüt geschlagen haben, wieder auszutilgen sind. (...) Ich mache diese wunderbare Reise nicht, um mich selbst zu betrügen, sondern um mich an den Gegenständen kennen zu lernen" (Goethe 1786/1976, S. 35 u. S. 61). Die Bildungsreise wurde überwiegend mit dem Ziel unternommen, durch die persönliche Begegnung mit Natur und vor allem mit Kultur das eigene Wissen zu erweitern, den Geschmack zu verfeinern, die Urteilsfähigkeit zu schärfen, „Buchwissen" in persönlicher Erfahrung bewusst zu machen, sie ist also ein Idealfall kultureller Selbstbildung. Als „Vermittler" dienten damals erste schriftliche Kulturreiseführer (Winkelmann) sowie Berichte vorangegangener Bildungsreisender, denn: „Man sieht nur, was man weiß".

> „Die Bildungsreise fällt in die heroische Phase der Formierung des modernen Bürgertums und liefert zumeist den Vergleichsmaßstab für die kulturkritische Verdammung des heutigen Tourismus" (Spode 1993, S.3)

> „Der Begriff Tourist gilt bei vielen als Synonym für Unwissenheit, Arroganz, mangelnde Sensibilität, Lernverweigerung und die Vulgarisierung des Reisens. Diese grundlegende Ablehnung des Tourismus und der Oberflächlichkeit der Touristen, die sich nur für das Scheinbare interessieren (...) wurde von einer langen Reihe von Kritikern geäußert. (...) Dahinter steht ein stark bildungsbürgerlich orientiertes Menschenbild" (Mundt 2006, S. 244/245)

Was unterscheidet den Massentourismus von der klassischen kulturellen Bildungsreise, die mit Goethe und seinen Zeitgenossen zum Ideal des gehobenen Bürgertums wurde?

Zunächst ist es der Faktor Zeit. Während der Bildungsreisende des 19. Jahrhunderts mindestens ein Jahr zur Verfügung hatte, um sich ein Reiseland und seine Kultur anzueignen, hat der Tourist im Durchschnitt nur zwei Wochen Urlaubszeit. Das wiederum hat Auswirkungen auf die Art der Aneignung und erforderte eine andere Art der Vermittlung des „Sehenswürdigen". Im Tourismus werden die lange Vorbereitung auf eine Reise und das eigene Studium während der Reise ersetzt durch einen Reiseleiter oder gedruckten Reiseführer mit vielen praktischen Hinweisen, der alles Wesentliche kompakt vermittelt und den Touristen in kurzer Zeit an den bekanntesten Sehenswürdigkeiten vorbei führt. Statt sich zeichnend und schreibend mit den neuen Eindrücken auseinanderzusetzen, werden nebenbei Fotos geknipst.

Der zweite Unterschied ist die Massenhaftigkeit. Nicht nur eine kleine Elite, sondern viele Millionen Menschen sind unterwegs und wollen die häufig beschriebenen und abgebildeten Sehenswürdigkeiten mit eigenen Augen sehen, was nur mit Hilfe standardisierter touristischer Infrastruktur möglich ist.

Ab Ende der 50er-Jahre wurde das Reisen für immer breitere Bevölkerungsschichten der westlichen Industrienationen möglich. Ein differenziertes Angebot an unterschiedlichsten Urlaubs- und Reiseformen entwickelte sich seitdem, wobei die Mehrzahl der Urlaubsreisen zunächst eher der körperlichen und psychischen Entspannung dienen sollten denn der Bildung. Zugleich jedoch beinhaltet jede touristische Reise auch kulturelle und ästhetische Erfahrungen von anderen Landschaften, anderer Architektur, anderem Aussehen und Verhaltensweisen von Menschen und fordert zum Wahrnehmen von kultureller Differenz heraus.

Je weniger der Urlaub der reinen körperlichen Erholung dient, um so mehr kann er genutzt werden für die eigene Identitätsfindung, Bildung und Weiterentwicklung, wozu die Auseinandersetzung mit Kunst und Kultur in besonderer Weise beitragen kann.

1.2 Fakten und Trends im (Kultur-)Tourismus

Touristisches Reisen war in Deutschland bis in die 50er-Jahre im Wesentlichen auf eine kleine, finanzstarke und gebildete Bevölkerungsgruppe beschränkt. Die Durchschnittsbevölkerung konnte (mit Ausnahme der im Nationalsozialismus organisierten Kraft-Durch-Freude-Reisen) erst mit umfassenden Urlaubsregelungen und einsetzendem Massenwohlstand seit den 60er-Jahren verreisen. 1954 machten nur 24% der Deutschen eine Urlaubsreise, 1964 waren es schon 39% (vgl. Mandel 1996, S. 24), 2011 unternahmen bereits 76% mindestens einmal jährlich eine Urlaubsreise von mindestens fünf Tagen. Zu insgesamt 70 Millionen Urlaubsreisen kamen weitere 86 Millionen Kurzurlaubsreisen pro Jahr. 46% der Reisen der Deutschen sind Pauschalreisen (Forschungsgemeinschaft Urlaub und Reisen e.V. 2011).

Deutschland hat bereits seit Ende der 60er-Jahre den höchsten Anteil an Touristen in der Bevölkerung und ist seitdem „Reiseweltmeister", gefolgt von US-Amerikanern und Briten. Aktuell stark gestiegen ist der Anteil der Touristen unter der Bevölkerung in sogenannten Schwellenländern wie etwa China und Indien, die besonders an Besichtigungen von Kunst und Kultur in Europa interessiert sind.

Inzwischen gilt der Tourismus selbst in Krisenzeiten als relativ sicherer Markt. Seit 1990 hat er, gemessen an der Zahl der weltweiten Touristenankünfte, um über 100% zugenommen – von 436 Millionen auf 898 Millionen Ankünften im Jahr 2007 (BMWI, Berlin 2008, S. 10).

Seit Ende der 60er-Jahre reisten die Deutschen häufiger ins Ausland als innerhalb Deutschlands; seit den 90er-Jahren ist Deutschland wieder das beliebteste Ziel der Deutschen. Deutschland selbst hat als Destination bei deutschen Touristen einen Marktanteil von einem Drittel, ein weiteres Drittel reist zu Zielen rund ums Mittelmeer (am beliebtesten bei den deutschen Urlaubern ist Spanien (13%), gefolgt von Italien (7%) fast gleichrangig mit der Türkei), das letzte Drittel nehmen alle anderen Destinationen inklusive Fernreisen ein (Forschungsgemeinschaft Urlaub und Reisen e.V. 2011).

Trotz Krisen weltweit haben auch Fernreisen keine Einbußen erlitten, jeder neunte Deutsche unternahm 2010 eine Reise in eine Überseedestination nach Nordamerika, Asien oder Afrika (BAT Stiftung für Zukunftsfragen 2011).

„Hinter der stabil hohen Zahl von Urlaubsreisen stehen reiseerfahrene, sehr regelmäßig reisende, urlaubsmotivierte Menschen. Sie interessieren sich mit steigender Tendenz für eine Vielzahl unterschiedlicher Reiseziele und Urlaubsformen. Dies führt zu einer hohen Flexibilität der Urlauber: Sie sind „multioptional" und sehen verschiedene Möglichkeiten, ihre Urlaubsbedürfnisse zu befriedigen. So werden Destinationen und Urlaubsformen immer austauschbarer, selbst wenn sie sich objektiv betrachtet unterscheiden" (Forschungsgemeinschaft Urlaub und Reisen e.V. 2011, S. 1). Die Forscher der „Reiseanalyse" sehen den Trend, dass Reisende sich nicht mehr nur auf ein Interesse und eine spezifische Urlaubsform reduzieren lassen, was heißt, dass auch Erholungsurlauber sich partiell für kulturelle Elemente interessieren und umgekehrt auch Kulturreisende Interesse an integrierten Wellnessprogrammen haben.

Auch der Tourismusforscher Steinecke beobachtet eine immer stärkere Ausdifferenzierung und Pluralisierung von Urlaubs-Motiven: „Die Kunden erwarten generell ein breites Angebotsspektrum mit hoher Wahlfreiheit (Multioptionalität). Für kulturtouristische Anbieter ergibt sich die Notwendigkeit, ein multifunktionales und teilweise standardisiertes Leistungsangebot bereitzustellen, aus dem sich die Konsumenten rasch und bequem ihr persönliches Produkt zusammen stellen können, wie an einem Buffet" (Steinecke 2011, S. 19).

Ein weiteres Ergebnis der „Reiseanalyse" ist, dass die Ziele aus Sicht der Touristen zunehmend austauschbar sind, vor allem bei den beliebten Mittelmeerdestinationen, wo es häufige Wechsel von einem in ein anderes Urlaubsland gibt. Diese Austauschbarkeit von Zielen liegt sicherlich auch an Zunahme der All-inclusive Clubs als nach außen abgeschlossenen Welten. Eine Austauschbarkeit von Zielen würde weniger virulent sein, wenn die kulturellen Aspekte einer Urlaubsdestination stärker betont würden, denn Kultur ist das, was Ziele unterscheidbar macht und Differenzerfahrung ermöglicht.

> „Kultur ist ein singuläres Produkt und seine Alleinstellung ist der Wettbewerbsvorteil. Profilschärfung und die Herausstellung von Einzigartigkeit sind die marketingstrategischen Ansätze, die der Kulturtourismus dem Trend zum raumlosen, stromlinienförmigen Vollkasko-Pauschalreiseangebot entgegenzusetzen hat" (Buri 2006, S. 5).

In einer Studie des ADAC Reise-Monitors von 2012 liegt das Motiv „Kunst und Kultur" als Entscheidungskriterium im unteren Mittelfeld, zugleich aber steht bei der Angabe der beliebtesten Urlaubsaktivitäten „Sightseeing" an oberster Stelle (ADAC, 2012 S. 37/ S. 57).

Innerhalb der Urlaubsformen sind die größten Zuwächse bei den Kurzurlaubs-Städtereisen zu verzeichnen. In einer Befragung der „Reiseanalyse" sagten 2011 40% der Deutschen, dass sie in den nächsten drei Jahren eine Städtereise unternehmen wollen. Die tatsächliche Nachfrage nach Städtereisen ist gewachsen von 10% der Bevölkerung 2002 auf 23% im Jahr 2011. Der Anteil der reinen Städtereisen an der Gesamtzahl der Reisen liegt nach den Ergebnissen der „Reiseanalyse" bei 8% (Forschungsgemeinschaft Urlaub und Reisen 2011). Hinzu kommen jedoch noch viele Städtebesichtigungen, die mit anderen Urlaubsreisen verknüpft werden. Städtereisen sind per se auch Kulturreisen, weil sie immer die mehr oder weniger gezielte Besichtigung von Architektur, gastronomischer Kultur sowie häufig auch die Besichtigung von Schlössern und Museen beinhalten.

Berlin ist das beliebteste städtetouristische Ziel in Deutschland, gefolgt von München und Hamburg und mit gewissem Abstand von Dresden und Köln. In Europa liegt Berlin auf Platz 3 der meist besuchten Städte nach London und Paris (vgl. Deutscher Tourismusverband 2011).

Deutschland gehört zu den führenden Kulturreisezielen in Europa und liegt laut Word Travel Monitor im Jahr 2005 an zweiter Stelle nach Frankreich. Die Zahl der Kulturreisen der Europäer nach Deutschland stieg seit Mitte der 80er-Jahre um 30% (BMWI 2008, S. 37).

Wichtigste Herkunftsländer der Touristen, die nach Deutschland reisen, sind die Niederlande, gefolgt von den USA und Großbritannien; deutliche Zuwachsraten sind bei Touristen aus Asien zu verzeichnen. Auslandstouristen sind vor allem an deutschen Städten interessiert. Dass Deutschland eines der führenden Reiseziele für Kulturinteressierte ist, liegt nach Einschätzung von Experten weniger an seinen historischen Bauten (viele Städte wurden im 2. Weltkrieg zu großen Teilen zerstört), sondern eher an seiner weltweit einzigartigen Kultur-Infrastruktur mit ca. 6.000 Museen, 10.000 Sonderausstellungen, mehr als 400 Opern- und Theaterhäusern, 100 Sinfonieorchestern (vgl. u.a. Knapp 2007, S. 20).

Der deutsche Tourismusverband schätzt, dass im Deutschlandtourismus jährlich 45% des Gesamtumsatzes durch kulturorientierte Reisen und Städtereisen erwirtschaftet werden (Deutscher Tourismusverband 2011). „Kulturtourismus ist einer der Megatrends im weltweiten Reisemarkt. Dieses Potential wollen wir ausschöpfen. Deshalb richten wir unser Deutschlandmarketing konsequent auf diesen Trend um und leiten einen unserer Schwerpunkte, die Produktlinie Städte- und Eventtourismus daraus ab", so die Deutsche Zentrale für Tourismus (Deutsche Zentrale für Tourismus 2009).

Die Gründe für das verstärkte Interesse an Kultur im Kontext touristischer Reisen sind vielfältig:

Mit gestiegenem Wohlstand und längerer Urlaubszeit gibt es mehr Ressourcen für den Zweit- und Driturlaub, der häufig zu Städten und ihren kulturellen Angeboten führt. Diese Tendenz wird weiter gefördert durch das große Angebot an preiswerten Flügen, die alle großen Städte Europas miteinander verbinden. Das insgesamt seit den 50er-Jahren gestiegene Bildungsniveau trägt zu einem höheren Interesse an Kultur bei. Der wachsende Anteil an Senioren in der Gesellschaft, die oft über ein hohes Renteneinkommen verfügen, führt zu einer Zunahme kulturorientierter, häufig pauschal organisierter Reisen.

Die körperliche Regeneration, über Jahre zentrales Motiv im Massentourismus, das den Sonne-Meer-Strand-Urlaub zur populärsten Urlaubsform machte, ist in einer Gesellschaft, in der die meisten Arbeitnehmer keinen körperlich anstrengenden Tätigkeiten mehr nachgehen, weniger wichtig geworden. Stattdessen wirkt der Anspruch der „Wissensgesellschaft" nach lebenslangem Lernen auch auf den Tourismus, indem auch die Urlaubszeit für informelle Bildungsprozesse genutzt wird.

1.3 Beweggründe für Kulturrezeption im Urlaub

77% der Deutschen besuchen im Urlaub mindestens gelegentlich kulturelle Sehenswürdigkeiten, doch nur eine kleine Gruppe von ca. 5% aller Reisenden bezeichnet ihre Reise explizit als Kulturreise (Forschungsgemeinschaft Urlaub und Reisen, Reiseanalyse 2003. Urlaubsformen).

Eine europaweite Befragung von Städtetouristen ergab, dass diese sich mehrheitlich nicht als Kulturtouristen begreifen (European Travel Commission 2005). Dieses Ergebnis wird durch eine andere internationale Studie zum Kulturtourismus bestätigt: „Less than 20% of cultural visitors would consider that their normal holiday was a cultural holiday" (Tourism Research and Marketing 2002, S. 2).
 Und zugleich zeigte auch diese Studie, dass sich fast alle Touristen im Urlaub nebenbei auch mit Kultur beschäftigen: „Virtually all visitors, except extreme sun and nightlife worshippers or sport fanatics, include some cultural activities in their visits" (World Tourisms Organisation 2003, S. 29).

Wenn also von einem „Megatrend Kultur" im Tourismus gesprochen wird, heißt das nicht, dass die Zahl der spezifisch kulturinteressierten Touristen zugenommen hat, sondern dass es mehr Reiseformate gibt wie etwa die Städtekurzreise, in denen auch Kultur wahrgenommen wird. Es zeigt auch, dass sich der Kulturbegriff im Tourismus geweitet hat und z.B. auch eigens für den Tourismus geschaffene kulturelle Events dazu zählen.

Nach einer Studie der Thomas-Morus-Akademie Bensberg zum Thema „Religion und Tourismus" bezeichnet jeder zweite Bundesbürger den Besuch einer Kirche oder eines Klosters als eine seiner beliebtesten Urlaubsaktivitäten. Darin komme weniger die religiöse Besinnung der Touristen zum Ausdruck als vielmehr das kulturelle Interesse an der Architektur und der spirituellen Atmosphäre der religiösen Stätten (Thomas-Morus-Akademie Bensberg 2011).

Kulturtourismus ist die Bezeichnung für Reisen, auf denen sich der Tourist bewusst mit Kunst und Kultur im weitesten Sinne auseinandersetzt, seien es die Kulturen anderer Völker, Kulturdenkmäler oder kulturelle und künstlerische Veranstaltungen.

Steinecke benennt vier Charakteristika des Kulturtourismus:
„1. das Interesse der Touristen an Kultur (mit unterschiedlich ausgeprägter Intensität),
2. Besichtigung kultureller Einrichtungen (sowohl der Hoch- als auch der Alltagskultur),
3. die Teilnahme an Kulturveranstaltungen,
4. die zentrale Rolle einer fachlich fundierten Informationsvermittlung" (Steinecke 2007, S. 5).

Auffällig an Steineckes Definition ist, dass darin eine kulturtouristische Reise auch mit einem inhaltlichen Anspruch an die Vermittlung verbunden ist. Steinecke betont, dass der Vermittlung von Informationen im kulturorientierten Tourismus deswegen

„eine herausragende Bedeutung zukommt, da die Besucher (überwiegend) Laien sind, die nur über begrenzte Vorkenntnisse hinsichtlich des jeweiligen Kulturobjekts und der historischen, gesellschaftlichen und künstlerischen Rahmenbedingungen verfügen" (Steinecke 2007, S. 43).

Kulturinteresse ist auch in seiner Definition als sekundäres Motiv denkbar, es gibt also nicht nur den reinen Kulturtouristen („specific cultural tourist"), sondern den „Auch-Kulturtouristen" („general cultural tourist"), so definiert Steinecke in Anlehnung an eine Studie des Irischen Tourismusboards. Auch Steinecke bestätigt, dass ein Großteil der Kulturtouristen „Auch-Kulturtouristen" sind, die im Urlaub auch mal Kultur besichtigen oder eine kulturelle Veranstaltung besuchen (Steinecke 2007, S. 4 sowie Mc Kercher/Cros 2003). Diesen Typus bezeichnet er im Unterschied zum spezifischen Kulturtouristen auch als den „Besichtigungstouristen" (Steinecke 2007, S. 12).

Auch-Kulturtouristen bzw. „general cultural tourists" machen mit gut 90% den weitaus größten Anteil derjenigen an der Gesamtheit der Kulturtouristen aus, die kulturtouristischen Aktivitäten nachgehen, so stellt Lohmann im Rahmen der jährlichen Reiseanalysen bereits in den 90er-Jahren fest (Lohmann1999, S. 64).

Die Zahl von 5-10% spezifischen Kulturtouristen entspricht auffällig der Zahl der „Stammkulturbesucher" in der deutschen Bevölkerung, die regelmäßig, mindestens 12 x jährlich, außerhäusige kulturelle Veranstaltungen besuchen (Zentrum für Kulturforschung 2005).

Antz beobacht, dass sich das Klientel der Kulturnutzer im Tourismus zunehmend verändert, anders als bei früheren Bildungs- und Studienreisen, die sich auf die kleine Gruppe des gebildeten Bürgertums beschränkten, sind es nun auch andere gesellschaftliche Gruppen: „Die neuen Kulturtouristen fahren entweder – wie die Lemminge – an ein bestimmtes Reiseziel, weil es zu den Orten gehört, die man nach unausgesprochenen gesellschaftlichen Vorgaben gesehen haben muss. Dies betrifft fast ausschließlich die Großstädte Europas, die vom kulturtouristischen Boom überdurchschnittlich profitieren. Oder sie fahren in einen Erholungsurlaub einer ländlichen Region und nehmen ein Kulturhighlight am Wegesrand mit, das ebenfalls zu den regional vorgeschriebenen Musts gehört" (Antz 2008, S. 2).
Er unterscheidet zwischen drei Kategorien von Kulturtouristen:
1. Kulturtouristen im engeren Sinne (hoch gebildete, zumeist ältere mit relativ hohem Einkommen und hohen Ansprüchen);
2. Gelegenheits-Kulturtouristen (breites Spektrum sozialer Gruppen, für Kultur aufgeschlossen, jedoch nicht Hauptzweck, wird wahrgenommen, weil man bestimmte Sehenswürdigkeiten gesehen haben muss);
3. Zufalls-Kulturtouristen (beschließen zufällig und spontan, ein kulturelles Angebot wahrzunehmen, z.B. weil es regnet) (Antz 2008, S. 4).

Besonders ausgeprägt ist das Interesse an Kultur im Urlaub bei jüngeren Menschen (14 bis 29 Jahre) sowie bei etablierten und älteren Erwachsenen (40 bis 60 Jahre), während es bei Familien mit Kindern eine untergeordnete Rolle spielt. Mit zunehmender Bildung und steigendem Einkommen spielt Kultur im Motiv- und Aktivitätsspektrum der Urlauber eine immer größere Rolle. Spezifisch kulturinteressierte Touristen gehören wie generell stark Kulturinteressierte zur Gruppe der Hochgebildeten (Steinecke 2011, S. 16).

In einer repräsentativen Befragung von Touristen 2003 danach, was sie unter „Kultur" im Kontext von Tourismus verstehen, wurde an erster Stelle „Kennenlernen fremder Kulturen" genannt, an zweiter Stelle „Museen/Ausstellungen" und an dritter Stelle „Sehenswürdigkeiten" (Forschungsgemeinschaft Urlaub und Reisen, Reiseanalyse 2003: Urlaubsformen).

In der einzigen repräsentativen Befragung von deutschen Urlaubern danach, welche Erwartungen, Motive und welche Erfahrungen und Erinnerungen sie mit Kulturbesichtigungen verbinden, (basierend auf einer bundesweiten telefonischen Befragung, Steinecke/Uni Paderborn, unterstützt durch Gebecco/TMA/UPB 2009), wurden ganz vorne angegeben:
    „Abwechslung vom Alltag und dabei Spaß gehabt" (49,3%). „Einen schönen Tag mit Partnern und/oder Familie" verbracht (49,2%), „Erinnerung an eine schöne, niveauvolle Atmosphäre" (49,3%). Es folgten die Motive: „ Freunden von den Erlebnissen zu erzählen" (36%) sowie „Etwas lernen und erfahren, das in Erinnerung geblieben ist" (31,3%).
    „Bei der Besichtigung kultureller Attraktionen rangieren die klassischen Lernerfahrungen deutlich hinter allgemeinen Erinnerungen wie einer Abwechslung vom Alltag und einer schönen, niveauvollen Atmosphäre. Viel wichtiger ist es, einen schönen Tag mit dem Partner bzw. der Familie zu verbringen und Freunden nach der Rückkehr von der Reise etwas erzählen zu können" (Steinecke 2011, S. 20).
    Diese Ergebnisse decken sich mit Studien der allgemeinen Kulturbesucherforschung, wo ebenfalls das Motiv „gemeinsam etwas Schönes erleben" und „Unterhaltung" deutlich vor Bildungsmotiven genannt wird (Mandel/Institut für Kulturpolitik 2005; Zentrum für Kulturforschung 2005). Und sie verweisen auch auf Studien zur Rezeptionsforschung in Museen, die gezeigt haben, dass sich Besucher kaum kognitive Inhalte nach einem Museumsbesuch gemerkt haben, sondern eher ästhetische und emotionale Eindrücke bleiben (vgl. u.a. Treinen 2007, S. 28).

Der Besuch kultureller Stätten und Sehenswürdigkeiten im Tourismus, so viel wird deutlich, muss also nicht notwendigerweise mit einem spezifischen kulturellen Interesse oder einem bestimmten Zweck verbunden sein. Er kann Anlass für eine soziale Unternehmung sein, oder auch nur eine Konvention, ein fester Bestandteil der touristischen Rolle. Kulturelles Sightseeing kann Eckpfeiler in der Programmgestaltung einer touristischen Reise sein oder als Lückenfüller für Regentage dienen.
    Ein nicht explizites Motiv kann auch darin bestehen, das positive Image von Kultur zu nutzen, um vor Freunden einen gehobenen Lebensstil zu demonstrieren.

Reisemotive und Erlebnisbereiche im Tourismus
Ob und in welcher Intensität auf Urlaubsreisen Interesse an Kunst und Kultur besteht und ob es zu kulturellen Bildungsprozessen kommt, hängt auch von den dominierenden Beweggründen für eine Urlaubsreise ab.

„Wir verkaufen Sehnsüchte und dafür müssen wir herausfinden, was die Sehnsüchte der Menschen sind", so TUI-Manager Frenzel auf einer Konferenz zur Zukunft des Tourismus (ZEIT-Konferenz, Tourismus & Reise, DIE ZEIT/TUI, Berlin, 6.3.2012). Erwartungen und Motive sind in Bezug auf touristische Reisen diffus, vielschichtig, oftmals überhöht, besonders dann, wenn Reisen mit glücklichen, unbeschwerten Zeiten gleichgesetzt werden.

Nach den Ergebnissen mehrerer empirischer Studien steht in der Regel ein Bündel ganz unterschiedlicher, häufig nicht einmal bewusster Motive hinter jeder touristischen Reise, die je nach Urlaubsart, Alter, Bildung und Einkommen variieren.

Als zentrale touristische Motive werden identifiziert:
>> Erholung/Faulenzen/sich verwöhnen lassen
>> Zusammensein mit Partner und Familie
>> Ablenkung/Vergnügen/Erlebnisse und Geselligkeit
>> neue Eindrücke/den Horizont erweitern/Bildung
>> Naturerleben
>> Bewegung/Sport
>> Sinnsuche/Selbstverwirklichung und persönliches Glück
(vgl. u.a. Krippendorf 1986, Schober 1993, Cohen 1997, Opaschowski 2000, Mundt 2006, Lohmann 2009)

Einige dieser Motive können als Auslöser Kultureller Bildung wirken, wie „Neue Eindrücke und Horizonterweiterung" oder „ Sinnsuche und Selbstverwirklichung".

Dass kulturorientiertes Sightseeing ein wichtiger Faktor für die Sinnsuche von Touristen ist, vermuten verschiedenen Tourismuswissenschaftler (u.a. Nahrstedt, Steinecke, Romeiss-Stracke):

„Die Auseinandersetzung mit Kultur gibt den Menschen Orientierung im turbulenten Übergang in die Sinngesellschaft. Auch die Auseinandersetzung mit fremden Kulturen hilft dabei" (Romeiss-Stracke 2003, S. 183).

Das Bedürfnis nach Selbstverwirklichung, „das eigene Verhalten als wirksam zu erleben und die eigenen Anlagen individuell bestmöglich zu entfalten und zur Geltung zu bringen (…) stößt im weitgehend entfremdeten Arbeitsalltag häufig an Grenzen, weshalb versucht wird, es auf Reisen teilweise zu kompensieren" (Bachleitner/Kiefl 2005, S. 137). Selbstverwirklichung könnte vor allem durch aktives ästhetisches Gestalten realisiert werden, mit dem sich eigene Ideen ausdrücken lassen.

Eine Befragung von deutschen Urlaubern von 2003 zu ihren Motiven und Aktivitäten im Urlaub ergab interessanter Weise, dass das Motiv „Land und Leute kennenlernen" für die meisten deutlich wichtiger ist als Erholung:

„Generell erweisen sich die Bundesbürger – ihrer eigenen Einschätzung nach – als aktive Urlauber, die ihr Reiseziel selbstständig durch Spaziergänge und Wanderungen, aber auch in Form von Besichtigungen erkunden. Besonders beliebt ist auch der Besuch von einheimischen Restaurants. In dieser Verhaltensstruktur spiegelt sich zum einen das dominierende Interesse der bundesdeutschen Bevölkerung wider, während der Urlaubsreise den eigenen Horizont zu erweitern sowie andere Länder und Völker kennen zu lernen. Auch bei den Erwartungen an die Urlaubsreiseziele konnte die Untersuchung diese Neugier und Offenheit als wichtige Grundeinstellung erfassen. Spaßorientierte und passive Formen der Urlaubsgestaltung rangieren bei den Befragten hingegen deutlich hinter diesen „Land und Leute-Aktivitäten": Entspannung im Hotel, Ausruhen am Strand, Besuch von Kneipen/Discos und Erholung am Pool spielen im Aktivitätenmuster der deutschen Touristen nicht die zentrale Rolle, die sie in der Berichterstattung der Medien einnehmen. (...) Die meisten Urlauber wollen Inhalte – nicht nur Strand und Sonne", so das Fazit der Autoren der Studie (Isenberg/Müllenmeister/Steinecke/ Forschungsgruppe Tourismus 2003, S. 16/S. 34).

Selbst wenn diese Antworten auch Verzerrungen durch Vorstellungen von „Sozialer Erwünschtheit" bei den Befragten enthalten können, zeigen sie doch ein grundsätzliches Interesse an der Alltagskultur des bereisten Landes.

Jedoch werden in dieser Studie Unterschiede je nach Milieus und Bildungsgrad der Touristen deutlich: „Die dominierenden ‚Land und Leute-Aktivitäten' sind besonders bei reiseerfahrenen Mittel- und Oberschichtangehörigen beliebt, während Unterschichtangehörige mit geringer Reiseerfahrung eher eine passive und spaßorientierte Urlaubsgestaltung bevorzugen" (Isenberg/Müllenmeister/Steinecke/Forschungsgruppe Tourismus 2003, S. 16).

Distinktion durch Kulturtourismus?
Für den spezifischen, primär kulturell motivierten Kulturtouristen, der auch im Alltag regelmäßig (Hoch-) Kulturangebote nutzt, kann Kulturrezeption auf Reisen eine weitere Möglichkeit sein, Wissen zu bestätigen, sein „kulturelles und symbolisches Kapital" (Bourdieu) zu erweitern und seinen Distinktionsvorsprung auszubauen. Für den Gelegenheitskulturtouristen, den Auch-Kultur- und Zufalls-Kulturtouristen könnte die Urlaubsreise jedoch eine erste Chance sein, sich Welt auch über Kunst und Kultur anzueignen.

Dabei ist zu fragen, ob die Gelegenheits-Kultur-Touristen die Reiseziele und Rezeptionsformen der spezifischen Kultur-Touristen übernehmen oder ob sie andere Ziele und Aneignungsweisen wahrnehmen. Nutzen Touristen Kultur auf Reisen gemäß ihrer sozialen Milieus und ihrer gewohnten alltagsästhetischen Schemata? Diese unterscheidet der Soziologe Schulze in „Hochkulturschema" (kontemplatives Sich-Versenken in kulturhistorisch relevante „wertvolle Werke" mit Distinktionsabsicht), „Trivialschema" (anspruchslose, „gemütliche" Unterhaltung, wie sie in folkloristischen Veranstaltungen zum Ausdruck kommt) und „Spannungsschema" (Kombination von Kultur mit Entertainment, Erlebnisse, Nervenkitzel wie sie Erlebnisparks bieten) (Schulze 2000, S. 145 ff.).

Für welche Art von Kunst und Kultur sich jemand interessiert, ist zugleich Anzeiger für das soziale Milieu, aus dem er kommt. Für bestimmte Formen klassischer, zumeist öffentlich geförderter Hochkultur wie klassische Konzerte, Opern, Theater,

Museen bildender Kunst sowie für Formen zeitgenössischer Avantgardekunst interessiert sich derzeit nur eine kleine hochgebildete gesellschaftliche Gruppe. Mit dieser Gruppe wie mit diesen Kulturformen verknüpfen sich am ehesten die Rezeptionsmuster der „weihevollen" Kontemplation und des kognitiven Entschlüsselns komplexer Form-Inhalt-Zusammenhänge (Mandel 2008, S. 51). Andere Milieus bevorzugen unterhaltungsorientierte Kulturformen, deren Rezeption eher mit sozialer Aktion und Vergnügen verbunden ist. Wenn nun im Tourismus nicht-kulturaffine Milieus – anders als im Alltag – Architektur, Kunstsammlungen besichtigen oder klassische Konzerte open air erleben, übernehmen sie dabei die Rezeptionsmuster der bildungsbürgerlichen, kunstaffinen Milieus? Oder führt der Tourismus insgesamt zu einer Entgrenzung von Rezeptionsmustern?

Hat der Tourismus nicht nur ein universales Set von zu besichtigenden kulturellen Sehenswürdigkeiten entwickelt, sondern auch eine universale Auswahl und Rezeptionsweise dieser „Sights", unabhängig von milieu-spezifischen kulturellen Präferenzen?

„Wo der Kulturtourist im eigentlichen Sinn hingeht, daran orientiert sich auch der Gelegenheits-Kulturtourist" (Antz 2008, S. 5). Diese These von Antz gilt vermutlich vor allem für die universell als „Must Sees" geltenden kulturellen Sehenswürdigkeiten.

Nehmen die verschiedenen Milieus im Tourismus tatsächlich die selben Kulturformate wahr oder gibt es auch hier wieder Unterschiede, grenzen sich auch hier wieder gehobene Milieus von anderen ab, möglicherweise weniger, indem sie andere Kulturobjekte besichtigen, als viel mehr durch die Art und Weise, wie sie dieses tun?

Zu vermuten ist, dass bestimmte populäre, spezifisch für den Tourismus entwickelte Kulturformate wie etwa die Themenwelten und Erlebnisparks nicht von den klassisch kulturinteressierten Milieus genutzt werden, andere hingegen, wie etwa das kulturtouristische Event Salzburger Festspiele mit sehr hohem Eintrittspreis, ausschließlich von diesen.

Auch Steckenbauer beschäftigt sich mit den kulturinteressierten Touristen unter Bezug auf Bourdieus Theorie der Distinktion durch Kultur und Kulturtourismus. „Mit der Zunahme an neuen Mittelschichten, die großen Bedarf nach Möglichkeiten zur Akkumulation kulturellen Kapitals haben, kann also auch erwartet werden, dass die Bedeutung des Kulturtourismus insgesamt zunimmt" (Steckenbauer 2004, S. 12). Er vermutet, dass „wesentlicher Einfluss auf die Reiseentscheidung vom Distinktionspotenzial der Destination ausgeübt wird" (Steckenbauer 2004, S. 20). Das Renommee von kulturtouristischen Angeboten sei eine Voraussetzung dafür, dass symbolisches Kapital gewonnen werden kann.

Steckenbauer sieht bei den spezifisch kulturinteressierten Touristen den Trend zu „Immer exklusiver statt immer weiter" (S.23). Zugleich vermutet er ein Wachstum dieser Gruppe auch durch die „Vergrößerung älterer Bevölkerungsschichten, die über ausreichend Mittel für kulturellen Konsum verfügen und die bereits erfahren im kulturellen Konsum sind" (S. 24). Hinzu kämen neue, nachwachsende kulturtouristische

Zielgruppen durch die Bildungsexplosion und das generell gestiegene Anspruchsniveau von Touristen.

Es fragt sich also, ob es im Kontext des Tourismus eine größere Chancengleichheit gibt, sich mit Kunst und Kultur auseinanderzusetzen, als im Alltag. Im Alltag sind Kunstrezeption und aktive kulturelle Beteiligung fast immer auf spezifisch bildungsorientierte Milieus beschränkt: „Kunst und Kultur ist wichtig für die Gesellschaft, hat aber nichts mit meinem eigenen Leben zu tun. Kultur ist da, wo ich nicht bin", so das Ergebnis mehrerer Bevölkerungsfragen zu Kulturimage, Kulturinteresse und Kulturnutzung (vgl. Mandel/Timmerberg 2008, Mandel/Renz 2010). Im Tourismus gehört Kultur hingegen zum festen Repertoire der touristischen Rolle. Obwohl dies eine gute Voraussetzung ist, könnte es sein, dass sich auch im Tourismus bestimmte Formen von Kunst und Kultur nur den kulturell Vorgebildeten erschließen.

„Man sieht nur was man weiß" – kulturelle Vorbildung als Voraussetzung für Kulturtourismus?
„Der Kulturkonsument muss über die kulturellen Objekte, mit denen er sich auseinandersetzt, Bescheid wissen, damit er sie versteht und sich bei ihm Kunstgenuss einstellen kann. Kulturtourismus setzt also Vorbildung voraus, sei es durch klassische Bildungsinstitutionen, sei es autodidaktisch oder sei es durch die gezielte Vorbereitung durch den Reiseveranstalter." Steckenbauer geht davon aus, dass sich ohne kulturelle Vorbildung weder Bildungszuwachs noch Genuss für die meisten Touristen beim kulturellen Sightseeing einstellt. Reiseveranstalter müssten dies berücksichtigen, indem sie spezielle Vermittlungshilfen bereitstellen: „Ihre Aufgabe ist es, kulturelle Angebote für die Zielgruppe der Touristen zugänglich und verständlich zu machen. (…) Man wird nicht davon ausgehen können, dass Touristen sich speziell auf die kulturellen Angebote der Destination vorbereiten" (Steckenbauer 2004, S. 22).

Hoffmann konstatiert, dass die meisten Touristen nicht kulturell vorgebildet seien und deshalb der „erfahrungs- oder wissensmäßig fundierten Bezug zur kulturellen und historischen Dimension der besichtigten Objekte" fehle. Er stellt darüber hinaus die These auf, dass dieses Defizit nicht durch Vermittlungsmaßnahmen der Kulturanbieter behoben werden könne, denn diese gingen ohnehin nicht hinaus über die „Vermittlung flüchtiger Momentaufnahmen bzw. standardisierter touristischer Klischeebilder" (Hoffmann 2008, S. 129).

Auch Steinecke vermutet, dass ein Großteil der Touristen, die in ihrem Urlaub auch mal kulturelle Angebote wahrnehmen, kein Interesse an systematischem Wissenserwerb hätten: „Sie suchen das Besondere, das Typische bzw. den Superlativ. Diese selektive Sichtweise steht im krassen Gegensatz zu dem gründlichen, umfassenden und systematischen Sammlungs-, Forschungs- und Bildungsanspruch von Kultureinrichtungen (speziell von Museen). Sie ist aber kein Ausdruck eines mangelnden oder oberflächlichen Interesses der Besucher, sondern eine notwendige Konsequenz der spezifischen Reisesituation" (Steinecke 2011, S. 15).

Ist kulturelles Sightseeing also nur eine Pflichtübung und Konvention für den Großteil der Touristen, die auch Kultur besichtigen oder interessieren sie sich für die damit verbundenen kulturellen Inhalte und sind bereit, sich mit diesen auseinanderzusetzen?

Romeiss-Stracke beobachtet ein ernsthaftes Interesse an Kulturbesichtigungen auf Urlaubsreisen auch bei nicht spezifisch Kulturinteressierten, konstatiert aber ein Versagen der Vermittlungsinstanzen in Kultur und Tourismus, auch deswegen, um den Distinktionsvorsprung bildungsbürgerlicher Eliten aufrechtzuerhalten: „Heute interessieren sich Menschen für Kathedralen und Kunstausstellungen, die arrogante Bildungsbürger dort nicht vermuten. Zwar fehlt vielen dieser Besucher offensichtlich die fachliche Vorbildung, um ein Musikstück, Kunstobjekt oder Architektur beurteilen zu können, wie sich der passionierte Kunstkenner das wünschen würde. Aber sie genießen die Schönheit und symbolischen Tiefendimensionen, die die Kunstwerke ausstrahlen, trotzdem: Ach, ist das schön, seufzen sie und können nicht erklären, warum eigentlich." Aufgrund der mangelnden Vorbildung würde das Bedürfnis vieler Nicht-Bildungstouristen nach Kultur häufiger von kommerziellen Betreibern in banale Erlebnisparks umgeleitet: „Kulturerlebnis verkommt dort zum Konsum des berechenbaren, am Fließband produzierten Imitats (...) Kulturgüter als Unterhaltung und Ablenkung für die neuen Freizeitproletarier, für die Arbeitslosen, für die Desorientierten, für die aus dem sozialen Netz Gefallenen" (Romeiss-Stracke 1999, S. 82) Romeiss-Stracke prognostiziert eine zunehmende Schere zwischen den Gebildeten und den anderen, die bewusst dumm gehalten würden: „die sanfte Gewalt der Freizeitverdummung, die perfekte Illusion, alles erleben zu dürfen, ohne irgend etwas dabei zu erfahren. Fast Food Events als Herrschaftsinstrument". Dem stellt sie die Vision eines qualitativen Kulturtourismus „für alle" entgegen: „Vielleicht nehmen wir aber auch die Chance wahr, McDisney etwas Europäisches entgegenzusetzen. Wir haben alle Möglichkeiten dazu: die historischen Stadtkerne, die Schlösser und Burgen, die alten Bauernhäuser, die Museen, die Musik, die Malerei" (Romeiss-Stracke 1999, S. 83 ff.). Romeiss-Stracke weist dabei explizit auch auf die Chance hin, die qualitativ hochwertige künstliche Themenwelten bieten könnten, um auch bildungsfernere Bevölkerungsgruppen für Kultur zu interessieren.

Steinecke sieht aktuell zwei Trends im Kulturtourismus: Zum einen die Wahrnehmung immer perfekter aufbereiteter Erlebniswelten, die den Bedürfnissen der Touristen nach Edutainment, Kultur + Erlebnis + Shoppen entgegenkämen. Zum anderen das Bedürfnis nach Sinnsuche und Muße, das von traditionellen Kultureinrichtungen bedient werden könne. „Mit diesen beiden Mega-Trends des touristischen Spektakels und der komplexen Freizeitwelten, aber auch dem Gegentrend zur Erfahrungs- und Sinnsuche werden sich auch die Kultureinrichtungen künftig verstärkt auseinandersetzen müssen." Für sie stellt sich dabei die grundsätzliche Frage, ob speziell die Perspektiven der Erlebnisinszenierung und Kommerzialisierung noch vereinbar sind mit den klassischen Aufgaben des Sammelns, Forschens, Bewahrens und Vermittelns. Für Kulturanbieter ergibt sich aus einer konsequenten Marktorientierung nämlich die „Modifikation des aufklärerisch-pädagogischen Anspruchs, vielleicht sogar seine Aufgabe" (Steinecke 2007, S. 340). Hier wird also in Frage gestellt, ob Erlebnisorientierung und Aufklärung/Bildung im Rahmen von Kulturrezeption im Tourismus gleichzeitig möglich sind.

Nahrstedt postuliert den Tourismus explizit als ein „offenes Bildungssystem" und sieht einen generellen Trend in Deutschland vom Erholungstourismus zum stärker bildungsorientierten, kommunikativen Tourismus, in dem Kultur auch für weniger gebildete gesellschaftliche Gruppen eine Rolle spielt. „Statt um „Verfreizeitung" von Kultur geht es um die Kultivierung von Freizeit und Tourismus. Nicht das Vertreiben von Freizeit und Urlaubszeit, sondern die Wiedergewinnung von historischem Bewusstsein scheint die Grundlage für einen neuen Kulturtourismus" (Nahrstedt 2000, S. 5). Nahrstedt sieht vor allem das Phänomen einer neuen, kulturhistorisch orientierten Deutschland-Kulturreise. Generell konstatiert er eine qualitativ steigende Entwicklung im Tourismus vom Erholungstourismus in den 50erJahren bis zum Kulturtourismus in den 90er-Jahren und dem „Kommunikativen Kulturtourismus" als touristischem Ideal der Zukunft. „Kulturtourismus ist ein Tourismus der Reflexion und Kommunikation. Kulturtourismus könnte ein Weg des Menschen zur Neubesinnung werden" (Nahrstedt 2000, S.14). Um dieses Potential des Tourismus zur Wirkung zu bringen, braucht es nach Nahrstedt „verstärkt pädagogischer Vermittlungskonzeptionen" und professioneller Vermittler (Nahrstedt 2000, S.11).

Nach Nahrstedt wäre damit jede touristische Reise potentiell auch als kulturtouristische Bildungsreise zu nutzen, wenn solche Bildungsprozesse von professionellen Vermittlern angestoßen werden.

Gibt es eine neue Form des nachhaltigen, wertorientierten „authentischen" Kulturtourismus auf breiter Ebene, wie von Nahrstedt postuliert?

Werden die traditionellen Hochkultureinrichtungen durch den Quotendruck und die Notwendigkeit, das touristische Marktsegment zu nutzen, zu zugänglichen Erlebnis- und populären Bildungsorten?

Finden Prozesse Kultureller Bildung umgekehrt auch in populären Freizeitsettings statt, oder sind Bildung und Unterhaltung im Tourismus nicht gleichzeitig zu haben? Werden Kulturelle Bildungsprozesse nur in spezifisch bildungsorientierten kulturtouristischen Kontexten wie der Studienreise ermöglicht oder können sie sich auch nebenbei etwa in Erlebnisparks oder im Animationsprogramm von Cluburlauben ereignen?

Und haben kommerzielle Tourismusunternehmen überhaupt ein Interesse daran, im Kontext ihrer Angebote Bildung zu vermitteln?

2. Kulturelle Bildung und touristische Aneignung

2.1 Kennzeichen und Ziele (inter-)kultureller Bildung

Zur Klärung der Frage, ob und unter welchen Bedingungen Kulturelle Bildung im Kontext touristischer Reisen möglich ist, bedarf es ebenso einer genauen Betrachtung dessen, was Kulturelle Bildung ausmacht, wie auch eine Beschäftigung mit den spezifischen Aneignungs- und Vermittlungsweisen von Kultur im Tourismus.

Die Aneignung von Kunst und Kultur im Urlaub und auf Reisen folgt häufig einem bestimmten, standardisierten Muster, das von den Gegebenheiten im Massentourismus und den mitgebrachten Images und Wunschbildern geprägt ist. Zu fragen ist, inwiefern auch innerhalb dieser Aneignungsweisen ästhetische Erfahrungen und interkulturelle Erfahrungen möglich sind, die sich zu Kultureller Bildung verdichten können.

Der Begriff Kulturelle Bildung impliziert zum einen den Besitz kulturellen Wissens und ästhetisch-künstlerischer Fähigkeiten, und zum anderen den Erwerb dieser Kompetenzen.

Kulturelle Bildung entsteht durch die sinnliche, ästhetische und auch intellektuelle Auseinandersetzung mit Kunst und Kultur – sie ist jedoch in der Regel auch Voraussetzung, um aus Kunst und Kultur „Sinn machen" zu können. „Man sieht nur, was man weiß" – so die Werbung eines kunsthistorisch orientierten Reiseführers. Nur wer kulturelles Vorwissen hat, wer Kategorien hat, um ästhetische Phänomene einzuordnen, zu beurteilen und Fragen daran zu stellen, könne demnach Selbstbildungsprozesse im Urlaub mobilisieren.

Darüber was Kulturelle Bildung ist und wie Prozesse Kultureller Bildung ablaufen, gibt es bislang keine einheitlichen Definitionen.

Kulturelle Bildung soll hier, in Anlehnung an die Bundesvereinigung Kulturelle Kinder- und Jugendbildung, verstanden werden als Persönlichkeitsbildungsprozess in der rezeptiven und/oder der aktiven, gestalterischen Auseinandersetzung mit Kunst und Kultur, häufig angeregt durch professionelle Kulturvermittlung. Sie findet lebenslang und oftmals informell statt, sie ist ressourcen- bzw. stärkenorientiert, basiert auf Freiwilligkeit und auf sinnlich-ästhetischer Wahrnehmung über kognitive Lernprozesse hinaus (vgl. Bundesvereinigung Kulturelle Kinder- und Jugendbildung 2010).

Kulturelle Bildung impliziert wie Bildung allgemein mehr als Lernen. Während es beim Lernen eher um spezifische Inhalte und zu erwerbende Kompetenzen geht, wird unter Bildung im Sinne des Humboldtschen Bildungsideals die ganzheitliche Weiterentwicklung eines Individuums durch vielfältige neue Erfahrungen und tätige Auseinandersetzung verstanden. Bildung beinhaltet also weniger ein bestimmtes Wissen, sondern viel mehr Strukturen der Weltaneignung. Bildung kann nach Humboldt vor allem in der Auseinandersetzung mit ästhetischen Gegenständen erworben werden, die durch Komplexität und Mehrdeutigkeit gekennzeichnet sind (von Humboldt 1792/1967).

Für den Begriff der Kulturellen Bildung sind darum auch die Begriffe der ästhetischen Aneignung, der ästhetischen Erfahrung und des ästhetischen Erlebens konstitutiv.

Ästhetische Aneignung und ästhetische Erfahrung

Die Bezeichnung „ästhetisch" wird hier als Oberbegriff für die bewusste, sinnliche Wahrnehmung verwendet. Ästhetisch wahrgenommene Gegenstände können Kunstwerke sein, aber auch andere gestaltete und/oder bewusst wahrgenommene Objekte im weitesten Sinne. Auch ein Alltagsgegenstand wie etwa ein mitgebrachtes Zuckertütchen mit der Aufschrift eines Lokals kann zum ästhetischen Objekt werden, indem es nicht als Nahrungsmittel benutzt, sondern als eigenständige „schöne" Gestaltung jenseits ihres konkreten Zwecks präsentiert wird, etwa in einem Urlaubsalbum. Ebenso kann eine Landschaft ästhetisch wahrgenommen werden.

Die Urlaubsreise regt in Distanz zum Alltag dazu an, ästhetisch wahrzunehmen, Dinge, Landschaften, Architektur, Kleidung der Einheimischen als besonders und schön bzw. hässlich bewusst zu sehen. Solche ästhetischen Wahrnehmungsprozesse können ein wichtiger Ausgangspunkt für Kulturelle Bildung sein.

Prozesse der aktiven Wahrnehmung, Reflexion und Erweiterung des eigenen Horizontes werden in der Philosophie, vor allem von Hegel und Leontjew, als Aneignung definiert. Aneignung impliziert damit die Assimilation von vorangegangenen mit neuen Erfahrungen, die Erweiterung eigener Erfahrungen und auch Verhaltensschemata durch Integration des Neuen, Fremden. Wenn Aneignung als ein Sich-Abarbeiten-am-Gegenstand verstanden und Wahrnehmung als aktive, gestaltende bzw. Gestalt erkennende Tätigkeit begriffen wird, impliziert Aneignung zusätzlich ein ästhetisches Moment.

Ästhetische Aneignung meint die im weitesten Sinne gestaltende Auseinandersetzung mit Vorgefundenem. Ästhetische Aneignungsprozesse implizieren eine spezifische Emotionalität und Intensität, die rein kognitiven Aneignungsprozessen nicht zu eigen ist.

Ein wichtiger Bestandteil bei kulturellen Aneignungsprozessen ist das „Erlebnis". Ein Erlebnis kann generell definiert werden als ein Ereignis im individuellen Leben des Menschen, das sich vom Alltag so sehr unterscheidet, dass es ihm lange im Gedächtnis bleibt (vgl. Pine 1999).

Touristen suchen in ihrem Urlaub neben der Erholung vor allem positive Erlebnisse, darüber ist sich die Tourismusforschung einig. Der Tourismuspsychologe Reinhard Schober begreift Urlaubserleben und Urlaubserlebnis sogar als zentrales touristisches Bedürfnis. Nach Schober ist Urlaubserleben ein „Prozess", der einem im Alltagsleben nicht ausreichend befriedigtem Bedürfnis entspricht, bereits mit der Vorfreude auf zukünftige Urlaubserlebnisse beginnt und sich nach Überwindung gewisser Barrieren im Urlaub selbst eine Zeitlang als „lustvolles Lebensgefühl" entfaltet, dann nach der Sättigung des Bedürfnis nach Erleben wieder absinkt, jedoch in der Erinnerung immer neu aktiviert werden kann (Schober 1993, S. 137).

Schober unterscheidet vier Erlebnisbereiche im Tourismus:
>> exploratives Erleben (etwas Neues erleben, neugierig sein, suchen, entdecken)
>> soziales Erleben (Geselligkeit, neue Kontakte)
>> biotisches Erleben (Körpererleben)
>> optimierendes Erleben (Status/Prestige) (Schober 1993, S. 138).

In der Auseinandersetzung mit Kunst und Kultur lassen sich alle vier Erlebnisbereiche realisieren; das explorative Erleben ist ein wichtiger Motor für Aneignung.

Erlebnisse realisieren sich in der Regel erst, wenn sie mit anderen kommuniziert werden. Zur Erfahrung können sie werden, wenn sie im Rahmen dieser Kommunikationsprozesse reflektiert und verarbeitet werden. Durch die Reflexion des Erlebten kann das Ereignis eingeordnet werden in das eigene Identitätskonzept und den eigenen Erfahrungshorizont. „Die Reflexion ist die Selbstverarbeitung von Erlebnissen des Subjekts (…) als Verfahren der Aneignung" (Schulze 2000, S. 45).

So können sich kulturelle Erlebnisse als dauerhaft abrufbare, reflektierte Erinnerungen auch zu Kultureller Bildung verdichten.

Während der Begriff „ästhetisch" noch nichts über die Qualität der Gestaltung aussagt, meint der Begriff „schöpferisch", dass dabei kreativ, im Sinne von individuell erfindend, vorgegangen wird, d.h., mit vorgefundenem Material wird frei gestaltend umgegangen, und es entsteht als Ausdruck dieses schöpferischen, in Form gebrachten Wahrnehmungsprozesses eine eigenständige, auch als künstlerisch zu bezeichnende Gestaltung. Während etwa das schnelle Knipsen im Vorübergehen bei einer Kulturbesichtigung bereits eine ästhetische Aktion ist, kann das bewusste Suchen nach neuen, ungewöhnlichen Blickwinkeln beim Fotografieren zugleich eine schöpferische Leistung sein.

Nach Dewey beinhalten nicht nur künstlerische Tätigkeiten eine kreative, schöpferische Erfahrung, sondern auch der rezeptive, wahrnehmend nachvollziehende Vorgang kann eine ästhetische und kreative Erfahrung sein, wenn er mit entsprechender Intensität erfolgt. Auch Kulturrezeption kann eine indirekte schöpferische Leistung darstellen, die die gleiche emotionale Befriedigung bietet, die jeder schöpferischen Leistung innewohnt. „Denn um zu perzipieren, muss der Betrachter Schöpfer seiner eigenen Erfahrung sein" (Dewey 1988, S. 68). Den „schöpferischen" Vorgang der ästhetischen Erfahrung unterscheidet Dewey deutlich vom bloßen „Wiedererkennen". „Wiedererkennen bedeutet Wahrnehmung, die zum Stillstand kommt, bevor sie die Gelegenheit zur freien Entfaltung findet" (Dewey 1988, S. 66).

Ästhetische Erfahrung ist deutlich abzugrenzen von Routine-Erfahrung, die im nicht bewussten, zweckbestimmten Wiedererkennen besteht etwa beim täglichen, automatisierten Weg zur Arbeit.

„Das Individuum vollbringt, wenn es eine ästhetische Erfahrung macht, eine rationale Eigenleistung, die nicht auf die sinnliche Wahrnehmung reduziert werden kann. Es ordnet das Gesehene, Gehörte, Erlebte in den eigenen Lebens- und Wahrnehmungszusammenhang ein und stellt eine Verbindung zu früheren Alltags- oder ästhetischen Erfahrungen her. Erst durch diese verbindende und abschließende rationale Leistung des Subjekts kann eine Erfahrung zu einer ästhetischen Erfahrung werden. Eine ästhetische Erfahrung kann durch Rezeption oder Produktion von Kunst, aber auch durch ein ästhetisches Wahrnehmen von Alltagsgegenständen bzw. -handlungen hervorgerufen werden" (Reinwand 2011, S. 88). Eine ästhetische Erfahrung in diesem Sinne kann sich in Kombination mit anderen Erfahrungen zur Kulturellen Bildung verdichten.

Dewey und Zirfas stellen an ästhetische Erfahrungen den zusätzlichen Anspruch, dass sie eine Irritation herkömmlicher Wahrnehmungsmuster darstellen müssen, um Kulturelle Bildungsprozesse zu ermöglichen: „Ästhetisch sind diese sinnlichen Erfahrungen dann, wenn sie einen Bruch mit den üblichen Wahrnehmungen markieren. Sie haben einen kontemplativen, reflexiven, dekonstruktiven Charakter, der das bislang Un-erhörte, Un-gesehene, Un-erahnte hören, sehen und ahnen lässt. Ästhetische Erfahrungen bringen das Andere zur Geltung. In der ästhetischen Erfahrung wird die sinnliche Selbsterfahrung zur Fremderfahrung. Die Grundsituation der ästhetischen Erfahrung ist die Erfahrung eines Anderen, auf die das Subjekt eine Antwort finden muss." Nach Zirfas ist ästhetische Erfahrung nur dann wirksam, wenn sie die Auseinandersetzung mit etwas Neuem beinhaltet, für das das Subjekt noch keine festen Kategorien hat und die zu einer Erweiterung des eigenen Horizonts führen kann, gerade weil sie zunächst fremd ist und Anstrengung in der Aneignung verlangt. Für Zirfas umfasst eine ästhetischen Erfahrung folgende Schritte: Wahrnehmung und Erfahrung des Anderen/Neuen, auf die das Subjekt eine Antwort finden muss, Erkenntniskrise, Integration des Neuen, Re-Strukturierung (Zirfas 2005, S. 74). „Wer zu faul und untätig oder wer zu sehr in Konventionen erstarrt ist, um diese Arbeit zu bewerkstelligen, der wird weder sehen noch hören", formuliert auch Dewey etwas zugespitzt die Mühen einer ästhetischen Erfahrung, die dann zur Neuorientierung bzw. Restrukturierung der bis dahin erworbenen Erkenntnisse führt (Dewey 1988, S. 70).

Auf Reisen ist man in besonderer Weise mit Erfahrungen konfrontiert, die sich nicht nahtlos in das eigene Weltbild fügen, die Irritationen auslösen, für die es nicht sofort eine Erklärung gibt. Die Art und Weise, wie mit solchen Irritationen umgegangen wird, bestimmt darüber, ob eine Erfahrung produktiv wird und die individuelle Sicht auf die Welt bereichert.

„Das Kennenlernen anderer Weltsichten und kultureller Sinnhorizonte ermöglicht eine Relativierung der eigenen Weltsicht und kann damit als Dezentrierung kultureller Muster aufgefasst werden" (Reinwand 2008, S. 14).

Solche Erweiterungen und Umstrukturierungen bisheriger Wahrnehmungsweisen und Weltsichten durch ästhetische Aneignung und ästhetische Erfahrungen lassen sich als Kulturelle Bildungsprozesse bezeichnen. Das Subjekt lernt sich und die Welt anders zu sehen und in der Folge auch sein Handlungsrepertoire zu erweitern.

Der besondere Wert von ästhetischen Erfahrungen, die in der Auseinandersetzung mit Kunst gemacht werden, liegt darin, dass Kunst per se mehrdeutig ist und zu eigenem Reflektieren auffordert und dass „das Andere in der Kunst meist etwas Positives und Bereicherndes ist – und nicht etwas Bedrohliches" (Bundesvereinigung Kulturelle Kinder- und Jugendbildung 2011, S. 15).

In der Auseinandersetzung mit Kunst können eigene Erfahrungsmuster „spielerisch" umstrukturiert werden. In künstlerischen Produktionen sind ästhetische Erfahrungen in verdichteter Form zugänglich bzw. in solchen ästhetischen Formen, die deutlich über Alltagsästhetik hinausgehen und die sich nicht in Funktion und Zweck auflösen, sondern die nur dafür da sind, als besonders wahrgenommen zu werden. Ihr Sinn lässt sich nicht rein kognitiv erschließen, sondern beinhaltet immer auch intuitive und emotionale Dimensionen. Insofern lassen sich mittels künstlerischer Gegenstände sinnliche Wahrnehmungen und Erfahrungen intensivieren. Kulturelle Bildungsprozesse sind besonders wirksam in der Auseinandersetzung mit Kunst als Form symbolischen Handelns, weil diese nicht nur neue Sichtweisen auf den eigenen Alltag zeigen und die Wahrnehmung des Gewohnten verrücken kann, sondern ebenso eine bestimmte, nicht nur kognitive, sondern auch emotionale Art des Denkens, Kommunizierens und Handelns vermitteln kann, eine Sichtweise, die konventionelle Grenzen überschreitet und aufzeigt, dass alles auch ganz anders sein könnte. Die Beschäftigung mit professioneller Kunst ist in der Kulturellen Bildung jedoch kein Selbstzweck, sondern sie hilft, kommunikative Prozesse und eigenes Gestalten in Gang zu setzen (Mandel 2008, S. 23).

Noch intensiver dürften ästhetische Erfahrungen sein, die durch eigenes aktives künstlerisches Schaffen ausgelöst werden. Im Prozess künstlerischen Tuns lässt sich sinnlich erfahren, dass es verschiedene Antworten auf die gleiche Frage gibt, dass sich Verschiedenes ausprobieren und wieder verwerfen lässt, dass aus eigenen Ideen und Emotionen Gestaltungen werden, die Aussagekraft haben auch für andere.

> „Ästhetisch-Kulturelle Bildung geschieht durch eine Vielzahl von ästhetischen Erfahrungen und stellt somit das Ergebnis eines ständigen Prozesses der Reflexion und Neuorientierung des Subjekts in Auseinandersetzung mit gesellschaftlich und sozial geprägten Symbolen und Zeichen dar" (Reinwand 2008, S. 24).

Auch wenn der Vorteil der Künste für den Erwerb Kultureller Bildung hervorgehoben wurde, so kommt im Begriff der Kulturellen Bildung ebenfalls zum Ausdruck, dass es nicht nur um die Künste im engeren Sinne geht, sondern Kulturelle Bildung die ästhetische Auseinandersetzung mit Kultur im weiteren Sinne beinhaltet. Kulturelle Bildungsprozesse können auch in Auseinandersetzung mit sozialen, soziokulturellen und alltagskulturellen Gegenstände und Aktivitäten entstehen.

„Kulturelle Bildung ist ein Pluralitätsbegriff, unter welchem sich die unterschiedlichsten Sparten und Ausformungen formaler, non-formaler und informeller Bildung subsumieren", so definiert die Bundesvereinigung Kulturelle Kinder- und Jugendbildung (BKJ): „In deutlicher Abgrenzung zur musischen Bildung orientiert sich die Kulturelle Bildung an einem weiten Kulturbegriff und einem gesellschaftspolitischen Konzept von Bildung. Ihr Ziel bzw. ihre Wirkung ist dementsprechend, auf die Lebenskunst des Einzelnen ebenso wie auf die soziale Entwicklung der Gesellschaft Einfluss zu nehmen" (Bundesvereinigung Kulturelle Kinder- und Jugendbildung 2011, S. 14).

Zusammenfassend lässt sich festhalten: Kulturelle Bildung entsteht durch eigene Aktivitäten, ist Erfahrungslernen in offenen kulturellen Kontexten und erschließt sich erst durch bewusste ästhetische Wahrnehmung oder durch eigene ästhetische Gestaltung (vgl. Zacharias 2001, S. 86).

Ziele Kultureller Bildung
In der Literatur zum Thema „Kulturelle Bildung" lassen sich zwei unterschiedliche Ansätze unterscheiden:
   1. Kulturelle Bildung, um Zugänge zu Kunst und zum Kulturleben als Selbstzweck zu schaffen (entsprechend dem deutschen Selbstverständnis, wonach Kunst nicht instrumentalisiert werden darf); und 2. Kulturelle Bildung, um über die Beschäftigung mit Kunst und Kultur allgemeine Schlüsselkompetenzen zu erlangen sowie als Chance zur Teilhabe am gesellschaftlichen Leben und Mitgestaltung an einer demokratischen Gesellschaft.

   In letzterer Position ist Kulturelle Bildung eine spezifische Form der Allgemeinbildung (Fuchs 2008, S. 9). Zugrunde liegt dieser Position ein Kulturbegriff, der über Kunst deutlich hinausgeht und von Kultur gesellschaftliche Relevanz fordert. „Kulturelle Bildung im aktuellen Sinne einer humanistisch verstandenen Kultur verbindet die individuelle mit der gesellschaftlichen Entwicklung" (Fuchs 2008, S. 100).

Kulturelle Bildung ist die Voraussetzung für kulturelle Teilhabe als Partizipation am künstlerisch-kulturellen Leben einer Gesellschaft ebenso wie als Mitgestaltung an seiner kulturellen Weiterentwicklung im allgemeineren, anthropologischen Sinn.

Vor allem auf internationaler Ebene wird auch die funktionale Bedeutung von Kultureller Bildung für zukunftsfähige Gesellschaften betont: „Wir sind überzeugt, dass die heutigen, auf Wissen basierenden und postindustriellen Gesellschaften Bürgerinnen und Bürger benötigen, die über eine selbstbewusste flexible Intelligenz verfügen, die kreative verbale und nicht-verbale Kommunikationsfähigkeiten aufweisen, die kritisch und phantasievoll denken, die sich über die Kulturen hinweg verständigen können und die sich einfühlend der kulturellen Vielfalt verschreiben" (Deutsche UNESCO Kommission e.V. 2008, S. 56).

Auffällig ist, dass sich Wissenschaft und Politik in Deutschland fast ausschließlich auf Kulturelle Bildung für Kinder und Jugendliche beziehen. Kulturelle Bildung ist zwar besonders nachhaltig, wenn sie in frühem Alter einsetzt, sie ist jedoch prinzipiell für sämtliche Altersgruppen wünschenswert und vermittelbar. Kulturelle Bildung ist ein lebenslanger Lernprozess.

Kulturelle Bildung kann also unterschiedliche Ziel-Dimensionen beinhalten:
>> Die Fähigkeit zur nachvollziehenden Rezeption von Kunst und Kultur und eigenes Kunst-Urteilsvermögen
>> Erwerb eigenen künstlerisch-kreativen Ausdrucksvermögens
>> Erwerb bestimmter Schlüsselkompetenzen wie Wahrnehmungsfähigkeit, Reflexionsfähigkeit, Kommunikationsfähigkeit, Kreativität
>> Empowerment, Gefühl der Selbstwirksamkeit
>> Interkulturelle Kompetenz

InterKulturelle Bildung

In jüngerer Zeit wird im Zuge der Debatte um Migration in Deutschland an die Kulturelle Bildung zunehmend der Anspruch gestellt, dass daraus auch interkulturelle Kompetenz entstehen müsse. Vor allem im Kontext von Kultureller Bildung in der Schule, wo Schüler unterschiedlicher Herkunft zusammen kommen, wird erörtert, wie es gelingen kann, in ästhetischen Projekten unterschiedliche Kulturvorstellungen aufeinandertreffen zu lassen und dies nicht als Konflikt, sondern als Inspiration wahrzunehmen.

Interkulturelle Prozesse beinhalten die bewusste Interaktion zwischen unterschiedlichen Kulturen mit der Perspektive einer gemeinsamen Veränderung (vgl. Terkessides 2011). In einer „Einwanderungsgesellschaft" könnten aus interkulturellen Prozessen neue „dritte Kultur-Orte" (vgl. Bhabha 1996, Welsch 1995) und transkulturelle Formate und Inhalte entstehen als Erweiterung bisheriger Kulturformen und Kulturverständnisse in einer Gesellschaft.

Interkultur kann sich im Sinne des „Diversity" Ansatzes auf das Zusammentreffen unterschiedlicher Kulturen generell beziehen, nicht nur auf nationale oder völkische, sondern auch auf soziale, milieu- oder durch Bildung bedingte verschiedene Kulturen und Lebensstile.

In der Interkulturellen Pädagogik wird unter „InterKultureller Bildung" verstanden, im engeren Sinne auf Migration bezogen, dass hier Einheimische wie Zuwanderer die unterschiedlichen Herkünfte und Sprachen als Chance und Ressource begreifen, um voneinander zu lernen, um dadurch eine Vielfalt an Lebensformen kennen zu lernen und daraus Lernmöglichkeiten für neue Kulturen des Zusammenlebens abzuleiten. Interkulturelle Pädagogik stellt nicht die Defizite und Probleme, sondern die Ressourcen der Zugewanderten in den Mittelpunkt (vgl. Karakasoglu/Lüddecke 2004). Ausgegangen wird von einem nicht-hierarchischen Verhältnis der Kulturen.

Interkulturelle Kompetenz wird in zunehmend globalisierten Wirtschafts- und Arbeitsmärkten als Schlüsselkompetenz betrachtet, um mit Menschen anderer Herkunftsländer adäquat kommunizieren und verhandeln zu können. Auch im Tourismus wird ein Minimum an interkultureller Kompetenz erwartet, um Missverständnisse zu vermeiden, die etwa durch andere körpersprachliche Symbole oder Höflichkeitsregeln entstehen könnten.

InterKulturelle Bildung geht über „Interkulturelle Kompetenz" hinaus, wenn es nicht nur darum geht, andere Sitten und Umgangsweisen in beruflichen oder touristischen Kontexten zu kennen und zu berücksichtigen, sondern auch darum, die eigene Kultur neu zu sehen, zu reflektieren und evtl. zu erweitern sowie um die Akzeptanz unterschiedlicher kultureller Perspektiven auf die Welt und die dadurch erwachsende Offenheit gegenüber anderem. Dazu gehört auch das Erkennen von Gemeinsamkeiten verschiedener Kulturen.

InterKulturelle Bildung ist also nicht nur eine an Effizienz im Umgang mit Fremden orientierte Kompetenz, die eher äußerlich die Kenntnis kultureller Codes und Regeln beinhaltet etwa für die reibungslose berufliche Zusammenarbeit mit Menschen anderer Nationen. InterKulturelle Bildung meint mehr noch die allgemeine, übertragbare Fähigkeit zur differenzierten Wahrnehmung anderer Lebens- und Verhaltensweisen sowie zur Selbst-Reflexion eigener Vorurteile und Zuschreibungen. Eine solche Wahrnehmungs- und Reflexionsfähigkeit erfordert Kenntnisse individueller wie auch sozialer, politischer und ökonomischer Bedingungen der Menschen eines anderen Kulturkreises.

InterKulturelle Bildung ist einerseits Voraussetzung, damit es überhaupt zu bereichernden Kontakten mit Menschen anderer Kulturkreise kommen kann, andererseits entwickelt sich InterKulturelle Bildung in bewusst reflektierten Begegnungen und Erfahrungen im Umgang mit anderen Kulturen heraus.

Kulturvermittlung
Kulturvermittlung ist der Oberbegriff für diverse Formen der Vermittlung zwischen künstlerischer Produktion und Rezeption sowie der Anregung zu eigenem ästhetischen Gestalten und zu ästhetischen Erfahrungen und umfasst sowohl kulturpädagogische wie kulturmanageriale Vermittlungsformen medialer wie personaler Art (Mandel 2008). Kulturvermittlung geht von der professionellen Seite des Vermittlers bzw. der vermittelnden Institutionen aus, Kulturelle Bildung von der Seite des sich bildenden Subjekts.

Eine indirekte Form der Kulturvermittlung sind kulturmanageriale Formen etwa des Aufmerksamkeitsmanagements oder der Gestaltung anregender Rahmenbedingungen
 Kulturvermittlung kann Kunstvermittlung im Sinne einer Übersetzungsleistung beinhalten, so wie sie etwa häufig in Ausstellungen in Form von personalen Führungen stattfindet, wenn es darum geht, Hintergründe über die dort gezeigten künstlerischen Gegenstände und Produktionen sowie Zugänge zu diesen aufzuzeigen.
 Kulturvermittlung kann auch das Erlernen künstlerischer Techniken anleiten als Erweiterung von Gestaltungsfähigkeiten, wie das etwa in Musikschulen oder Kunstschulen der Fall ist oder im touristischen Kontext etwa bei Mal- oder Fotografiekursen.
 Kulturvermittlung, die sich als Kulturpädagogik versteht mit dem expliziten Ziel Kultureller Bildung, will nicht nur Informationen über und Verständnis für spezifische Kunst- und Kulturformen wecken und nicht nur künstlerische Techniken vermitteln, sondern auch dazu anregen, neue inhaltliche Perspektiven auf das eigene Leben zu initiieren, in der Auseinandersetzung mit kulturellen Gegenständen eigene Ideen zu entwickeln und das eigene Leben und die eigene Person als reichhaltiger zu erleben (im Sinne von Empowerment).
 Kulturvermittlung kann kulturelle Selbstbildungsprozesse initiieren, wenn sie nicht nur Wissens-orientiert ist, sondern Raum und Zeit für die konzentrierte Auseinandersetzung mit ästhetischen und kulturellen Gegenständen und Situationen schafft und die bewusste Reflexion neuer Wahrnehmungen und Erfahrungen anregt.

Kulturvermittlung ist insofern immer interkulturell, wenn es um die Vermittlung zwischen unterschiedlichen Sprach- und Denkebenen, zwischen verschiedenen Ästhetiken, zwischen verschiedenen Milieus, zwischen verschiedenen kulturellen Perspektiven auf die Welt geht.

Vor allem im touristischen Kontext ist Kulturvermittlung häufig auch Kulturen-Vermittlung in dem Sinne, dass sie Brücken baut zwischen unterschiedlichen, ethnisch geprägten Kultursystemen von Ländern und Völkern, zwischen unterschiedlichen Religionen, zwischen unterschiedlichen Kulturkreisen.

2.2 Touristische Aneignung von Urlaubswelt: Sehenswürdigkeiten, Sightseeing und Souvenirs

Der Tourismus als globales System hat nicht nur eigene Formen einer weltweit ähnlichen, standardisierten Urlaubsinfrastruktur entwickelt, sondern auch bestimmte Wunschbilder von Urlaubsdestinationen, die die Wahrnehmung der Touristen in ähnlicher Weise vorprägen.

Touristen wissen also bereits vor ihrer Reise, was sie sehen wollen und sollen. Sie kennen die Symbole schöner touristischer Welten einschließlich der Bilder bekannter Sehenswürdigkeiten.

Touristische Aneignung als aktive Inbesitznahme von „Urlaubswelt" beinhaltet also immer auch die Realisierung mitgebrachter, medial geprägter Wunschbilder.

Wollen Touristen überhaupt Neues erfahren, sind sie bereit, sich mit Wahrnehmungen auseinander zu setzen, die nicht zu ihren Images des bereisten Landes passen oder geht es ihnen nur um Bestätigung von Wunschbildern? Blockieren touristische Wahrnehmungsmuster den Zugang zu „ästhetischen Erfahrungen"?

Inwieweit kann auch den Rezeptionsweisen von Touristen im Sinne Deweys ein produktiver Charakter zugeschrieben werden, inwieweit sind diese mehr als „Wiedererkennen"?

Gibt es im System Tourismus noch Irritationsmomente, die nachhaltige Veränderungen der Wahrnehmungsmuster auslösen?

Kann Wahrnehmung auf Urlaubsreisen zu einem ästhetischen, direkt oder indirekt gestaltenden Akt oder mehr noch sogar zu einer schöpferischen Handlung weitergeführt werden etwa beim Sammeln und Gestalten von Fotosouvenirs?

Anders als dem früheren Reisenden, der auszog, um neue Erkenntnisse zu gewinnen und sich durch Aneignung des Fremden zu erweitern, wird dem Touristen mehrheitlich die Motivation und die Fähigkeit zu einer aktiven, bewussten Auseinandersetzung mit dem bereisten Land abgesprochen:

„Im Souvenirshop haben sie schon zwei Tassen mit Mozarts Konterfei erstanden, eine CD ‚Greatest hits' und drei Schachteln mit Schokoladenkugeln. Mozartkugeln. Das Souvenir Nummer 1 in der Welterbe-Stadt, dabei war Mozart doch gar keine Kugel! (...) Gestern übernachteten sie (die Tagestouristen in Salzburg) noch irgendwo in Kärnten, aber es zog sie in die Kulturmetropole, und heute schlendern sie über den Mozartplatz, wollen noch in die Mozart-Ausstellung, denn morgen werden sie schon die Blumenbeete im Park von Schönbrunn niedertreten. Sie gehören zu der Gruppe der Tagestouristen, über deren Verhalten man kaum etwas weiß, aber deren Zahl auf etwa fünf Millionen geschätzt wird. ‚Salzburg, das ist die Stadt Mozarts!' Darüber hinaus kennen sie nur die Kugeln – dass sie durch das Welterbe traben, wissen sie nicht" (Luger 2008, S. 34/35).

In dieser Beschreibung eines Tourismuswissenschaftlers kommt eine häufig zu beobachtende Arroganz gegenüber dem „Massentouristen" zum Ausdruck, die diesen pauschal als ungebildet und uninteressiert abstempelt. Damit wird jedoch der Blick verstellt auf das, was an Motiven und Voraussetzungen hinter diesen als typisch wahrgenommenen touristischen Verhaltensweisen liegt.

Tatsächlich wird hier ein prototypischer Aneignungsprozess des „Auch-Mal-Kulturtouristen" beschrieben:

Da die Beschäftigung mit Kunst und Kultur nicht zu seinem alltäglichen Freizeitrepertoire gehört, hat er kein spezifisches Vorwissen über Mozart und auch kein Wissen über die Besonderheit der historischen Architektur Salzburgs. Er weiß, dass Mozart ein berühmter Komponist war und findet, dass Salzburgs Altstadt schön ist. Er hat das Bedürfnis, sich Salzburg mit Mozart anzueignen während seines Kurztrips in die Stadt im Rahmen seiner Urlaubsreise durch Österreich. Die als sehenswürdig vorgegebenen zentralen Routen läuft er deswegen ab. Er macht Fotos an den als wesentlich markierten Sehenswürdigkeiten und greift auf die angebotenen Souvenirs zurück. Die Autorität der Tourismus-Anbieter akzeptiert er ohne zu hinterfragen, warum etwas als sehenswürdig gilt und was Mozart mit Schokoladenkugeln zu tun hat.

Durch die Tourismusindustrie und die Massenmedien ist die Welt für den Touristen aufbereitet im Angebot. Aufgrund der Normierung dieser touristischen Welten zu „Urlaubswelten" und der Normierung seiner eigenen Rolle als Tourist sind seine individuellen Erfahrungs- und Erlebnismöglichkeiten eingeschränkt. Reiseziele werden durch mitgebrachte touristische Images und Wunschbilder als Urlaubswelten wahrgenommen. Der durch Massenmedien vorgeprägte „touristische Blick" (vgl. Urry 1990) selektiert die fremde Welt.

In einer Studie der „Denkfabrik Freizeit & Tourismus" im Auftrag von TUI wurde die „Generation Internet und ihre Vorstellungen und Ideen vom Reisen" befragt. Das beauftragte Marktforschungsinstitut kommt zu dem Ergebnis, dass die „digital natives" noch mehr und viel detaillierter als Generationen von Touristen vor ihnen (Wunsch-) Bilder ihrer Reiseziele bereits vorab im Kopf haben: „Ob Google, Flickr, Facebook oder TUI.com – unzählige Informationen unterschiedlichster Quellen liefern Bilder, die sich als Benchmarks in den Köpfen festsetzen. Die reale Reise wird eine Reise entlang der virtuellen Erinnerungsanker. Im Idealfall wird sie die zuvor virtuell getätigte Tour übertreffen. Und genau darin liegt die Herausforderung der Tourismusanbieter" (Christoph B. Melchers & Patricia Schulte-Moser, Zweieinheit – Institut für Markt & Kulturforschung, www.tuigroup.com/de/innovation/think_tank/trends_reisemarkt).

Wie ihnen dies gelingen kann, dafür macht das Institut keinen Vorschlag.

Auch Authentizität, häufige Wunschkategorie des Tourismus, ist immer nur ein Wahrnehmungskonstrukt, keine gegebene Eigenschaft einer touristischen Situation (vgl. Bachleitner/Kiefl 2005, S. 35).

2. Kulturelle Bildung und touristische Aneignung

> „Elemente des schönen Scheins prägen alle touristischen Reisen. Das ist keine Schande für den Tourismus. Die Praktiker der Reisebranche wissen es längst: Im Urlaub geht es wesentlich um die Realisierung von Phantasien und Träumen, sie gehört zu seinen zentralen Triebfedern. Die dosierte Spannung des Ungewohnten, die wir unterwegs suchen, hängt nicht von Echtheit oder Künstlichkeit ab, sie bildet sich im Verhältnis zum Normalleben heraus – einem Verhältnis, das jeder für sich definiert. (...) Wenn unser Leben kompliziert und entfremdet erscheint, soll wenigstens dasjenige der griechischen Fischer echt und einfach sein. Die harte Entgegensetzung von authentischem Reisen und künstlichen Urlaubswelten täuscht" (Hennig 1997).

Jegliche touristische Reise ist durch den „touristischen Blick" geprägt, der bestimmte Erwartungen an ein Reise- und Urlaubsland stellt. Als Tourist ist man kein Auslandskorrespondent, der sich schonungslos mit der Lage in fremden Ländern auseinandersetzt, sondern vor allem auf der Suche nach schönen Erlebnissen ebenso wie nach Bestätigung mitgebrachter Wunschbilder. Insofern forciert die touristische Perspektive auch die Inszenierung eines adäquaten touristischen Ambientes in den Zielregionen. Der Tourist interessiert sich in der Regel nicht für die Neubaugebiete italienischer Städte, sondern möchte auf mittelalterlichen Marktplätzen sitzen. Er interessiert sich auf seiner Reise weniger für Veranstaltungen, auf denen die gleiche, international erfolgreiche Popmusik gespielt wird wie zu Hause, sondern möchte originäre Volkskultur eines Landes erleben, auch wenn es sich dabei nur um „Folklore" handelt, die mit der Gegenwart des Landes wenig zu tun hat. Insofern kann es „Authentizität" im Tourismus nicht geben. Kulturtouristische Angebote sind eher am kulturellen Erbe und den kulturellen Traditionen eines Landes ausgerichtet denn an aktueller Alltagskultur. Zum Teil werden „typische" Sehenswürdigkeiten und charakteristische Attribute einer Volkskultur auch für den Touristen in idealtypischen Settings aufbereitet, am extremsten in den künstlichen Themenwelten und Erlebnisparks, wo man vor unangenehmen Eindrücken und „Hässlichem" sicher ist.

Gleichzeitig besteht bei Touristen jedoch fast immer auch das Bedürfnis „hinter die Kulissen" zu schauen und Einblicke in das „echte, authentische" Leben des bereisten Landes zu erhalten.

Sightseeing als touristischer Symbolkonsum

Die Prozesse touristischer Aneignung verlaufen in stark ritualisierter Weise und zeichnen sich vor allem durch das Konsumieren von Symbolen aus: „Touristische Aneignung von Fremdkulturellem verläuft vorwiegend über ritualisierten Symbolkonsum. (...) Den Symbolen ist eine spezifische Mischung von lokaler Einmaligkeit, Universalität und produzierter Sakralität zu eigen, zu der jeder Tourist in kurzer Zeit und ohne Anstrengungen universelle Verbindungen herstellen kann, gerade deshalb, weil die Symbole ein verkürztes Verhältnis zur natürlichen, historischen, sozialen und kulturellen Fremdwirklichkeit vermitteln" (Gyr, 1988, S. 234). Universelle Formen von touristischem Symbolkonsum sind etwa das Sonnenbaden am Strand als Inbegriff des Urlaubsfaulenzens und biotischen Naturerlebens, das Essen und Trinken besonders typischer Speisen des Gastlandes und vor allem das Besichtigen bekannter Sehenswürdigkeiten.

Das Sightseeing entspricht einer sozialen Konvention, der zufolge man bestimmte bekannte Attraktionen gesehen haben muss. Zugleich bieten „Sehenswürdigkeiten" in der ansonsten für den einzelnen Touristen schwer überschaubaren fremden Realität auch eine erste Orientierung und strukturieren sie, machen sie erfahrbar. Sightseeing ist eine zentrale Form touristischer Aneignung.

Kulturelle Sehenswürdigkeiten werden aber auch in ihrer Funktion als „authentische" Manifestationen menschlicher (Kultur-)Geschichte betrachtet. Indem er sie besichtigt, erhoffe der Tourist, die großen gesellschaftlichen Zusammenhänge zu begreifen (Mc Cannell 1976). In der Sehenswürdigkeit manifestiere sich die Sehnsucht des Touristen nach dem Sakralen, Festlichen im Gegensatz zum profanen Alltag. Die Sehenswürdigkeit verspreche also besonderen Erlebnisgewinn, so der Tourismuswissenschaftler Graburn (Graburn 1978, S. 18 ff).

Touristische Sehenswürdigkeiten sind häufig alt und werden vermutlich eher als Zeugnisse des globalen kulturellen Erbes aus der Vergangenheit, weniger als Brücke für ein besseres Verständnis von Land und Leuten der Gegenwart des bereisten Landes wahrgenommen.

Nicht zuletzt durch die Vergabe des UNESCO-Titels Weltkulturerbe wird angezeigt, dass es sich hier um ein kulturelles Erbe handelt, das für Menschen aus verschiedensten Ländern und mit verschiedensten kulturellen Hintergründen wertvoll ist. Das historische Erbe der Menschheit wird offensichtlich auch als ein universales Erbe wahrgenommen, das für alle Touristen bedeutsam ist, wenngleich die ursprünglichen, historisch damit verknüpften Bedeutungen sehr unterschiedlich sind. Im touristischen Kontext werden Bedeutungen also in gewisser Weise universalisiert. Positiv betrachtet könnte damit über den Tourismus ein Beitrag zu einer transkulturellen Sicht auf die Welt geleistet werden, in der es eine gemeinsame kulturelle Schnittmenge gibt, die aktuell jeweils neu angeeignet wird von Touristen aus unterschiedlichen Ländern. Kritisch betrachtet wird damit die Bedeutungsvielfalt reduziert auf eine standardisierte Lesart.

Für den Einzelnen kann es im Sightseeing sowohl darum gehen, die als besonders wertvoll markierten kulturellen Gegenständen mit eigenen Augen zu sehen im Sinne eines „demonstrativen Erfahrungskonsums" (Knebel 1962), wie auch darum, Geschichte am anschaulichen Objekt zu begreifen.

Thurner benennt folgende Kriterien, die ein Objekt als touristische Sehenswürdigkeit ausweisen:
>> „Ernennung" – Eine Sehenswürdigkeit müsse offiziell ernannt, gekennzeichnet und vermarktet werden als Sehenswürdigkeit, wobei die höchste und damit für den Tourismus wichtigste Auszeichnung die Qualifizierung als Weltkulturerbe ist.
>> „Kontrolle" – Sehenswürdigkeiten müssten gepflegt und ihre Nutzung kontrolliert werden, u.a. durch eine touristische Infrastruktur, die touristisch notwendige Rahmenbedingungen schafft und Besucherströme lenkt.
>> „Wertung" – Eine touristische Sehenswürdigkeit müsse über Eigenschaften verfügen, die ihre Bewertung als etwas Besonders zulässt: eine besondere Größe, be-

sonderes Material, besonders kostbar, ungewöhnlich, selten, besonders alt. Auch eine besondere Geschichte kann ein Objekt als Sehenswürdigkeit auszeichnen, wobei diese nicht unbedingt positiv bewertet sein muss, denkt man etwa daran, dass auch Konzentrationslager oder Relikte von Katastrophen zu touristischen Sehenswürdigkeiten werden können.
>> „Wiederholung" – Durch die vielen touristischen Besuche von Sehenswürdigkeiten und ihre massenhafte Medialisierung und Reproduktion in Fotos, Reiseführern etc. wird der Besonderheitswert bestätigt und manifestiert.
>> „Zeit" – Der Schwerpunkt des Sehenswürdigen liegt auf besonders alten oder besonders neuen Objekten. Im touristischen Sightseeing würden jedoch zugleich zeitlich-historische Kontexte auseinander gerissen zu einem „Nebeneinander von nicht Zusammengehörenden".
>> „Bedeutung" – Orte und Objekte würden häufig ausschließlich für touristische Zwecke mit Bedeutung aufgeladen und zu touristischen Sehenswürdigkeiten gemacht, denn der Tourismus brauche Sehenswürdigkeiten. Die Autorin führt als Beispiel die Souks in Marrakesch an, die dem westlichen Touristen als Inbegriff orientalischen Lebens zentrale Sehenswürdigkeit des Marokko-Besuchs sind, wohingegen sie von den Einheimischen überhaupt nicht genutzt würden, sondern nur als Tourismus-Reservat betrachtet werden. „Sehenswürdigkeiten sind demnach weniger gemäß der Forschungsergebnisse von Historikern als vielmehr entsprechend den soziokulturellen Hintergründen der Besucher konstruiert" (Thurner 2011, S. 7-9).

Aus der Perspektive touristischer Rezeption sei auch die breite „Zugänglichkeit" ein Charakteristikum touristischer Sehenswürdigkeiten, wobei die massenhaft anderen Touristen zugleich die individuelle Rezeption beeinträchtigen würden. Die Sehenswürdigkeit sei „Legitimation" der Reise und strukturiere diese, häufig würden sich Touristen jedoch vor Sehenswürdigkeiten langweilen, so die Hypothese Turners. Das „Interesse" der Touristen sei begrenzt und vor allem von „optimalen Bedingungen betreffend körperlicher Bequemlichkeit" abhängig.

Unter dem Stichwort „Imagination" weist auch Thurner darauf hin, dass es „im Tourismus nicht um Erkenntnis geht, nicht darum, fremde Welten kennen zu lernen, sondern um die Realisierung von Phantasien und Wunschvorstellungen" (Thurner 2011, S. 13). „Emotionalität" spiele dabei eine wichtig Rolle, so könne etwa eine Sehenswürdigkeit beim Besucher ein „Gefühl der Erhabenheit" auslösen und positiv zur Konstruktion von „Identität" beitragen: „Sehenswürdigen vermögen Ambivalenzen, Kontingenzen und Inkonsistenzen synthetisch aufzulösen und in wunderbarer Einfachheit und Kohärenz zur gefälligen Betrachtung und Interpretation in Freizeit und Urlaub zu präsentieren. (...) Sehenswürdigkeiten existieren nicht deswegen, weil sie sehenswert sind; nicht das Objekt um seiner selbst willen ist wichtig, es geht weniger um seine ästhetischen Qualitäten und seinen historischen Rang als vielmehr um seine sozioökonomische Relevanz, seine Sinn und Identität stiftende Botschaft. Den Objekten ist ihre Bedeutung nicht inhärent, sie wird ihnen erst im touristischen Kontext verliehen, sie ist auch nicht eindeutig und unveränderlich festgeschrieben, sondern je nach Bedarf wandelbar." Thurner kommt zu dem Fazit, „dass die Sehenswürdigkeit den Blick auf die Geschichte verstellt, historische Erkenntnis nicht befördert, sondern behindert" (Thurner 2011, S. 15).

Dieses sehr pauschale Urteil basiert nicht auf der Befragung von Touristen während und nach dem Besuch von Sehenswürdigkeiten, sondern ausschließlich auf teilnehmender Beobachtung im Rahmen von Gruppen- und Studienreisen. Sicherlich richtig ist die Beobachtung, dass touristische Sehenswürdigkeiten immer auch mit soziokulturellen Bedeutungszuschreibungen und mitgebrachten, standardisierten „Wunschbildern" (Mandel 1996) aufgeladen werden und die Bestätigung dieser idealisierenden Images ein wesentliches Motiv des Touristen ist. Lässt sich aber in der Auseinandersetzung mit touristischen Sehenswürdigkeiten tatsächlich nichts Neues erfahren für den Touristen? Werden nur die mitgebrachten Klischees bestätigt? Oder können Sehenswürdigkeiten auch neue Einsichten, Wahrnehmungserweiterungen, Differenzerfahrungen ermöglichen und wenn ja, wie? Welche Rolle können professionelle Vermittler dabei spielen? Was tragen sie zur Bedeutungskonstruktion bei und was zu einer individuellen Aneignungsperspektive, gerade vor dem Hintergrund, dass Bedeutungen von Sehenswürdigkeiten nicht festgeschrieben, sondern offen für verschiedene Fragen und Interpretationen sind?

Das Sammeln von Souvenirs als Ausdruck persönlicher Teilhabe im Tourismus
Wie gelingt es dem Touristen, sich die bekannten Sehenswürdigkeiten persönlich anzueignen?

Wie gelingen besondere Erlebnisse und ästhetische Erfahrungen statt Langeweile? „Schauen alleine ermüdet!", wusste schon Goethe vom Besuch der vorwiegend antiken Sehenswürdigkeiten auf seiner Italienreise zu berichten (Goethe, 1878/1976, S. 629) und versuchte vor allem durch Zeichnen und Schreiben das Gesehene für sich einzuordnen. Touristen nutzen zur Aneignung von Sehenswürdigkeiten vor allem Souvenirs. Souvenirs sind materialisierte Erinnerungen im weitesten Sinne, vom eigenen Fotografieren bis zum Kauf industriell für den Tourismus hergestellter Produkte.

Da sich der Urlaub wesentlich in der „schönen Erinnerung" optimiert, wird auf das Nacherleben zu Hause von Anfang an hingearbeitet. Inwiefern Erleben überhaupt noch vor Ort stattfindet, oder sich mittels prestigeträchtiger Souvenirs als „demonstrativer Erfahrungskonsum" (Knebel 1962) in ein Später verlagert, ist in der Tourismuswissenschaft umstritten.

Jede touristische Attraktion, so Mc Cannell, bestehe aus „sight" (Sehenswürdigkeit), „tourist" und „marker" (Anzeiger, Repräsentant, jegliche Information über eine Sehenswürdigkeit, wozu auch Souvenirs gehören). Der Tourist eignet sich die bekannte Sehenswürdigkeit persönlich an durch seinen „Marker", er gibt einen Kommentar ab, macht ein Foto, kauft ein Souvenir. „An authentic tourist experience involves a participation in a collective ritual, in connecting one´s own marker to a sight already marked by others" (Mc Cannell 1976, S. 136). Diese Marker sind das eigentlich Wichtige für Erleben und Aneignung. Innerhalb der sozial und kulturell festgelegten Bedeutungen schafft jeder Tourist noch mal seine persönliche Verbindung zwischen Sehenswürdigkeit und eigener Lebenswelt und konstruiert damit, so Mc Cannell, zugleich seinen Bedeutungsbereich in der Welt.

Souvenirs sind für den Touristen der Beweis, dass seine Reise wirklich ist, dass er selbst den touristischen Mythos realisiert hat (Graburn 1978, S. 28). Im Gegensatz zu

2. Kulturelle Bildung und touristische Aneignung

vielen anderen Tourismuswissenschaftlern konstatieren Mc Cannell und Graburn damit, dass Erleben mithilfe von Souvenirs bereits vor Ort stattfinden kann.

Souvenirs haben jedoch nicht nur individuelle Bedeutung, sondern sind auch im öffentlichen Leben überall präsent als allgemein akzeptierte Symbole authentischer Erfahrungen „at other times and in other places" (Mc Cannell 1976, S. 147). Diese massenmedial verbreiteten Souvenirs haben wiederum Rückwirkung auf das Erleben des einzelnen Touristen. Jede Reproduktion, jedes Souvenir scheint das Original noch authentischer und erstrebenswerter zu machen. Einige Sehenswürdigkeiten sind in diesen massenmedialen Prozessen geradezu zu touristischen Mythen geworden in ihrem Wert als internationale Reisesymbole wie etwa der Eiffelturm, der Markusplatz in Venedig, die Freiheitsstatue (Mandel 1996).

Aus der Perspektive der Tourismuskritik werden die touristischen Aneignungsweisen des Sightseeings und Souvenirsammelns häufig als Abwehr von Fremde und neuen Erfahrungen auf Reisen gewertet, „die Kompensierung eines intensiven Sich-Einlassens mit einer fremden Kultur durch Konsum" (Mörth 2004, o.S.).
„Sightseeing is the main activity of tourism, because with seeing, reality remains external und in its place, leaving the spectator equally free from transformation by the encounter" (Curtis/Pajaczkowska 1994, S. 209). Sehen wird hier als Gegenteil von „Sich Einlassen" ausgemacht. Etwas Besichtigen und (etwas Fotografieren) bedeute zugleich sich zu distanzieren. Touristen würden sich quasi hinter ihrer Kamera vor realen Begegnungen verstecken (Mörth 2004).

Standardisierte Sehenswürdigkeiten dienen der Annäherung an fremde Welten und nehmen dem Fremden das Bedrohliche, weil sie bereits vorher bekannt sind, ebenso wie standardisierte Aneignungsweisen des Sehenswürdigen durch Souvenirs helfen, sich in der Fremde vertraut zu verhalten.
 Souvenirs sind aber auch Ausdruck der persönlichen Teilhabe an einem gesellschaftlichen Ritual. Anders als das übermächtige, nicht fassbare Original sind sie in ihrer Verkleinerung handhabbar und individuell in Besitz zu nehmen. Über die Aktivität des Auswählens von Souvenirs kann das Sehenswürdige noch einmal persönlich definiert und die faktische Realität vor Ort für den Touristen in selbst erfahrene Realität verwandelt, d.h. angeeignet werden. Als Materialisierungen des Gesehenen und Erlebten zeugen Souvenirs davon, dass man selbst da war, und als Reliquie bewahrt, können sie im Nachhinein das Gefühl, etwas Besonderes erlebt zu haben, immer neu reproduzieren.
 Über das Sammeln und Aufbereiten von Souvenirs im Nachhinein ordnet, klassifiziert, erhöht und gestaltet der Tourist das Gesehene und Erlebte (Mandel 1996, S. 73).

Die populärsten Souvenirs liefert das Medium Fotografie, und zwar sowohl in Form von Ansichtskarten zumeist idealtypisch fotografierter Landschaften und Sehenswürdigkeiten als auch in Form selbstgeknipster Fotosouvenirs.

Die Auswahl und das Sammeln und Schreiben von Ansichtskarten ist eine beliebte touristische Aktivität, die im weitesten Sinne auch als eine ästhetische bezeichnet werden kann. Neben dem Wunsch oder der Verpflichtung, Grüße an die Daheimgebliebenen zu senden, ist damit nämlich auch die Identifikation des Käufers mit dem Motiv der Ansichtskarte verbunden. Die Ansichtskarte bestätigt das Schönheitsempfinden des Käufers, der Akt des Auswählens wäre damit ein ästhetischer Akt (Mandel 1996, S. 61).

Fotografieren ist die meist genutzte, weil besonders geeignete Form des Sammelns und auch Gestaltens von Urlaubs-Souvenirs. Das Medium Fotografie entspricht dem Tempo der touristischen Reise und ermöglicht jedem Touristen ohne handwerkliche oder künstlerische Vorkenntnisse unmittelbare, eigene Erinnerungsbilder mitzubringen. Es ist prädestiniert für das schnelle „Einfangen" und „In Besitz nehmen" der touristischen Sehenswürdigkeiten. Als Materialisierungen des Gesehenen bezeugen Foto-Souvenirs dem einzelnen Touristen, dass er selbst da war, mit eigenen Augen gesehen hat. Durch Fotografieren kann das Sehenswürdige nochmal definiert und die faktische Realität für den Touristen in selbst-erfahrene Realität verwandelt werden. „Im Akt des Fotografierens lässt sich die eigene Person mit dem Symbolen und Sehenswürdigkeiten des Reiselandes zusammenbringen. Knipsen und Fotosouvenirs können dazu beitragen, dass aus standardisierten Medienbilder eigene Bilder werden" (Mandel 1996, S. 215).
Mehr noch: Im eigenen Fotografieren bekommt der Symbolkonsum eine aktive und evtl. auch kreative, schöpferische Komponente.

Das gilt sowohl für den Amateur- bzw. Hobbyfotografen wie für den Knipser. Erstere zeichnen sich dadurch aus, dass sie Fotografieren engagiert als Hobby betreiben, dem sie auch auf Reisen immer wieder ihre volle Aufmerksamkeit widmen. Sie legen großen Wert auf technische und handwerkliche Perfektion. Für den Knipser bzw. den „Erinnerungsfotografen" (Riebesehl 1976) ist die Kamera hingegen eher ein Bildautomat, und er verbindet keine künstlerisch-technischen Ansprüche damit, sondern fotografiert nebenbei (vgl. Mandel 1996 S. 90).

Fotografieren entspricht dem Verlangen, sich Urlaubswelt auch aktiv und persönlich zu eigen zu machen. Über persönliche, emotional aufgeladene Souvenirs hinaus sind Knipsen und die Aufbereitung der Fotos im Nachhinein auch eine Gestalt erkennende und formende und demnach ästhetische Handlung, auch bei den Knipserfotografen. Etwas ästhetisch wahrnehmen heißt etwas hervorheben. Fotografieren bedeutet immer auch eine Auswahl zu treffen und verlangt, das Wahrgenommene als etwas Besonderes zu erkennen.

Fotografieren einschließlich der Aufbereitung der selbst erstellen Urlaubsfotos ist eine ästhetische Form der Aneignung von Urlaubswelt, die Erleben und bewusste Wahrnehmung intensivieren und damit Prozesse Kultureller Bildung befördern kann, wie eine empirische Studie der Autorin zeigt, in der knapp 50 (Knipser-)Fotoalben touristischer Reisen analysiert und die Urlauber zu ihren durch Fotografieren und

Alben erzeugten bzw. wiederbelebten Erinnerungen befragt wurden. „Das Urlaubsknipsen und Aufbereiten der Fotosouvenirs geht über die bloße Reproduktion hinaus. Es beinhaltet einen persönlichen, ästhetischen und zum Teil auch schöpferischen Umgang mit den medial vermittelten Vorstellungsbildern des Urlaubslandes und den Fundstücken der Urlaubswelt" (Mandel 1996, S. 218).

Auch die stark ritualisierten Aneignungsformen im Tourismus, so lässt sich als Fazit der vorangegangenen Überlegungen festhalten, können Spielräume für kulturelle Selbstbildungsprozesse ermöglichen, wenn sie bewusst reflektiert werden, entweder bereits vor Ort oder aber in der Aufbereitung mit Hilfe von Souvenirs im Nachhinein.

Reflexionsformen touristischer Erfahrungen gibt es vielfältiger Art. Sie kann bereits vor einer Reise beginnen, etwa durch das Studieren von Reiseführern oder Informationsplattformen im Internet.

Vor Ort findet sie häufig statt durch Kommunikation mit anderen über das Gesehene und Erlebte, durch Fotografieren, durch das Schreiben eines Reisetagebuchs. Reflexion touristischer Erfahrungen gibt es auch im Anschluss an eine Reise, etwa indem man Freunden von überraschenden Erfahrungen berichtet, indem man Hintergrund-Artikel oder Romane liest, die Antworten auf Fragen zum bereisten Land geben können, bis hin zum Schreiben und/oder Gestalten vonFotoserien bzw. -alben.

Die Frage ist, inwieweit es professioneller Vermittlung braucht, um diese Reflexion produktiv werden zu lassen.

2.3 Lernen in der Freizeit optimieren oder zur Emanzipation animieren. Positionen der Reisepädagogik

In den 60er-Jahren begannen Pädagogen, sich mit dem Potential von Reisen für emanzipatorische Bildungsprozesse junger Menschen zu beschäftigen (v.a. Giesecke 1965 und 1967). In den 70er-Jahren wurden im Zusammenhang von Studienreisen erste Modelle „länderkundlicher Animation" entwickelt (Müllenmeister 1978). In den 80er-Jahren wurden sozialer Tourismus und sanftes Reisen im Kontext von „Reisen lernen" propagiert (Krippendorf 1984, Steinecke 1989, Studienkreis für Tourismus diverse Publikationen). Dabei ging es vor allem darum, die negativen Folgen des Tourismus durch einen bewussteren, Ressourcen schonenden, die kulturelle Eigenart der anderen Länder respektierenden Tourismus einzudämmen – weniger um die nachhaltige, über den Urlaub hinausreichende Kulturelle Bildung des einzelnen Urlaubers.

Der Begriff Reisepädagogik taucht aktuell explizit kaum in der Literatur auf, sondern wird eher en passant im Kontext von Freizeitpädagogik und Erlebnispädagogik oder von Sozialpädagogik und Jugendreisen behandelt.

Anfang der 90er-Jahre setzten sich mehrere Tagungen mit dem Zusammenhang von Pädagogik und Tourismus auseinander, auch unter der Fragestellung, inwiefern Urlaubsorte zu Lernorten werden können einschließlich Überlegungen zur besseren Qualifizierung von Reiseleitern, die man nicht den kommerziellen Veranstaltern überlassen dürfe (Busse/Isenberg 1991; Nahrstedt 1991; Steinecke 1990, Wallraven 1991). Seitdem ist das Thema von wissenschaftlicher Seite kaum wieder aufgegriffen worden.

Rosenberger vermutet, dass die defizitäre Forschung im Bereich Reisepädagogik und Erwachsenenbildung an der unzureichenden Kooperation von Tourismus-Wirtschaft und pädagogischer Wissenschaft liegen könnte (Rosenberger 2004, S. 150). „Kann aber die Pädagogik vermarktet werden, ohne sich aufzugeben?", fragt Nahrstedt im Kontext von kommerziellen Jugendreiseanbietern (Nahrstedt 1997, S. 290). Lassen sich marktwirtschaftliche Interessen privater Reiseanbieter mit Bildungs-Zielen vereinbaren?

In der 70er-Jahren entwickelte der „Reisepädagoge" Müllenmeister ein Modell „Länderkundliche Animation", das er dann auch in Kooperation mit dem großen Reisekonzern TUI kurzfristig durchführte. Darin sollten Alltagskultur und die Vermittlung von aktuellen sozialen Hintergründen zu Land und Leuten das gleiche Gewicht haben wie kulturgeschichtliche Sehenswürdigkeiten, und vor allem sollten Touristen animiert werden, sinnlich und aktiv, statt im Reisebus, ein Land zu erfahren und sich mit ihm auseinander zusetzen. Doch auch dieses Modell fand keinen Eingang in die Breite als Standard touristischer Animation, sondern verschwand in der Schublade (Müllenmeister 1978).

„Freizeit und Urlaub sind, der gängigen Freizeitideologie zufolge, das Reich der Freiheit, das durch ganz andere Werte bestimmt sein soll wie Selbstbestimmung, Eigengestaltung und persönliche Entfaltung: Lernen im Urlaub – ja bitte, Pädagogik im Urlaub – nein Danke.", so vermutet Steinecke die Abstinenz der Pädagogik im Kontext von Tourismus (Steinecke 1989, S. 3).

Auch Wegener-Spöhring warnt vor einer Didaktisierung des Urlaubs und einer Einmischung in die Freiheit des Urlaubers und spricht sich dafür aus, „Urlaub als (potentiell) selbstbestimmtes Spiel" zu begreifen und in reisepädagogischen Konzepten die emotionale Komponente und die geheimen Träume des Touristen vom besseren Leben zu animieren (Wegener-Spöhrig 1991 S. 73) „Es geht um die Chance, den eigenen Körper zu bejahen, Sinne zu entdecken und das Ich eingebettet in die Umwelt zu spüren. (...) Die Erziehungswissenschaft sollte sich weniger um Lernen und Bildung als um die Steigerung von Lebensqualität in der Urlaubssituation bemühen – und nicht die Tourismusindustrie allein die Szenarien für Reiseerleben bereitstellen lassen", so das Credo Wegener-Spöhrings zum Auftrag einer Reisepädagogik (Wegener-Spöhring 1991, S. 77/S. 84).

„Animation zur Emanzipation", darin sah Nahrstedt in den 70er-Jahren das utopische und zugleich gesellschaftspolitische Potential der Freizeit und des Tourismus für die Selbstentfaltung und Verhaltensänderung des Einzelnen (Nahrstedt 1975).

Die Ideen einer so verstandenen Reisepädagogik konnten sich jedoch in der Breite nicht durchsetzen bzw. fanden keine Institutionen, wo sie andocken konnten und sind aktuell in den freizeitwissenschaftlichen Diskursen kaum noch auf der Agenda.

Einen weiteren Anlauf, das Potential der (kommerziellen) Freizeit-Sphäre für Bildungsprozesse zugänglich zu machen, unternahm die Freizeitpädagogikwissenschaft mit ihrem Projekt Aquilo 2002, das verschiedene populäre Freizeitorte in Deutsch-

2. Kulturelle Bildung und touristische Aneignung

land daraufhin untersuchte, ob und wie informelles Lernen dort stattfindet und wie Lernprozesse in Freizeitkontexten optimiert werden können.

Lernen wird dabei verstanden als „ein aktiver, konstruktiver Prozess, der dem Individuum die eigene Lebenswelt erschließt. Interessen, Emotionen und Kontexte spielen dabei eine wichtige Rolle" (Brinkmann/Freericks/Theile/Krämer/Fromme/Rußler 2005, S. 6). In dieser Definition sind deutliche Parallelen zur Kulturellen Bildung erkennbar.

Die Auswertung des Projekts Aquilo kommt dann auch zu dem Ergebnis, dass Chancen und Potentiale erlebnisorientierter Lernorte für die Wissensgesellschaft vor allem in einem emotionalen Lernen lägen.

Emotionales Lernen umfasse dabei folgende Dimensionen:
>> „Ansprache und Aktivierung nicht-kognitiver Lernsysteme mit nachhaltiger Wirkung (individuelle Gefühlszustände);
>> Öffnung eines Raums für Selbsterfahrung und Entwicklung der Sinne (Gegenwelt zur hyperdynamischen, rationalen Arbeitswelt);
>> Förderung von Kommunikation und Gemeinschaft (Familie, Freunde, Team);
>> Möglichkeit der emotionalen Orientierung in einer komplexen Informationsgesellschaft;
>> Anregung und Stützung des selbstgesteuerten Lernens (mehrschichtige Informations- und Verweisstruktur)" (Nahrstedt 2002 S. 17).

Emotionales Lernen kann im Subjekt nachhaltig etwas verändern, ohne dass damit „Wissenszuwachs" verbunden sein muss, so die These, die auch die Ergebnisse zum Lernen in Museen bestätigt. „Der Lernprozess läuft in Freizeitsituationen im Hintergrund unbewusst mit, die Teilnehmer merken gar nicht, dass sie etwas lernen, Lernen erfolgt automatisch und ohne direkte Absicht, in Abwechslung mit Erholungsphasen. Dabei kann es sich sowohl um die Auseinandersetzung mit bestimmten Themen handeln (Wissen), wie auch um die Stärkung der Selbstlernkompetenz (Handeln) oder auch um den Wandel emotionaler Muster, Einstellungen, Werte (vgl. Brinkmann/Freericks u.a. 2005, S. 13).

Emotionalität, Sinnhaftigkeit und Selbststeuerung sind Kriterien, die auch für die Kulturelle Bildung gelten. Diese umfasst darüber hinaus jedoch das Prinzip der ästhetischen Aneignung im Sinne von differenzierter ästhetischer Wahrnehmung, nachvollziehender und auch eigener schöpferischer Gestaltung in der Auseinandersetzung mit kulturellen Inhalten.

Der Begriff der Reisepädagogik konnte sich auch deswegen nicht durchsetzen, weil er suggeriert, dass es sich um Lernprozesse mit gezielten didaktischen Methoden und klar definierten Zielen handelt. Der Begriff der Kulturellen Bildung betont hingegen die Seite des sich selbst bildenden Subjekts und bietet mehr Spielräume, da Kulturelle Bildung per se auf subjektivem, informellen, selbst bestimmten, sinnlichen und ästhetischem Lernen ohne explizite Ziele basiert.

2.4 Idealtypische Stufen kultureller Aneignung im Tourismus

Kulturelle Bildungsprozesse auf Reisen können in der Auseinandersetzung mit kulturellen Manifestationen im weitesten Sinne sowie mit Menschen eines anderen Kulturkreises stattfinden, sei es alte Kunstwerke in Museen, Architektur oder Landschaftsgestaltungen, seien es kulturelle Rituale und alltagskulturelles Verhalten wie Esskultur, Volksfeste, Begrüßungsrituale, die Art sich zu kleiden. Die Grenzen zu sozialen und religiösen Phänomenen sind dabei fließend.

Mit den Formen der Aneignung verbinden sich unterschiedliche Intensitäten der Auseinandersetzung mit Kunst und Kultur während einer Urlaubsreise und damit auch unterschiedliche Voraussetzungen für Kulturelle Bildungsprozesse, die im Folgenden in idealtypischen Stufen kultureller Aneignung im Tourismus ausdifferenziert werden.

Standardisierte, interesselose ästhetische Wahrnehmung globaler touristischer Symbole

Eine erste, mit wenig Anspruch verbundene Form der kulturellen Aneignung im Tourismus ist das (Pflicht erfüllende) Sightseeing bekannter Kultur-Denkmäler ohne dass damit persönliche Interessen oder Fragen verbunden würden. In der Regel wird diese standardisierte Art der Aneignung verknüpft mit eigenem Fotografieren. Dadurch werden die besichtigten kulturellen Objekte mit persönlichen Urlaubserinnerungen verbunden. Auch wenn diese Art der Aneignung in hohem Maße standardisiert ist, werden in der Verbindung des „neutralen Sightseeing" mit einer Aneignung durch selbstgeknipste Fotosouvenirs ästhetische und kulturelle Objekte verknüpft mit der in der Regel positiv erinnerten Urlaubsreise und dem persönlichen Leben.

Idealisierte Vorstellungsbilder bestätigende ästhetische Wahrnehmung und ästhetisches Erleben

Die Wahrnehmung bekannter Sehenswürdigkeiten oder anderer kultureller Phänomene wird bereits vor Ort als etwas Besonderes erlebt und als ein positiv konnotierter Höhepunkt der Urlaubsreise nachhaltig erinnert. Mitgebrachte Vorstellungsbilder von der „Größe, Erhabenheit, Besonderheit" der bereisten Kultur werden positiv bestätigt und in eigenen Erinnerungsbildern und späteren Erzählungen festgehalten. Kultur im Tourismus ist damit positiv besetzter Bestandteil des eigenen Lebens zu einer besonderen Zeit an einem besonderen Ort, eine Erfahrung, die im besten Falle auch dazu anregen könnte, sich zu Hause mit dieser Art von Kultur zu beschäftigen.

Ästhetische Erfahrung als bewusst erfahrene und (gestaltend) reflektierte ästhetische und/oder interkulturelle Differenzerfahrung

Die Realität der Reisedestination wird als widersprüchlich zu den mitgebrachten Vorstellungsbildern erfahren und regt dadurch an, sich mit dem Neuen, Unbekannten differenzierter auseinanderzusetzen, sei es in kommunikativen Prozessen oder in Form produktiven, kreativen Gestaltens durch engagiert betriebenes Fotografieren, Schreiben oder Malen. Dabei kann sich die Differenzerfahrung sowohl auf ästhetische Objekte und Manifestationen beziehen, die als fremd oder unerwartet empfunden werden wie auch auf kulturelle Unterschiede im Verhalten und Lebensstilen der Bereisten, die mit den Lebensweisen des eigenen Herkunftslandes verglichen werden.

Auf Differenzerfahrung könnten Touristen auch mit pauschaler Ablehnung des Fremden reagieren. Damit daraus Kulturelle Bildung erwachsen kann, ist die Bereitschaft zur Auseinandersetzung mit dem Anderen notwendig. Wieviel Differenz man empfindet und wie groß kulturelle Unterschiede erscheinen, hängt sehr stark von der individuellen Reiseerfahrung ab, so dass zu vermuten ist, dass vor allem Reisen in jüngeren Jahren, in denen man noch wenig „Fremdes" gesehen hatte, besonders nachhaltige Erfahrungen und Bildungsprozesse auslösen können. Ästhetische und kulturelle Differenzerfahrungen auf einer Reise können zur Erweiterung des eigenen Weltbildes beitragen.

Interkulturelle Erfahrung als aktive, längerfristige Auseinandersetzung mit Menschen eines anderen Kulturkreises
Durch direkte, persönliche Kontakte mit Einheimischen über touristisches Servicepersonal hinaus und Blicke hinter die Kulissen werden Differenzen und vor allem auch Gemeinsamkeiten zwischen Herkunfts- und Reisezielkultur mit den Menschen eines anderen Kulturkreises „verhandelt" und es können interkulturelle Schnittmengen entstehen. Diese Art der interKulturellen Bildung setzt in der Regel mehrfache Aufenthalte, das Beherrschen der Sprache und Kontakte auf Augenhöhe voraus.

Mit Ausnahme eines vollkommen interesselosen, mechanischen Sightseeings ohne jegliche persönliche Beteiligung, bieten auch touristische Aneignungsformen im Kontext von Kunst und Kultur das Potential, dass aus einem ästhetischen Erlebnis und einer Erfahrung kultureller Differenz neue Erkenntnisse gewonnen werden, die zur Erweiterung bestehender Einsichten, Emotionen und Perspektiven auf die Welt und damit zu Kultureller Bildung führen können.

Die Wahrnehmung mit verschiedenen Sinnen (Sehen, Hören, Schmecken, Riechen, Fühlen) kann dabei vermutlich die emotionale Beteiligung und die Nachhaltigkeit der Erfahrungen intensivieren.

2.5 Zwischenfazit: Potentiale touristischer Reisen für (inter-)kulturelle Bildung

Die theoretischen Überlegungen zu den Charakteristika Kultureller Bildung haben deutlich gemacht, dass diese dann stattfindet, wenn sich Menschen aktiv und reflektiert mit neuen, ästhetischen Erfahrungen auseinandersetzen, die häufig im Widerspruch zu ihren gewohnten Perspektiven stehen und die durchaus eine gewisse Anstrengung verlangen, damit sie sich als Erweiterung in den eigenen Horizont eingliedern lassen und dazu beitragen, das eigene Repertoire der Weltaneignung differenzierter werden zu lassen.

Auch wenn sich nach Ansicht der meisten Tourismuswissenschaftler massentouristisches Reisen tendenziell durch einen eher reproduktiven, bestätigenden Charakter auszeichnet und versucht, widersprüchliche Erfahrungen zu vermeiden, bieten Ortswechsel dennoch prinzipiell Möglichkeiten für ästhetische und kulturelle Differenzerfahrungen: Wahrnehmungsprozesse können an anderen, neuen Orten intensiviert und positives Interesse für andere Kulturen geweckt werden. Grundsätzlich könnte man dem Touristen, der aufbricht, um sich etwas Neues anzuschauen, also den Wunsch nach neuen Erfahrungen unterstellen, selbst wenn die Hauptmotivation seiner Reise in der physischen und psychischen Erholung liegt und sein Verhalten überwiegend passiv und reproduktiv erscheint.

Wöhler, Pott und Denzer halten touristische Orte gerade durch ihre gewisse Unwirklichkeit und Distanz zum Alltag für geeignet, neue Perspektiven und neue Verhaltensweisen auch im Sinne von Veränderung des üblichen Habitus zu ermöglichen.
„Im Modus des Touristseins wird Selbst- und Weltermächtigung möglich. (...) Das bei der Abreise Zurückgelassene wird mit dem in der Ferne Erlebten und Wahrgenommen verglichen. So wird dann bestimmt, ob beides zusammen passt und in welche Ordnung beide Sphären zu setzen sind. (...) Natürlich fungieren Tourismusräume infolge ihrer Distanz zu Alltagsräumen auch als Schutz- oder Freiräume, in denen und durch die andere Selbst- und Weltverhältnisse sowie soziale Beziehungen gebildet und erprobt werden können" (Wöhler/Pott/Denzer 2010, S. 12/13).
Sie gehen grundsätzlich davon aus, dass der Tourismus, ob in der Ferne oder in Deutschland, Alltags-Rollenmuster temporär außer Kraft setzt, neue Perspektiven auf die Welt und das eigene Leben ermöglicht und einen tendenziell selbstbestimmteren Raum zur Verfügung stellt. Darüber hinaus ist für sie das Phänomen des Tourismus so weitreichend in das Leben westlicher Gesellschaften integriert, dass es auch im Alltag, also den Herkunftsländern der Touristen zur „Touristifizierung" von Orten beiträgt, die in der Folge als besondere Orte ästhetisch wahrgenommen werden, als touristische Orte der „Erholung vom Alltag in der eigenen Stadt".
„Was einst als eine temporäre Lebensform woanders in der Fremde galt, ist heute eine Lebensart neben anderen und vermischt sich mit nahezu allen Lebensbereichen außerhalb des Zuhauses. Als touristifiziert gelten Räume und Orte, in denen und durch die eine vorübergehende Lockerung und Variation alltäglicher Inklusions- und Erwartungsstrukturen ermöglicht wird" (Wöhler/Pott/Denzer 2010, S. 13/14).
Das heißt, dass der Begriff der „Touristifizierung" bzw. der touristischen Wahrnehmung auch positiv konnotiert werden könnte als ästhetische Wahrnehmung, die in Distanz zur Alltagswahrnehmung Landschaften und Dinge in ihrem nicht funktionalen ästhetischen Eigenwert wahrnehmbar und als besonders oder als „schön" erfahrbar macht.

Auch die touristische Rolle, die meistens negativ konnotiert wird als standardisiertes, konsumtives Verhalten, das individuelles Denken und Handeln außer Kraft setze, lässt sich anders dazu als Chance der Befreiung aus üblichen eingefahrenen Rollenmustern begreifen: Der Volkskundler Lövgren ist überzeugt, dass Menschen in der Rolle des Touristen trotz massentouristischer Infrastruktur in besonderer Weise angeregt würden, ihre eigenen Welten zu kreieren.

> "The standardization and homogenization of sightseeing spots, the charter week, souvenir shops, or the language of marketing does not mean, that tourist experiences are standardized. They are, of course, intensely personal. (...) I view vacationing as a cultural laboratory where people have been able to experiment with new aspects of their identities, their social relations, or their interaction with nature and also to use the important cultural skills of daydreaming and mindtravelling. Here is an arena in which fantasy has become an important social practice" (Lövgren 1999, S. 277/ S. 7).

Reisen könnte die Erfahrungs- und Erkenntnistätigkeit also in besonderer Weise anregen, denn die Distanz zum Gewohnten fordert Vergleiche zwischen eigener und anderer Kultur heraus. Entfernt von der üblichen Routine, frei von Alltagsverpflichtungen, entbunden aus den festgelegten Rollen sind „Blick und Geist" offen für neue Wahrnehmungen, die im Kontrast zu alltäglichen Mustern betrachtet werden.

Auch wenn die Tourismusindustrie und das Bedürfnis von Touristen nach „schönen und passenden" Erlebnissen dafür sorgen, dass es keine unangenehmen Überraschungen gibt, beinhalten Reisen per se Differenzerfahrungen. Wenn Kulturelle Bildung neben besonderen Erlebnissen und ästhetischen Erfahrungen die bewusste Reflexion und Einordnung des neu Erfahrenen braucht, dann wäre es entscheidend, dass Touristen diese ästhetische und kulturelle Differenz zu ihren gewohnten Mustern reflektieren, damit sie bereichernd wirken kann.

Darüber hinaus bietet der Tourismus grundsätzlich ein großes Lernfeld für die Inter-Kulturelle Bildung, weil die touristische Reise positiv konnotiert ist und bei Touristen von einem prinzipiell wohlwollenden Interesse an der Kultur der Anderen ausgegangen werden kann. Obwohl der Begriff „interkulturell" sich auf die verschiedensten kulturell bedingten Unterschiede und Gemeinsamkeiten beziehen kann, geht es im Tourismus im Wesentlichen um das Verständnis und den Austausch zwischen verschiedenen Ländern und Kulturkreisen. Die Frage ist, ob und inwiefern der Tourismus, vor allem der in außereuropäische, nicht westliche Länder, auch interKulturelle Bildung als Fähigkeit zum reflektierten Umgang mit ethnisch bedingten kulturellen Deutungsmustern fördern kann.

Dem entgegen stehen die Thesen vom „postkolonialen Blick" (Bhabha 2000) und dem „touristischen Blick" (Urry 1990), der die bereisten Länder mit einer sehr selektiven und projektiven Perspektive wahrnimmt und die kulturelle Differenz in deutlicher Abgrenzung zum Herkunftsland der Touristen betont. Dieser „Blick" ist geprägt durch die koloniale Geschichte vieler Fernreiseziele, die noch heute das Verhältnis der Einheimischen zu den westlichen Touristen bestimmt sowie das touristische Bedürfnis nach Realisierung mitgebrachter Wunschbilder wie die Sehnsucht nach „Ursprünglichkeit" und „Exotik". Der postkoloniale touristische Blick, der zwischen Überheblichkeit und Verherrlichung des vermeintlich unverfälschten, authentischen Leben oszilliere, verunmögliche eine Wahrnehmung der Einheimischen als Subjekte in ihren realen gegenwärtigen Lebensbedingungen und nutze diese eher als Projektionsfläche für mitgebrachte Wünsche, statt dialogischen Austausch zu ermöglichen, in den sich immer beide Partner einbringen müssen. Touristen reduzieren die „Urlaubswelt", auch auf Fernreisen, auf die Bilder und Situationen, die ihren Bedürfnissen entsprechen. „Die tägliche Überforderung durch immer komplexere Strukturen lässt das Bedürfnis entstehen, wenigstens im Urlaub die Diskontinuität der Welt durch einfache Symbole zu erfahren" (Herdin/Luger 2001, S. 11). Stimuliert werden diese Bilder durch die Werbeprospekte der Reisebranche, die Urlaubsländer zu fernen, ursprünglichen Paradiesen verklären.

> „Die abstrakte Bedingung für eine Veränderung der Wahrnehmung fremder Menschen und Kulturen, die differenzierte und nicht-fremdenfeindliche Betrachtung ermöglicht, liegt in der Veränderung der eigenen kulturellen Wahrnehmungsmuster. Die Reflexion der Bedingung des eigenen Fremderlebens, die Wahrnehmung der eigenen Sehnsüchte, Wünsche, Ängste und Bedrohungen deckt die Tiefenstrukturen und Grundmuster der eigenen Kultur auf. Interkulturelles Lernen bedarf dieser veränderten Wahrnehmungsmuster" (Lang-Wojtasik/Scheunpflug 2002, S. 28).

Damit touristische Reisen für interKulturelle Bildungsprozesse wirksam sein können, müssen zum einen mitgebrachte Vorstellungsbilder also bewusst reflektiert und mit einer differenzierter Wahrnehmung der Realität vor Ort abgeglichen werden. Darüber hinaus bedarf es jedoch auch der Begegnung mit Menschen des bereisten Landes, die über das Dienstpersonal hinausgehen.

Interkulturelle Lernprozesse können selbstverständlich auch auf Seiten der Bereisten stattfinden, die über den Kontakt mit Touristen mit anderen Verhaltensweisen und kulturellen Mustern in Berührung kommen, die sie verstehen müssen und in ihre eigenen kulturellen Systeme einordnen.

Wenn man interkulturell so definiert, dass es darum geht, sich mit anderen kulturellen Formen und Verhaltensweisen auseinanderzusetzen, Fremdes mit Vertrautem zu vergleichen, könnte man sogar sagen, dass Kulturelle Bildung immer interkulturell ist. Insofern wäre interKulturelle Bildung integrativer Bestandteil Kultureller Bildung im Tourismus.

3. Ziele und Akteure von Kulturvermittlung im Tourismus

Entsprechend der großen Bandbreite möglicher Ziele von Kulturvermittlung generell können auch die Ziele von Kulturvermittlung im Tourismus sehr unterschiedlich sein.

Ziele von Kulturvermittlern etwa auf traditionellen Bildungsreisen bestehen vermutlich vor allem darin, die Kulturgeschichte des bereisten Landes anhand seiner kulturellen Sehenswürdigkeiten kennen zu lernen.
 Ein weiteres Ziel könnte darin liegen, Einblicke in die Alltagskultur eines Landes zu bekommen und dieses in seinen Besonderheiten zu verstehen.
 Steht das Verständnis für die Künste im engeren Sinne im Fokus der Vermittlung, könnte es ein Ziel sein, nachhaltiges Interesse an einer bestimmten Kunstform oder Epoche zu wecken.
 Ein Ziel von Kulturvermittlung im Sinne von Persönlichkeitsbildung wäre es, den Horizont des einzelnen Touristen zu erweitern und eine differenziertere Wahrnehmung der Welt zu ermöglichen, die sich unabhängig vom spezifischen Kontext und bereisten Land auch auf andere Lebensbereiche übertragen lässt.
 Auch der Erwerb interkultureller Kompetenz könnte ein Ziel sein.
 Verfolgt Kulturvermittlung einen künstlerischen und/oder kreativen Anspruch könnte es vor allem um die Vermittlung gestalterischer Fähigkeiten und die Anregung zu kreativen und schöpferischen Leistungen gehen.
 Ein sehr viel niedrigschwelligeres Ziel könnte es sein, einfach den Spaß und die Lebensfreude im Urlaub durch Beschäftigung mit ästhetischen Phänomenen zu steigern.

Die Ziele von Kulturvermittlung im Tourismus können ebenso vielfältig sein wie die Reiseformate und Ausrichtung der Anbieter. Wie Interviews mit Kulturvermittlern in touristischen Kontexten zeigen, sind Ziele häufig nicht bewusst formuliert und selten an die Diskurse der Kulturvermittlung und Kulturellen Bildung angeschlossen.

Kultur-Vermittlung im Tourismus kann in den unterschiedlichsten Formen auftreten. Die häufigsten sind:

Kulturmanageriale Vermittlung durch Positionierung und Marketing von Destinationen zu kulturtouristischen Zielen (3.1):
Eine indirekte, vorgelagerte Form der Kulturvermittlung im Tourismus wird von Kulturmanagern geleistet, die Destinationen kulturtouristisch aufbereiten, indem sie für Touristen attraktive kulturelle Themen und Rahmenbedingungen mit den Gegebenheiten vor Ort kombinieren und tourismuswirksam kommunizieren. Aber auch Angebote traditioneller Kultureinrichtungen können durch Marketing und PR, das an touristische Bedürfnisse und Aufmerksamkeitsstrukturen anknüpft, vermittelt werden.

Mediale Vermittlung durch schriftliche Reiseführer, Informationstafeln, Filme, Computerspiele, sowie durch Inszenierungen und Events (3.2):
Die häufigste, von fast jedem Touristen genutzte Form der Kulturvermittlung sind schriftliche Reiseführer, die neben praktischen Serviceinformationen auch Hintergründe über Land, Leute, Kunst und Kultur vermitteln. Mediale Kulturvermittlung in Form von Inszenierungen findet sich vor allem in den touristischen Erlebniswelten, die auf eine perfekte Gesamtdramaturgie setzen, in der alle Sinne des Besuchers angesprochen werden.

Personale Vermittlung durch Reiseleitung und Gästeführung (3.3):
Der Prototyp des personalen Kulturvermittlers im Tourismus ist der Reiseleiter, der zum einen als Gesamtreiseleitung auf Studienreisen präsent ist, zum anderen als Stadtführer oder Gästeführer in Burgen/Schlössern o.ä. partiell Sehenswürdigkeiten vermittelt und einordnet.

Animation als aktivierende, personale Vermittlung und Anregung zu eigener (kreativer) Betätigung in Workshops, Rallyes, Spielen (3.4):
Der Animateur ist ein weiterer Typus des touristischen Kulturvermittlers, der in Cluburlauben, auf Kreuzfahrten und größeren Hotels, Kommunikation untereinander und Aktivität der Touristen anregen soll, die auch aus kulturellen und ästhetischen Tätigkeiten bestehen können.

Kulturvermittler können dieser Auflistung entsprechend im Tourismus als Tourismus-Marketing-Manager, als Kultur-PR-Referenten, als Kuratoren und Regisseure, als Reiseberatung, Reiseleitung, als Stadtführer, als Museumspädagogen, als Animateure auftreten.

3.1 Tourismusmanagement als Kulturvermittlung

Auch Kultur- und Touriusmusmanager, die kulturtouristische Destinationen aufbereiten, eine adäquate touristische Infrastruktur aufbauen, Themenrouten zusammenstellen, dazu passende kulturelle Veranstaltungen entwickeln und diese Angebote anschaulich und öffentlichkeitswirksam verbreiten, sind Kulturvermittler im Tourismus.

„Das Gesamtambiente muss stimmen und es müssen sinnfällige thematische Zusammenhänge durch übergreifende Themen wie etwa eine „Straße der Romanik" oder eine Route durch die verschiedensten Arten von Landschaftsgärten geschaffen werden" (Anz, vgl. Experteninterview Kapitel 4).

Eine erste grundlegende Aufgabe der Vermittlung durch Tourismusmarketing besteht darin, solche geeigneten Themen zu finden, die aus der Geschichte und den gelebten Traditionen einer Region entstammen müssen, damit sie sowohl von Einheimischen wie von Touristen als authentisch wahrgenommen werden.

Im zweiten Schritt geht es darum, verschiedene Partner im Tourismus zu vernetzen, vom Regionalmarketing über Hotel und Gastronomiegewerbe, Transportmittel,

3. Ziele und Akteure von Kulturvermittlung im Tourismus

bis zu den Kulturinstitutionen mit ihren jeweils unterschiedlichen Interessen und Perspektiven. Nur mit einer gemeinsamen Vision lassen sich von Touristen als stimmig wahrgenommene, den jeweiligen kulturellen Inhalten entsprechende Angebotspakete schaffen, die zudem unterschiedliche touristische Bedürfnisse berücksichtigen.

Damit können auch solche „Sehenswürdigkeiten" vermarktet werden, die noch keine hohe Bekanntheit haben, indem sie als Bestandteil eines Gesamtprogramms oder einer Themenroute eingebunden und bekannt gemacht werden.

Erst dann kann in einem dritten Schritt die Profilierung nach außen und zielgruppengerechte Kommunikation eines kulturtouristischen Angebots beginnen.

Die Entwicklung von PR-Maßnahmen und Werbemitteln, mit denen ein touristisches Angebot an Touristen kommuniziert wird, ist in hohem Maße eine vermittelnde Aufgabe, wenn es darum geht, die Bedeutung kultureller Themen und die Besonderheiten kultureller Sehenswürdigkeiten und Institutionen so zu vermitteln, dass sie für touristische Besucher attraktiv und verständlich werden und zum Besuch aktivieren.

Touristische Orte und Sehenswürdigkeiten müssen „aufgeführt, aufbereitet, vermittelt werden, damit sie als touristische Orte erfahrbar werden" (Wöhler/Pott/Denzer 2010, S. 15).

Auffällig ist, dass es in touristischen Destinationen immer mehr und ausdifferenziertere Angebote für die aktive Zeitgestaltung im Urlaub gibt, darunter auch viele kulturelle Angebote. Genügten früher „Sonne, Strand und Meer oder Berge", so gibt es heute diverse Führungen, Konzerte, Wellnessangebote, Sportanimationen. Das hat sicherlich auch mit den Bedürfnissen der zunehmend reiseerfahrenen Touristen zu tun:

„Kennzeichnend für den bestehenden Käufermarkt im Tourismus ist das im Zeitvergleich gestiegene Anspruchsniveau der Reisenden, das sich in zunehmend komplexeren Bündeln von Reisemotiven niederschlägt und eine stetig fortschreitende Differenzierung ehemals klar voneinander abgrenzbarer Zielgruppen verursacht (Forschungsgemeinschaft Urlaub und Reisen 2005, S. 25).

Mit steigender Reiseerfahrung steigen also die Ansprüche an eine Reise. Bei der Gruppe der erfahrenen und kulturinteressierten Touristen steigen auch die Erwartungen „an die Verknüpfung der kulturellen Attraktionen mit anderen touristischen Angeboten sowie an die Qualität der Kulturvermittlung" (Steinecke 2011, S. 19).

Richards konstatiert eine zunehmende Unzufriedenheit von kulturorientierten Touristen mit rein passiven Kulturbesichtigungen und ein Bedürfnis nach interaktivem Erleben und Aneignung von Kultur. „Cultural tourism is expanding beyond the mere contemplation of cultural objects (...) The tourist gaze has become a total tourist experience. Tourists want the sounds, smells, tastes and touch of a culture" (Richards 2001, S. 67).

„Der Urlaubsgast ist unerbittlich. Er verlangt nach immer neuen Attraktionen" (Opaschowski, 2001, S. 84), so beklagt Opaschowski. Dies Verlangen könnte ein Reflex darauf sein, dass die gewachsenen „Attraktionen" nicht hinreichend zugänglich gemacht werden. Bleiben diese auf ihre Oberflächenreize beschränkt, weil es keine sinnliche und sinnvolle Vermittlung ihrer verschiedenen Bedeutungsebenen und ihrer Relevanz für das Leben des Touristen gibt, verbraucht sich ihr Attraktionswert tatsächlich sehr schnell.

Werden sie hingegen sinnfällig inszeniert, zu thematisch aufschlussreichen Routen zusammengestellt, lebendig vermittelt als Anregungen für eigene kulturelle Reflexionen, eigene Aktivitäten und eine ästhetische, auch selbst gestaltete Sicht auf die Welt, gibt es endlos viele Attraktionen im Tourismus.

Immer höhere, differenzierte Ansprüche reiseerfahrener Touristen an eine hochwertige touristische Infrastruktur, an Service sowie an die Aufbereitung und Vermittlung von Kulturlandschaften führt zu immer mehr touristischer Infrastruktur. Und umgekehrt führt auch die Tatsache, dass sich über kulturelle Inszenierungen auch solche Regionen als touristisch attraktiv aufbereiten lassen, die über ihre natürliche Gegebenheit zunächst mal kein besonderes touristisches Potential haben, zur touristischen Aufbereitung von immer mehr Städten und Regionen. Durch ein kulturelles Thema gebrandet, als Route zusammengestellt, mit einer attraktiven touristischen Infrastruktur versehen, werden immer mehr Regionen „touristifiziert".

Da es in dieser Publikation um Erleben, Erfahren und kulturelle Aneignung von Touristen geht, wird hier nicht explizit danach gefragt, inwiefern der Tourismus, indem er „Urlaubswelten" schafft, Auswirkungen auf die kulturelle Lebenswelt der bereisten Länder und der Einheimischen hat. Diverse Untersuchungen dazu zeigen, dass es hier beträchtliche Auswirkungen, auch negativer Art als Folklorisierung und Kommerzialisierung von Kulturräumen geben kann.

Diese „Touristifizierung von Kulturräumen" (Wöhler 2003, S. 21) kann dazu führen, dass angeregt durch die touristische Nachfrage aus der Kultur der Zielregion eine reine Touristenkultur wird, was dann letztlich auch zu einem von Touristen negativ wahrgenommenen Authentizitätsverlust führen kann.

Umgekehrt kann eine solche Touristifizierung jedoch auch im positiven Sinne dazu führen, dass auch die Einheimischen sich stärker mit ihrer Stadt oder Region identifizieren, deren besonderes kulturelles Potential wahrnehmen und Stolz und Verantwortungsgefühl für ihren Heimatort entwickeln.

Aus der Perspektive von Touristen stellt sich die Frage, inwiefern Tourismus rückwirkend über mitgebrachte neue Ideen und Perspektiven auch die Kultur des eigenen Herkunftslandes verändert, worüber man bislang nur wenig weiß.

Nahrstedt vermutet, dass es auch in diese Richtung Auswirkungen gäbe, die er weitgehend positiv wertet: So hätten die touristischen Reisen in mediterrane Länder dazu geführt, dass in Deutschland die herkömmlichen Schwimmbäder als nicht mehr attraktiv genug wahrgenommen wurden und sich zu Freizeit- und Spaßbädern mit Liegestühlen, Palmen und Gastronomie verändern mussten. „Der Tourismus hat die Lebensansprüche bis in die Arbeitswelt hinein verändert. Legerer Umgang, Zigarette und Kaffee während der Arbeitszeit, ausländische Essgewohnheiten und Restaurants stellen weitere Beispiele dafür da. Sie weisen zugleich auf Lernwirkungen aus dem Urlaub in den Alltag hinein" (Nahrstedt 1991, S. 55).

In kulinarischer Hinsicht haben touristische Erfahrungen, vermutlich in Kombination mit Migration, eindeutig zu einer beträchtlichen Erweiterung der heimischen Ess- und Trinkkultur geführt. Inwiefern damit auch neue, interkulturelle Lebensweisen und -stile und vor allen neue Einstellungen verbunden sind, wäre empirisch zu überprüfen.

3.2 Schriftliche Reiseführer als mediale Kulturvermittler

Schriftliche Reiseführer sind selbstverständlicher Begleiter auf touristischen Reisen. Sie haben die Funktion, einen Überblick der bereisten Region oder Stadt zu verschaffen, zu informieren und aufzufordern (Steinecke 1988).

In der Regel bieten sie allgemeine landeskundliche Informationen, praktische Service-Informationen, beschreiben die wichtigsten Sehenswürdigkeiten und empfehlen Reiserouten.

Steinecke bezeichnet schriftliche Reiseführer als „entpersonifizierte Form des Reiseleiters, der als Wegweiser, Organisator, Animateur und Interpret gleichermaßen dient" (Steinecke 1988, S. 23).

Der Reiseführer ist ein Massenmedium, das sich an ein heterogenes, nicht näher definiertes Publikum wendet.

Reiseführer gibt es seit Ende des 16. Jahrhunderts, zunächst vor allem als Reise-Apodemiken, die den Anspruch hatten, „Kunstlehren des richtigen Reisens" zu sein (vgl. Stagl 1980). Sie gaben also nicht nur Informationen über ein Reiseland, sondern auch Anregungen und Vorschläge zur Auseinandersetzung damit. Mit Zunahme des Reisens und verstärkt mit Beginn des massenhaften Reisens, konzentrierten sich Reiseführer immer mehr auf bestimmte Sehenswürdigkeiten und Routen und trugen damit zur Standardisierung von Reisen und zur Markierung bestimmter Sehenswürdigkeiten bei. Im 1836 erschienenen „Red Book" des Engländers John Murray wurden erstmals Sehenswürdigkeiten mit einem Sternsystem kategorisiert und nach Wichtigkeit bewertet. Dadurch würde der Tourist konditioniert und in gewisser Weise entmündigt, so kritisieren Enzensberger und viele andere das System des Reiseführers (Enzensberger 1958/1962, S. 713). „Der Tourist wird gleichsam an die Hand genommen, ans Gängelband gelegt. Auf der Strecke bleibt die eigene selbständige Erlebnisfähigkeit, die Suche nach dem Nicht-Bekannten, die befriedigende Überraschung, die sich einstellt, wenn Neues entdeckt wird" (Kuntz 1990, S. 98).

„Ebenso wie die Kochbücher bieten Reiseführer Rezepte, mit denen man ein Land, eine Region oder einen Ort möglichst effizient, d.h. mit geringem Zeitaufwand erkunden kann. Das Wesentliche, die „Sehenswürdigkeiten" werden herausgelöst aus der großen Menge der Möglichkeiten und beschrieben. Im Vordergrund stehen dabei das Typische eines bestimmten Reiseziels. Dieses wiederum bestimmt sich primär aus dem Kontrast zu dem, was die Alltagsumwelt der Adressaten dieser Bücher ausmacht" (Mundt 2006, S. 175).

Ohne Zweifel haben Reiseführer eine hohe Bedeutung dafür, wie Touristen ein fremdes Land wahrnehmen, was sie sehen und auch wie sie dieses interpretieren, denn häufig sind sie die einzige Informationsquelle vor Ort.

„Reiseführer entwerfen Bilder der Fremde, Verhaltensstrukturen der Reisenden, steuern Touristenströme, wenn sie das Sehenswerte auswählen, produzieren und verstärken Urteile über die Fremde" (Wagner 1986, S. 16).

Die Nutzung schriftlicher Reiseführer. Eine Befragung von Barcelona-Touristen
Eine eigene empirische Erhebung im Rahmen eines Lehrforschungsprojekts an der Universität Hildesheim im WS 2010 (durchgeführt von Sophia Kaschowitz), hat sich exemplarisch mit der Frage beschäftigt, inwieweit Reiseführer Kulturvermittler sind, was und wie sie vermitteln und wie sie von Touristen genutzt werden.

Ausgewählt für die Dokumenten-Analyse wurde ein Marco-Polo-Reiseführer über Barcelona. Interviewt wurden 25 Touristen in Barcelona nach der Besichtigung der Kirche La Sagrada Familia von Antoni Gaudi. Dieses Bauwerk wird in den meisten Reiseführern als die zentrale Sehenswürdigkeit Barcelonas positioniert und findet sich auf vielen Reiseführern als Titelbild.

Marco-Polo-Reiseführer sind die meist verkauftesten in Deutschland. Sie sind für jedes Ziel nach dem gleichen Schema aufgebaut. Besonders augenfällig ist das Prinzip der „15 besten Marco-Polo-Highlights, die man als Tourist gesehen haben muss".

Insgesamt zeichnen sich Marco-Polo-Führer durch ihre besonders knappe, Service orientierte übersichtliche Darstellung aus. Eine Stadt wird auf ihre wesentlichen Sehenswürdigkeiten reduziert, diese wiederum werden kurz und zugleich stark idealisierend beschrieben. Die Sagrada Familia etwa wird charakterisiert als „eine Predigt aus Stein, in deren sich in den Himmel schraubenden Riesentürmen die Genialität Gaudis sichtbar wird." Auch die Beschreibung der anderen Sehenswürdigkeiten Barcelonas ist ausschließlich positiv und darauf ausgerichtet, den Status als „Must See" zu demonstrieren. Das entspricht der Vermutung Steineckes, dass Touristen in Bezug auf kulturelle Sehenswürdigkeiten keine Systematik und tiefer gehende Informationen, sondern Superlative knapp dargestellt haben wollen (Steinecke 2011, S. 15).

Als zentrale Ergebnisse der mündlichen Befragung der Barcelona-Touristen lassen sich festhalten:

Der Reiseführer wird überwiegend während der Reise und nur bedingt vor und noch seltener nach der Reise genutzt. Sein Gebrauchswert liegt also in der direkten Reisegestaltung und Reiseplanung vor Ort. Er dient der Orientierung und liefert die notwendigen Informationen über Öffnungszeiten, Verkehrsmittel, Gastronomie etc. Er wird selektiv benutzt und nicht wie ein klassisches Buch von vorne nach hinten gelesen. Er informiert über die wesentlichen Sehenswürdigkeiten und schafft ein Überblickswissen.

Er generiert Interesse für die kulturellen Sehenswürdigkeiten. Er ist also eine informative, Interessen stimulierende, zum Austausch anregende und organisatorische Hilfe für den Reisenden.

Die positiven Übertreibungen des Reiseführers korrespondieren mit den Erwartungen der Touristen. Auf die Frage, warum sie einen Reiseführer nutzen, nannten fast

3. Ziele und Akteure von Kulturvermittlung im Tourismus

alle, dass er helfe, die Highlights der Stadt kennenzulernen. Die Touristen möchten möglichst viel in kurzer Zeit sehen und erleben. Dabei wollen sie weniger einen realistischen Querschnitt erfahren, sondern das Beste und Schönste der Stadt mit eigenen Augen sehen.

Der schriftliche Reiseführer regt dazu an, ein bestimmtes kulturelles Werk anzuschauen und stimmt positiv darauf ein. Zugleich benennt er die wesentlichen Fakten zu einem Werk. Er animiert den Betrachter jedoch nicht zu individuellen Wahrnehmungen und tiefer gehenden, eigenen Auseinandersetzungen mit dem Kulturobjekt. Er stellt dem Rezipienten keine zu eigenen Reflexionen anregenden Fragen, sondern präsentiert das klassische, ausgewählte Kulturangebot wie zum Beispiel Sakralarchitektur oder Museen im besten Licht.

Reiseführer vermitteln also, was man sehen muss als Tourist, jedoch nicht, wie man es sehen könnte.

Dieses Ergebnis wird bestätigt durch eine umfassende Analyse von schriftlichen Reiseführern und anderen Reisemagazinen durch Steinecke: „Generell ist festzuhalten dass die dargestellten touristischen Informationsmedien gegenwärtig ihrer zentralen Aufgabe als Kulturvermittler nur bedingt gerecht werden. Statt Verständnis für andere Länder und Kulturen zu wecken, vermitteln sie häufig eine klischeeartige Vorstellung, die aus verzerrten Informationen im Text sowie aus idyllischen Darstellungen auf den Fotos besteht" (Steinecke 2007, S. 327).

Auch andere Analysen von Reiseführern kommen zu dem Fazit, dass Reiseführer eine eher stereotype, standardisierte Sicht vermitteln durch die Auswahl ihrer Objekte und die Art der Beschreibung und Projektion eigener Interpretationsmuster auf fremde Kulturen (vgl. Mörth 2004; Heydenreich 2003; Fendl 1993).

Am Beispiel einiger neuerer Reiseführer für die Zielgruppe Kinder kann man sehen, dass Reiseführer auch in der Lage sind, Touristen zu eigenen Fragen an ein bereistes Land und zu unterschiedlichen Perspektiven anzuregen, also Kultur tatsächlich zu vermitteln und nicht nur zu informieren und zu werben.

Eine Zwischenform medialer und personaler Vermittlung stellen die im touristischen Sightseeing viel genutzten *Audioguides* dar. Audioguides sind insofern besonders geeignet, als sie zeitlich-organisatorisch flexibel nutzbar sind und in verschiedenen Sprachen vorgehalten werden können. Auch die Vermittlung auf Audioguides kann über Fakten oder standardisierte Bedeutungszuschreibungen hinaus zu eigenen Fragen anregen und etwa durch künstlerische Mittel wie Musik oder literarische Zitate weitere Perspektiven einbringen.

3.3 Reiseleiter und Gästeführer als Kulturvermittler

Die sicherlich intensivste und nachhaltigste Vermittlung von Kunst und Kultur auf touristischen Reisen wird von Reiseleitern geleistet. Diese arbeiten zum einen als Gruppenreiseleiter auf Studien- und Bildungsrundreisen, die sie in der Regel von Anfang bis Ende begleiten. Dadurch ist es ihnen möglich, eine Art Gesamtdramaturgie zu entwickeln und alle historischen Sehenswürdigkeiten wie die alltagskulturellen Phänomene darin einzuordnen. Vor allem haben sie viel Zeit für den Dialog mit den Reiseteilnehmern. Sie vermitteln auch zwischen Einheimischen und Touristen, die oft die Landessprache nicht beherrschen und keine direkten Kontakte aufnehmen können oder wollen. Neben der inhaltlichen Vermittlung sind die Gruppenreiseleiter auch für organisatorische Aufgaben zuständig.

Außerdem gibt es den Reiseleiter auch als Ortsführer und temporären Guide, der Tagestouren oder Führungen entlang spezifischer Sehenswürdigkeiten durchführt.

In den meisten EU-Ländern gilt die Regelung, dass Reiseleiter im Sinne einer Reisebegleitung ohne Einschränkung tätig sein dürfen. Die inhaltliche Reiseführung im Sinne spezifischer Erläuterungen zu Kunstdenkmälern und Geschichte eines Landes unterliegt jedoch der Hoheit der jeweiligen Staaten. So dürfen in einigen Ländern wie Griechenland oder Ägypten nur einheimische, zertifizierte Gästeführer etwas zu Kulturdenkmälern des Landes sagen, die damit unter einer Interpretationshoheit stehen. Wenn nur bestimmtes, „autorisiertes Wissen" wiedergegeben werden darf, kann Kulturvermittlung allerdings kaum als kreative und Kreativität anregende Tätigkeit ausgeübt werden.

In einzelnen Ländern gibt es Zertifikate für ausgebildete touristische Führer, die im Wesentlichen gute kunsthistorische Kenntnisse voraussetzen. Selten spielen kulturpädagogische Aspekte eine Rolle, so dass die Art und Weise der Vermittlung vom zufälligen Können und persönlichen Qualitäts-Vorstellungen der einzelnen Fremdenführer abhängen.

Mehrheitlich konzentrieren sich Führungen darum vermutlich am abgesicherten Terrain kulturhistorischer Fakten, eher selten werden diese in aktuelle alltagsweltliche Kontexte eingeordnet, nur selten werden „Führungen" dialogisch oder sogar interaktiv gestaltet. Das hat nicht nur mit pädagogischer Unkenntnis vieler Reiseleiter zu tun, sondern auch mit der Erwartungshaltung von Touristen, die in kurzer Zeit die „bedeutsamen" Sehenswürdigkeiten mit eigenen Augen sehen (und fotografieren) wollen und knappe Fakten dazu erwarten, was ein Gebäude/Ensemble etc. als sehenswürdig auszeichnet. Solange Touristen nicht erfahren haben, dass kulturelle Sehenswürdigkeiten sich auch auf andere Weise vermitteln lassen und sich an ihnen auch aktuelle und für das eigene Leben relevante Fragestellungen erfahren lassen, werden sie eine solche Art der Vermittlung nicht einfordern.

Cohen unterscheidet vier Typen von Reiseleitern: Wegweiser mit dem Schwerpunkt Orientierung in der Fremde, Organisator mit Schwerpunkt Organisation von Unterkunft und Verpflegung, Interpret mit Schwerpunkt Vermittlung von Kultur, Animateur mit Schwerpunkt der Realisierung eigener Freizeit-Interessen in der Fremde (Cohen 1985, S. 5).

Ein Berufsbild für Reiseleiter existiert nicht, ebenso wenig gibt es formale Zugangskriterien. Der ungeschützte Begriff der Reiseleitung kann die unterschiedlichen Aufgabengebieter „Reisebegleitung", „Standortreiseleitung", „Rundreiseleitung", „Studienreiseleitung" umfassen (vgl. www.reiseleiterverband.de).

Gründe dafür, dass es kein geschütztes Berufsbild mit entsprechender Zertifizierung gibt, sieht der Verband der Reiseleiter in den unterschiedlichen Beschäftigungsformen und den uneinheitlichen Anforderungsprofilen, aber auch in der geringen Anzahl der Reiseleiter.

Immerhin hat der Bundesverband der Gästeführer eine freiwillige Qualifizierungsmaßnahme mit abschließendem Reiseleiterzertifikat eingeführt. Der BVGD (vgl. www.bvgd.org), der bundesweit gut 5.000 Gästeführer in 180 deutschen Städten vertritt, benennt folgende Ansprüche an Gästeführer, aus denen er seine Qualifizierungsmaßnahme mit bundesweit einheitliche Qualitätsstandards ableitet: „Gästeführer als Botschafter ihrer Region prägen das Bild des Gastes von der besuchten Region in entscheidender Weise; sie können tieferes Verständnis wecken und sind Mittler zwischen Land, Leuten und Mentalität", so wird dort die Bedeutung von Stadt- und Gästeführern definiert (BVGD/Deutscher Tourismusverband o.Jg. S. 4). Die Ausbildung umfasst gemäß der großen Bedeutung, die hier der Vermittlung einer Region beigemessen wird, auch zu einem Großteil die Beschäftigung mit regionalspezifischen Inhalten.

Folgende drei Bereiche werden sowohl theoretisch wie in praktischen Trainingseinheiten behandelt:
1. „Allgemeine und regionalspezifische Inhalte", wozu „geschichtliche und kulturelle Grundlagen" ebenso wie „geografische, ökologische und ökonomische Grundlagen wie auch „aktuelle Lebensverhältnisse in der Region" gehören.
2. Inhalte im Bereich „unternehmerische Kenntnisse, Arbeitsbedingungen im Tourismus" sowie
3. Inhalte im Bereich „Führungsfertigkeiten, Führungstechniken" wie Rhetorik, Methodik und Didaktik, Umgang mit Gruppen (BVGD, S. 41 ff.).

Es gibt in dem Qualifizierungsprogramm keinen expliziten Hinweis auf spezifische Methoden der Kulturvermittlung und auf Ziele, die Kulturelle Bildung berühren.

Als problematisch wird von allen Autoren gesehen, die sich mit der Qualifizierung von Reiseleitern beschäftigen, dass es keine für ganz Deutschland (und Europa) zertifizierte, Qualitätsstandards garantierende Reiseleiterausbildung gibt.

Tatsächlich müsste eine solche Ausbildung so komplex sein, um den ganz verschiedenen Anforderungen an Kulturvermittlung gerecht zu werden, dass sich eher ein (Aufbau-)Studium anbieten würde. Das wiederum würde jedoch auch eine deutlich höhere Entlohnung von Reiseleitern nach sich ziehen müssen und damit insgesamt eine Aufwertung ihres Status im Tourismussektor.

Nach Freericks umfasst Reiseleitung „die präzise organisatorische Durchführung eines Pauschalangebots zu speziellen, meist thematisch ausgerichteten Zielen in der

Absicht, den Teilnehmern die Vielfalt und das Verständnis für die kulturelle Eigenart einer Region mittels fachkundiger, präziser, vergleichender, alltagsorientierter und freizeitnaher Information und Kommunikation nahe zu bringen" (Freericks 2000, S. 351). Als Qualitätskriterien benennt sie also das Vorhandensein eines Themas und gleichzeitig eine vielseitige und vergleichende Betrachtungsweise eines touristischen Zieles, auch unter alltagskulturellen Fragestellungen, ebenso wie eine Serviceorientierung für Touristen, indem Freizeitaspekte der Destination thematisiert werden, die den Bedürfnissen des Touristen in besonderer Weise entsprechen.

Eine besondere Rolle spiele die Reiseleitung im Kontext interkultureller Begegnungen.
„Die Verbindung von Reisen und Kultur mit Bildung und Erlebnis erfordert eine attraktive, freizeitgemäße Gestaltung des Angebots, damit das kulturtouristische Angebot nicht nur zum Verständnis der bereisten Region mit ihrer spezifischen Kultur, ihren Menschen, Brauchtümern und Traditionen beiträgt, sondern auch im Sinne einer interkulturellen Verständigung erlebt werden kann. (…) Dem Reiseleiter als Vermittler zwischen verschiedenen Kulturen kommt dabei eine hohe Bedeutung zu" (Freericks 2000, S. 346).
Dabei sei es auch notwendig, dass ein Reiseleiter wechselseitige Länderimages explizit thematisiert.
„Um im Sinne der interkulturellen Völkerverständigung tätig werden zu können, sollte der Reiseleiter nicht nur Kenntnisse über die Kultur der bereisten Region, des bereisten Landes und seiner Bewohner haben, sondern auch über das Bild der Reisenden von der Region, dem Land und seinen Menschen sowie über das Bild der Einheimischen von den Reisenden, um mögliche Vorurteile und Stereotypen abbauen zu helfen" (Freericks 2000, S. 347).

Auch Hartmann betont die große Bedeutung der Reiseleitung für das Verständnis der Kultur eines anderen Landes: „Der entscheidende Faktor für den Erfolg einer Studienreise ist der Reiseleiter. (…) Die Ausbildung des Reiseleiters muss so angelegt sein, dass er neben einem ausreichenden Einblick in die Werte, Verhaltensnormen und Umgangsformen der fremden Kultur einige Fertigkeiten erwirbt, um sich eine nichtdirektive Art der Gruppenleitung anzueignen, um den Teilnehmern zwanglose Anregungen für die Selbstentscheidung und das Sammeln von neuen Erfahrungen geben zu können" (Hartmann 1982, S. 75).

3.4 Animateure als Anreger kultureller Aktivitäten

Touristische Animation als „Anregung und Förderung von Kommunikation und Kreativität in offenen Situationsfeldern" (vgl. Opaschowski 1979, S. 47) entwickelte sich seit den 70er-Jahren im Zuge stark steigender Touristenzahlen und Einführung neuer, auf viele Touristen angelegter und damit anonymerer Unterkunftsarten vor allem in den großen Ferienclubs. Die Urlaubsanimation ist in der wissenschaftlichen Betrachtung tendenziell einer undifferenzierten Kritik ausgesetzt als Methode, gelangweilte Urlauber seicht zu beschäftigen (vgl. Bachleitner/Kiefl 2005, S. 32), ohne dass ihr

Potential als „kulturpädagogisches" Format, in dem Lernen mit Kommunikation und gemeinschaftlichem Erleben verbunden wird, befragt wurde. Insofern gibt es zur Animation bislang auch kaum wissenschaftliche Literatur.

Als Ziele von touristischer Animation benennt Finger, dass „Animation den Menschen die Anonymität der Umgebung nimmt, ihnen Mut macht, Kommunikationsbarrieren, Kontaktschwellen und Hemmungen zu überwinden und ihnen im Idealfall ein Gefühl emotionaler Geborgenheit und sozialer Sicherheit gibt" (Finger 1993, S. 245).

Deutlich steht hier also die kommunikative und soziale Dimension im Vordergrund.

Finger differenziert den Begriff Animation weiter in „Anregung" und Gemeinsames Handeln". „Animation ist ein aktiver Vorgang der Anregung, Ermunterung, Ermutigung und freundlichen Aufforderung. Animation ist also mehr als Information, ist mehr als ein Angebot, ist mehr als die Zur-Verfügungstellung von Infrastruktur. Aus diesem Verständnis heraus kann der Vorgang der Anregung nur von Personen ausgehen, und Animation ist immer nur innerhalb Gruppen von Menschen vorstellbar. Die Interaktion ist der Kern der Animation, die aktive Teilnahme an der gemeinsamen Aktion ihre eigentliche Wesensart." Finger betont, dass Animation keineswegs passive Berieselung sei. „Hier wird auch deutlich, wie weit Animation von bloßer Unterhaltung entfernt ist. Animation fordert stets zu einer aktiven Handlung auf im Gegensatz zum passiven Konsum oder dem nach innen gerichteten Erleben. Daraus folgt, dass sich die Inhalte der Animation unter allen Umständen an den Bedürfnissen der Urlaubsgäste zu orientieren haben" (Finger 1993, S. 147). Finger bezeichnet damit die Aktivierung von Touristen im Rahmen einer temporären Gemeinschaft als die zentrale Aufgabe von Animation.

Zusammenfassend benennen Finger und Gayler folgende Wirkungen und Ziele von Animation:

„Realisierung von Bedürfnissen der Gäste; Steigerung der Eigenaktivität; Vermehrung von Kontakten; Intensivierung der Kommunikation; Abwechslungsreichere Urlaubsgestaltung; Intensiveres Urlaubserlebnis; Erhöhung von Spaß, Freude, Vergnügen; Chance der Weiterwirkung der gemachten Erfahrungen" (Finger/Gayler 2003, S. 34). Deutlich wird an der Liste, dass es vor allem um psychosoziale Wirkungen geht, an die die Autoren auch den Anspruch stellen, dass sie über den Urlaub hinaus wirken: „Ganz allgemein ist Animation nicht nur eine Dienstleistung, sondern genauso gut ein sozial-kommunikativer Prozess. Sie aktiviert nicht nur sonst ungenutzte Energien und Fähigkeitsreserven im Urlaub, sondern ist darüber hinaus eine Möglichkeit, zur Steigerung der Lebensqualität im Freizeit- und Urlaubsbereich beizutragen" (Finger/Gayler 2003, S. 34).

Hennig sieht darüber hinaus auch das kreativitätsfördernde Potential von Animation. Urlaub ermögliche Raum für Spiel und Kreativität. „Bekanntes wird durch Animation in neuen Kombinationen erlebt, damit entsteht Distanz zu den gewohnten Formen der Wahrnehmung, es öffnen sich unbekannte Wege des Denkens und Erlebens" (Hennig 1999, S. 43).

Ein wesentliches Aktionsfeld der Animation sind sportliche Aktivitäten, so dass die Kompetenz in mehreren Sportarten einschließlich Zertifikate, diese zu vermitteln, zentrale Voraussetzung für den Beruf des Animateurs sind.

Animation bedeutet aber in keinem Fall „Training", sondern beinhaltet im wesentlichen die Anregung zu neuen Aktivitäten, neuen Sinneswahrnehmungen, das Verlassen der Alltagsrolle im Kontakt mit anderen Touristen. Hier gibt es einen engen Zusammenhang zur Kulturellen Bildung, wenn es darum geht, mit verschiedenen Sinnen sich und die umgebende Welt neu, anders, bewusster, intensiver wahrzunehmen und sich selbst dabei als aktiv und lebendig zu erfahren.

Die Tätigkeit des Animateurs ist nicht zertifiziert, und so handelt es sich dann auch eher um einen Job, den vorwiegend junge Leute temporär machen, weniger jedoch um einen Beruf, der dauerhaft ausgeübt wird. Die Arbeitsbedingungen sind extrem hart und fordern die rund um die Uhr aktive, kommunikative und attraktive Persönlichkeit. Neben der Anleitung verschiedener sportlicher Aktivitäten oder Spieleaktivitäten für Kinder und Erwachsene, müssen die meisten Animateure als künstlerische Akteure in den abendlichen Shows auftreten.

Die Bezahlung ist dafür eher mäßig, es wird davon ausgegangen, dass der Mehrwert, an einem schönen Urlaubsort arbeiten zu können, dies ausgleicht. Animation ist also bislang kein Berufsfeld, für das entsprechend hoch qualifiziertes Personal rekrutiert würde, sondern eher ein Feld für temporäre Aussteiger aus dem normalen Arbeitsalltag.

Kulturelle Animation umfasst im Wesentlichen die abendlichen Bühnenshows, die den Touristen die Rezeption von Musik, Tanz und Theater ermöglichen, wobei vorwiegend bekannte Musicals in Kurzformaten inszeniert und aufgeführt werden. Eine weitere Möglichkeit der kulturellen Animation sind die Kreativateliers, in denen vorwiegend Bastelkurse wie T-Shirt-Druck angeboten werden.

Ob und inwiefern Animationskonzepte privatwirtschaftlicher Reiseanbieter tatsächlich über Unterhaltung und Beschäftigung hinaus gehen, ist zu untersuchen.

4. Strategien der Kulturvermittlung und Potentiale für Kulturelle Bildung in einzelnen kulturtouristischen Formaten

Die Formen, in denen Kunst und Kultur für Touristen im Angebot sind, lassen sich auf verschiedene Weise kategorisieren: Zum einen in Hinblick auf Angebotsformate des Kultursektors (z.B. traditionelle Hochkultureinrichtungen wie Museen, Theater, Opern, oder unterhaltungsorientierte Kultur-Einrichtungen wie Musicals, Festivals, Entertainmentcenter/Themenwelten), zum anderen in Hinblick auf kulturtouristische Angebotsformate. Steinecke unterscheidet diese in Objekt-Kultur-Tourismus wie Schlösser oder auch Museen, Gebiets-Kulturtourismus und Ensemble-Kulturtourismus wie etwa kulturlandschaftliche oder städtetouristische Formen, Ereignis-Kulturtourismus wie Festspiele und Musicals, gastronomischen Kulturtourismus und Fernkulturtourismus bzw. Ethnien-Tourismus, bei dem das Kennenlernen von Land und Leuten im Sinne einer anderen ethnischen Kultur im Vordergrund steht (Steinecke 2007).

Richards Einteilung kulturtouristischer Angebote formell in vergangenheits- oder gegenwartsbezogen (past/present) sowie funktional in bildungsorientiert (education) oder unterhaltungsorientiert (entertainment) (Richards 2001, S. 24) ist im Rahmen dieser Studie nicht sinnvoll. Es ist davon auszugehen, dass kulturtouristische Angebote häufig eine Kombination aus Beschäftigung mit vergangenen und gegenwärtigen Kulturformen sind, wie sie auch Bildung und Unterhaltung kombinieren können.

Eine weitere Unterscheidungsmöglichkeit ist die nach Zielgruppen, wobei im Tourismusmarkt vor allem segmentiert wird nach Familien, Jugendlichen, Senioren. Die Gruppe der Senioren gilt als größter, weiter wachsender Absatzmarkt für kulturorientierte Reisen.

Da hier die Perspektive des Touristen im Mittelpunkt steht, und zwar nicht nur die des spezifisch kulturinteressierten, sondern vor allem die des „Auch-Kulturtouristen", wird im Folgenden eine Einteilung gemäß der gängigsten touristischen Reiseformen gewählt, in denen Kultur eine Rolle spielt: Städtetourismus inklusive Objekt-Kulturtourismus, geführte Studien- und Fernreisen, Eventreisen inklusive Erlebnisparks und Themenwelten sowie Cluburlaube und Kreuzfahrten, wobei es zwangläufig zu Überschneidungen in den Formaten kommt.

Nachfolgend soll untersucht werden, wie Prozesse Kultureller Bildung in diesen touristischen Formen stattfinden oder stattfinden könnten und auf welche Weise Kulturvermittlung dafür jeweils Unterstützung bietet. Welche Qualitätskriterien für Kulturvermittlung in touristischen Kontexten lassen sich daraus ableiten, unter welchen Bedingungen und wie gelingt es, Interesse für eine intensivere und evtl. auch nachhaltige Beschäftigung mit Kunst und Kultur zu schaffen?

Bei der Frage nach den Potentialen Kultureller Bildung werden nicht von vorneherein bestimmte kulturtouristische Formate wie etwa die Studien-und Bildungsreise per se als wertvoller markiert gegenüber massentouristischen Formen wie dem Cluburlaub. Vielmehr wird innerhalb der verschiedenen Tourismusformen analysiert, was kulturelles Lernen dort ausmacht und wie es angestoßen und begleitet werden kann.

Ein weiter, hierarchiefreier Kulturbegriff ist im Kontext eines populären Massenphänomens wie dem Tourismus besonders wichtig, damit Kulturvermittlung nicht als „Missionierung", sondern als Anreger unterschiedlichster, individueller Bildungsprozesse begriffen wird.

Aus Perspektive der Touristen bilden die verschiedenen Kulturformen, von kulturellen Denkmälern über kulturelle Events bis zur regionaltypischen Gastronomie, ohnehin eine Einheit (vgl. European Travel Commission 2005, S. 3).

Diesem Teil liegen vor allen Sekundäranalysen der wenigen bestehenden Studien im Kulturtourismus zugrunde sowie eigene kleinere empirische Erhebungen zur Vermittlung in den verschiedenen kulturtouristischen Formaten. Diese wurde weitgehend im Rahmen von Lehrforschungsprojekten 2009 bis 2011 mit Studierenden aus dem Diplom- und Bachelorstudiengang Kulturwissenschaften und ästhetische Praxis der Universität Hildesheim durchgeführt. Ergänzt wurden die Studien durch Experteninterviews mit Vermittlern in unterschiedlichen kulturtouristischen Unternehmen und kulturellen Einrichtungen.

4.1 Kulturelles Sightseeing und Stadtführungen im Städtetourismus

Städtetourismus ist per se Kulturtourismus, denn für jeden, der eine Stadt besucht, spielt Kultur im weitesten Sinne als Motivationsmoment in unterschiedlicher Ausprägung eine Rolle: Architektur, Denkmäler, Museen, Theater, Opern, Konzerthäuser, aber auch Alltagskultur, Gastronomie, die Menschen einer Stadt sowie die Gesamtatmosphäre werden als kulturelle Attraktionen wahrgenommen.

„Die deutschen Städte sind Publikumsmagnet Nummer Eins im touristischen Geschehen, allein in den ersten fünf Jahren nach der Jahrtausendwende hat sich die Zahl der Städtereisen mehr als verdoppelt" (Deutscher Tourismus Verband 2008, S. 16). Besonderen Zuwachs haben die Großstädte mit mehr als 100.000 Einwohnern erfahren.

Was macht Städtereisen so attraktiv? Für Opaschowski sind die drei zentralen Attraktionsfaktoren im Städte-Tourismus: „Sightseeing, Atmosphäre, Shopping" (Opaschowski 2008, S. 342).

Die Stadt bietet die „Gesellschaft zum Anfassen", so die These Jähners zur Attraktivität von Städtereisen aus soziologischer Perspektive, indem sie Leben und Arbeit in vielfältigsten Ausprägungen in verdichteter Form „authentisch" präsentiert (Jähner 1987, S. 231).

Vor allem große Städte bieten dem Touristen in komprimierter Form ein vielfältiges lebendiges Angebot mit hoher Erlebnisdichte.

4. Strategien und Potentiale in einzelnen Formaten

„Unter den Kurzreisen der Deutschen ist die Städtereise die klare Nummer eins. Nach wie vor dominiert der Wunsch nach Erleben der städtischen Atmosphäre mit ihren vielfältigen Aspekten weit vor den durch einzelne Events generierten Reisen." So das Ergebnis der Studie zum Städtetourismus in Deutschland (Deutscher Tourismus Verband 2006, S. 8).

Ein in den letzten Jahrzehnten zunehmend professionalisiertes Städtemarketing dürfte zur verstärkten Nachfrage beigetragen haben.

Touristisches Städte-Marketing sorgt für die Bündelung von Angeboten, die Positionierung und Markenbildung einer Stadt als Gesamtgefüge mit einer unverwechselbaren Identität sowie die Erhöhung der touristischen Attraktivität durch zusätzliche Events.

Während Denkmäler des kulturellen Erbes und eine historische Stadtarchitektur historisch gegeben sind, oder eben nicht, lassen sich kulturelle Veranstaltungen und Inszenierungen als ein flexibel einzusetzender Attraktivitätsfaktor im Tourismus gezielt planen, um Besucher anzuziehen.

An erster Stelle touristischer Kulturattraktionen stehen (Bau-)Denkmäler, die etwas über die Geschichte einer Stadt aussagen und aus touristischer Perspektive den Stadtraum wesentlich strukturieren. In der Regel sind große Städte durch ein spezifisches Bauwerk touristisch besonders charakterisiert, das häufig zu einem feststehenden touristischen Topos geworden ist: So steht etwa der Eiffelturm für Paris oder das Brandenburger Tor für Berlin. Architektur und Kulturdenkmäler werden für Touristen in der Regel um so attraktiver, je älter sie sind. Umgekehrt gibt es jedoch auch architektonische Sehenswürdigkeiten, die gerade dadurch für Touristen sehr attraktiv sind, weil sie neu geschaffen sind und damit Aktualitätswert haben wie etwa das Holocaust-Mahnmal in Berlin.

Aber auch Kultureinrichtungen, vor allem Museen, werden häufig in Kombination mit einer Städtereise besucht und können zu touristischen Symbolen werden, die wesentlich für die Identität einer Stadt stehen wie etwa der Louvre, das Getty Museum oder das Guggenheim Museum in Bilbao. Durch letzteres gelang es sogar, eine als touristisch vollkommen unattraktiv geltende Stadt zu einem stark besuchten kulturtouristischen Ziel zu entwickeln.

Bei der touristischen Erkundung einer Stadt können grundsätzlich vielfältige ästhetische Eindrücke gesammelt werden, die die Wahrnehmung schulen, sei es über die rezeptive Auseinandersetzung mit künstlerischen Darstellungsformen an historischen Orten oder über die Beschäftigung mit den ästhetischen Erscheinungsformen des Alltags einer Stadt. Dabei fragt sich, inwieweit diese Potentiale ausgeschöpft werden durch eine Vermittlung, die Kulturelle Bildung ermöglicht.

Vermittlung im Rahmen von Städtereisen: (Inszenierte) Stadtführungen
Obwohl es keine Statistiken dazu gibt, wird von Städtetouristikern vermutet, dass etwa die Hälfte der Touristen, die erstmalig eine Stadt besuchen, auch an einer Stadtführung teilnehmen.

Bei den Einnahmequellen der Tourismusmarketingorganisationen im Städtetourismus werden interessanterweise die Stadtführungen an erster Stelle genannt noch vor der Vermittlung von Unterkünften (Deutscher Tourismus Verband 2006, S. 15). Auch das ist ein Indikator dafür, dass Stadtführungen von vielen Touristen wahr- und angenommen werden.

Auffällig ist, dass es inzwischen in fast allen größeren, touristisch attraktiven Städten ein vielfältiges Angebot an Führungen gibt, darunter auch inszenierte und erlebnisorientierte Formen, das offensichtlich ausreichend Nachfrager findet. In Berlin zum Beispiel können Touristen täglich zwischen ca. 150 unterschiedlichen Stadtführungen wählen.

Der Verband der Berliner Stadtführer ist die größte Unter-Sektion des deutschen Bundesverbandes der Gästeführer mit 320 lizensierten und geprüften Stadtführern, die alleine jährlich über eine Million Berlin-Besucher führen. Hinzu kommen diverse auswärtige Stadtführer und zunehmend auch nicht lizensierte Stadtführer, die kostenlose Führungen zu Fuß, häufig in einer Fremdsprache, anbieten und am Ende auf eine Spende hoffen. Häufig handelt es sich um junge Leute aus dem Ausland, die selbst erst seit kurzem in Berlin leben.

Visit Berlin als Abteilung der Berlin Tourismus Marketing GmbH vermittelt über sein Call-Center thematische Rundfahrten und Rundgänge in 24 Sprachen über eine eigene Buchungsanwendung. Sowohl die Berlin-Highlights für den Erstbesucher als auch ausgefallene Spezialtouren zu Themen wie z.B. Architektur, Sport, Mode und Medizin werden von rund 100 Gästeführern angeboten, mit denen visitBerlin kooperiert (www.visitberlin.de/artikel/gaestefuehrer-rundgaenge-und-rundfahrten).

Bei den Touristen, die über visitBerlin buchen, sind Führungen zum Thema „historisches Berlin" sowie zum Thema „Parlaments- und Regierungsviertel" am beliebtesten (Quelle: Pressesprecher visitBerlin Berlin Tourismus Marketing GmbH, Telefonat mit der Autorin, Oktober 2011).

Stadtführungen lassen sich formal unterscheiden in:
1. Klassische Stadtführungen (allgemeine Überblicksführungen wie thematische Führungen und Stadtteilführungen)
2. Stadterkundungen/Führungen mit besonderen Aktivitäten (Rallyes, Fahrradtouren, Bootstouren)
3. Inszenierte/szenische Führungen (mit schauspielerischen, literarischen oder musikalischen Elementen)
4. Erlebnisorientierte Führungen durch Kontextverschiebungen (außergewöhnliche Zeiten, außergewöhnliche, sonst verborgene Orte, außergewöhnliche Fortbewegungsmitteln, Ansprechen mehrerer Sinne)
5. Führungen für spezielle Zielgruppen (Kinder, Jugendliche, Senioren etc.)

Zielgruppenspezifische Führungen haben den Vorteil, dass sie bei den Interessen und dem Vorwissen der Teilnehmer ansetzen können, die etwa bei Jugendlichen ganz anders sein werden als bei einer Seniorengruppe.

Unterschieden werden kann außerdem gemäß der inhaltlichen Themen und gemäß der Fortbewegungsmittel: Stadtführungen im Bus, Stadtführungen im Schiff, Stadtführung zu Fuß, Stadtführungen mit dem Fahrrad. Auch diese beeinflussen die Art der Führung. Wenn eine Stadt an größere Gruppen und bei weiteren Distanzen im Bus oder Schiff vermittelt wird, wird dies eher monologisch ablaufen, da es im Rahmen der per Lautsprecher übermittelten Erklärungen kaum Möglichkeit gibt, mit den Touristen ins Gespräch zu kommen oder auf Fragen eingehen zu können.

Führungen zu Fuß oder mit dem Fahrrad in kleineren Gruppen ermöglichen hingegen eine persönlichere Atmosphäre und geben Raum für individuelle Fragen und Kommentare.

Viele Touristen nutzen Stadtführungen, um einen möglichst kompakten Überblick einer Stadt zu erhalten – ob dabei bloß Sehenswürdigkeiten abgehakt, ob Klischees bestätigt, ob ein kohärentes Bild einer Stadt entsteht, ein roter Faden sichtbar wird, ob es einfach unterhaltsam war oder ob Neugier auf eigenständige Erkundungen geweckt wird, hängt maßgeblich von der Art der Vermittlung ab.

Bei Stadtbesichtigung und Stadtführung werden die verschiedenen kulturellen Attraktionen und Sehenswürdigkeiten nacheinander besucht und damit zusammen gebracht. Daraus ergibt sich jedoch nicht zwangsläufig auch ein sinnfälliger Zusammenhang. So gibt es beispielsweise Führungen, in denen der Besucher erfährt, wie hoch der Kirchturm und wie alt das Rathaus ist, ohne dass diese Fakten und Details etwas aussagen würden über den spezifischen Charakter der Stadt.

Die Stadt lässt sich über einzelne als bedeutsam deklarierte Objekte/Architektur präsentieren (formalästhetisch) oder aber über ein spezifisches Thema, das an Objekten und Orten exemplifiziert wird (erkenntnistheoretisch). Zumeist wird in Stadtführungen der formalästhetische Weg gewählt, der „Must See´s" definiert und beschreibt, seltener wird das, was man als Tourist sehen sollte, aufgrund einer These etwa zur spezifischen Charakteristik einer Stadt ausgewählt und vermittelt.

Stefan Schmidt identifiziert folgende Kategorien, an denen in der Regel das „Sehenswürdige" einer Stadt in Reiseführern und bei Stadtführungen festgemacht wird:

Alter/Tradition, Denkmäler berühmter Persönlichkeiten, spezifische Stadtidentität/Typisches, Superlative, Quantität, Stimmung/Gesamtatmosphäre (Schmidt 1996, S. 13-39).

Er plädiert dafür, in der Vermittlung die Auswahlkriterien für das „Sehenswürdige" nachvollziehbar zu machen: Warum und von wem wird etwas als „bedeutsam", als „typisch" für eine Stadt oder als „außergewöhnlich" für eine Epoche insgesamt kategorisiert?

Das in den 80er-Jahren in Berlin gegründete „alternative" Stadtführungsunternehmen Stattreisen e.V. war die erste Initiative in Deutschland, die neue Formen und neue Inhalte der Vermittlung einer Stadt entwickelt hat. Stattreisen agieren inzwischen unter dem Namen „Forum Neue Städtetouren" in 20 verschiedenen deutschen Großstädten.

Das Forum Neue Städtetouren als Zusammenschluss der Stattreiseunternehmen hat für ihre Art der Stadtvermittlung u.a. folgende Qualitätskriterien entwickelt:
Einblicke sowohl in historische wie in aktuelle soziale, politische, wirtschaftliche und kulturelle Zusammenhänge; Geschichte von unten; Einbezug verdrängter und kontroverser Themen; Exemplarität (an ausgewählten Beispielen werden die Gesamtstruktur und die Besonderheiten einer Stadt verdeutlicht); Stadt als sinnliches Erlebnis, direkte Begegnungen z.B. mit Zeitzeugen, Fortbewegung zu Fuß oder mit dem Fahrrad; vielfältiger Einsatz von Anschauungsmaterial; Zeit für Kommunikation in der Gruppe, Menschen in Dialog bringen; Sozialverträglichkeit und Umweltverträglichkeit (vgl. Forum Neue Städtetouren 2009).

Befragung von Touristen während der Besichtigung des Brandenburger Tors in Berlin
Im Rahmen eines Lehrforschungsprojekts an der Universität Hildesheim im Sommersemester 2010 (maßgeblich durchgeführt von Simone Scheuber und Anna Jungkamp) wurden im Juni 2010 insgesamt 50 Touristen aller Altersgruppen (zwischen 18 und 70 Jahren) und verschiedener Nationalitäten nach ihrer Motivation befragt, das Brandenburger Tor zu besuchen sowie ihrem Vorwissen zu dem Bauwerk. Eine weitere Frage bezog sich auf ihre sonstigen (touristischen) Interessen an Berlin.
Fazit: Die meisten der befragten Touristen verbinden keine spezifischen Interessen und Fragestellungen mit der zentralen Sehenswürdigkeit Brandenburger Tor. Dieses gilt als „Must See" und wird gemäß ihrer allgemein anerkannten Bedeutung als symbolträchtiges Denkmal für Berlin wahrgenommen, vor allem in Bezug auf die jüngere Geschichte der Teilung der Stadt als Monument an der Grenze ebenso wie als Symbol der Wiedervereinigung. Die meisten Touristen haben nur rudimentäres Wissen über die kunsthistorisch-architektonischen Details des Bauwerks. Wenn umfangreicheres Wissen vorhanden ist, dann tendenziell eher bei den älteren Touristen. Ihr Wissen beziehen die befragten Touristen mehrheitlich aus ihren schriftlichen Reiseführern, die sie in der Regel dabei haben, um sich vor Ort zu informieren. Alle Touristen machten ein Foto vom Brandenburger Tor, zumeist mit Mitreisenden. Mit dem Betrachten des Bauwerks selbst hielten sie sich mehrheitlich nur kurz auf (maximal 5 Minuten), wohingegen sie auf dem Pariser Platz insgesamt deutlich mehr Zeit verbrachten und sich offensichtlich sehr viel mehr für dessen Gesamtatmosphäre, die Botschaftsgebäude, das Hotel Adlon und die vielfältigsten Kleinkünstler und ihre Mini-Performances dort interessierten als für architektonische Details des Brandenburger Tors.
Bei den sonstigen Interessen an Berlin wurden an erster Stelle alltagskulturelle Phänomene genannt, wie die vielfältigen Shoppingmöglichkeiten, die unterschiedlichen Kieze mit ihrer spezifischen Atmosphäre, die breite Kneipen- und Clubszene.
Kulturelle Sehenswürdigkeiten werden von Touristen, die individuell und nicht im Rahmen einer geführten Tour unterwegs sind, mehrheitlich eher nicht hinterfragt oder genauer analysiert, sondern als „besonders", „herausragend" und „bedeutsam" akzeptiert, ohne sich für die Details zu interessieren. Offensichtlich bringen sie diese mit ihren persönlichen Interessen an die Stadt weniger zusammen. Um Interesse an einer intensiveren Auseinandersetzung mit einer kulturellen Sehenswürdigkeit zu wecken, scheinen die schriftlichen Reiseführer nicht auszureichen.

Wie gestaltet sich das Interesse an Kunst und Kultur während einer Stadtführung? Untersucht wurden sowohl mehrere traditionelle Stadtführungen in verschiedenen Städten Deutschlands wie auch alternative und inszenierte Führungen.

Traditionelle und inszenierte Stadtführungen im Vergleich. Befragung und teilnehmende Beobachtung
Befragt wurden im Rahmen eines Lehrforschungsprojekt an der Universität Hildesheim im Sommersemester 2010 je fünf Teilnehmer von konventionellen, offenen Stadtführungen in Hildesheim, Neuss und Berlin, sowie insgesamt 25 Teilnehmer von alternativen und inszenierten Stadtführungen und zwar „Hamburg Kompakt Radtour mit Hamburg City Cycles", „Der Hautbahnhof Hannover. Führung von Stattreisen", „Neuss neu entdecken. Nachtführung durch die Ruinen der Römer", „Hildesheimer Stationentheater zu 1.000 Jahre Michaeliskirche" (maßgeblich durchgeführt von Kathrin Apelt, Miriam Gedose, Simone Schiborr, Farina Schnell, Mike Titzer).

Fragestellung war, welche Unterschiede es zwischen „normalen" und inszenierten oder alternativen Stadtführungen gibt in Bezug auf die Wirkung auf die teilnehmenden Touristen. Neben der teilnehmenden Beobachtung wurden Touristen im Anschluss an die Stadtführungen mittels eines standardisierten Bogens zu ihrer Beurteilung der Führung befragt wie zu dem, was ihnen als neu und merkenswert im Gedächtnis geblieben ist.

Dabei zeigten sich zusammengefasst folgende Ergebnisse:

Die konventionellen Führungen, die in der Regel besondere Sehenswürdigkeiten einer Stadt relativ kontextlos aneinander reihten, wurden weder kritisiert noch gelobt, sondern neutral für „in Ordnung" befunden.

Die inszenierten ebenso wie die alternativen Führungen wurden deutlich positiver beurteilt. Wesentliche Argumente dafür waren der hohe Unterhaltungswert, die animierende, präsente Führungsperson, die Tatsache, dass man selbst aktiv und die ganze Zeit in Bewegung war und bei den inszenierten Führungen zugleich auch aktiver Mitspieler sein konnte. Fast alle Teilnehmer der inszenierten Führungen zeigten sich begeistert und emotional berührt am Ende der Führung.

Die Führung z.B. durch den Hannoverschen Hauptbahnhof sensibilisierte für die Spezifik bestimmter, z.T. verborgener Orte, die sonst nicht wahrgenommen würden. Die Teilnehmer sagten, sie wären dadurch angeregt worden, den Bahnhof mit ganz anderen Augen zu sehen und würden nun auch an anderen Orten, z.B. am Bahnhof bei sich zu Hause, genauer und anders hinsehen.

Deutlich wurde, dass ein hohes Maß an Unterhaltung keine Abstriche im Anspruch bedeuten muss. Die besonders unterhaltsam und spektakulär vermittelten Fakten wurden am intensivsten erinnert, ergab die Abfrage dessen, was sich die Teilnehmer am Ende der Führungen gemerkt haben. Ein Großteil der Teilnehmer der Führungen gab an, sich mit bestimmten Aspekten und Orten noch einmal intensiver auseinander setzen zu wollen, da nun Interesse geweckt worden sei.

Befragung von Touristen im Anschluss an einer inszenierte Stadtführung von Stattreisen in Hannover
Im Rahmen ihrer Diplomarbeit (Schäfer 2010) hat Eva Maria Schäfer drei inszenierte Stadtführungen des Veranstalters Stattreisen untersucht und dabei mit der Methode der teilnehmenden Beobachtung sowie anhand von insgesamt 15 Leitfaden-gestützten Interviews mit Teilnehmern die Wirkungsweisen der drei verschiedenen Stadtführungen analysiert:

1. **Hannover-Revue, Szenische Führung mit künstlerischen Elementen**
Gegenstand der Führung ist die Geschichte Hannovers von Beginn des 20. Jahrhunderts bis in die Gegenwart, die durch Gesang, Tanz und Spiel von vier Darstellern in zehn verschiedenen Szenen an unterschiedlichen Orten der Stadt gezeigt wird. Gerahmt wird die Geschichte von der fiktiven Handlung der Zeitreise einer Wissenschaftlerin, die alle Epochen vermischt, woraus sich kuriose Begegnungen von Figuren und viele Überraschungseffekte ergeben, die bei den Teilnehmern in besonderer Weise sowohl Irritationsmomente wie auch Anregung zum Nach- und Mitdenken auslösten. Die Teilnehmer lernen in der Revue verschiedene Persönlichkeiten der Hannoverschen Stadtgeschichte mit ihren jeweiligen Lebensgeschichten kennen, von Hermann Löns über Kurt Schwitters bis hin zu Fußballfans der Gegenwart und einem Musiker der Rockband The Scorpions. Gezeigt wird ein breites Spektrum von Hoch- bis Alltagskultur der Stadt in unterschiedlichen Zeitphasen. Die Teilnehmer der zweistündigen szenischen Führung laufen zu Fuß von einem Ort zum nächsten. Ihre Eigenaktivität wird besonders dadurch angeregt, dass sie häufig von den Darstellern direkt angesprochen und aufgefordert werden, ihre Meinung zu sagen, mitzudenken, mitzusingen.

2. **Der Bierkrieg zu Münster, eine Stadtrallye in Kleingruppen**
Die Rallye wird von den Veranstaltern als „kreative Zeitreise in das Jahr 1895" vorgestellt. Ein konkretes historisches Ereignis, der sogenannte Bierkrieg der Münsteraner, der sich gegen eine von Preußen eingeführte Sperrstunde richtete, wird genutzt, um die Stadt-Geschichte Münsters allgemein zu vermitteln. Jeder Teilnehmer bekommt eine bestimmte Rolle/Figur zugewiesen, unter deren Perspektive die Stadt spielerisch erkundet wird. In Kleingruppen werden mittels eines Spielbogens verschiedene Orte der Stadt zu Fuß besucht und jeweils Aufgaben und Fragen in der Gruppe gelöst, wobei es keineswegs nur um historische Fakten geht, sondern auch um kreative Lösungen (wie das Texten eines Liedes) und verschiedene Perspektiven der verschiedenen Figuren. Es kommt zudem auf genaue Wahrnehmung und Spurenlesen in der Stadt an, und es ist auch erforderlich, mit Menschen in der Stadt ins Gespräch zu kommen, um die gestellten Aufgaben lösen zu können.

3. **Tutti Frutti in Köln, auf dem Großmarkt morgens um fünf, eine Führung mit literarischer Lesung**
Der besondere Perspektivenwechsel, den diese Stadtführung bietet, liegt in der Zeit frühmorgens begründet, zu der die meisten normalerweise noch schlafen.

Die Führung ist angelehnt an den gleichnamigen Kriminalroman des Autors Hans-Josef Walterscheid, der im Milieu des Kölner Großmarktes spielt. Die Führung über den Markt dauert zwei Stunden und beschäftigt sich mit den verschiedenen wirtschaftlichen, sozialen, architektonischen Aspekten des Großmarktes und mit aktueller Kölner Stadtpolitik. Der Stadtführer bindet darin verschiedene Gespräche mit Menschen ein, die auf dem Großmarkt arbeiten. Starke sinnliche Eindrücke gibt es durch die Vielfalt der angebotenen Früchte und die vielfältigen Gerüche. Auf den Rundgang folgt ein gemeinsames Frühstück auf dem Markt mit einer Lesung aus dem Roman, in dem die realen Eindrücke und „Blicke hinter die Kulissen" mit der literarischen Vorlage verglichen werden können.

Zentrales Motiv der befragten Touristen aller drei beschriebenen inszenierten Führungen sei es, „etwas Schönes zu erleben und gleichzeitig die Stadt zu erfahren". Dieser Wunsch wurde aus Sicht aller Befragten erfüllt. Alle begriffen die Führungen viel eher als Freizeitunternehmung, denn als bildende Stadtführung. Trotzdem lösten die Führungen mehrheitlich Gefühle wie Neugier, Spannung, Überraschung, Interesse an Stadtgeschichte aus.

In ihrem Resumee kommt die Autorin zu dem Ergebnis, dass es allen drei Führungen mit unterschiedlichen Mitteln gelingt, Kommunikations-, Wahrnehmungs- und Reflexionsfähigkeit der Teilnehmer zu aktivieren, nicht zuletzt auch durch künstlerische Elemente, die in besonderer Weise stimulierten, mit Klischees zu brechen und die neue Perspektiven zeigten (Schaefer 2010, S. 108).

Qualitätskriterien von Stadtführungen
Aus den Ergebnissen der verschiedenen Befragungen lassen sich folgende Qualitätskriterien für eine die Teilnehmer anregende, aktivierende Vermittlung einer Stadt im Rahmen von Stadtführungen ableiten:
>> Die Art der Fortbewegung wirkt sich auf das Gefühl des Beteiligtseins aus: Selbst in Bewegung zu sein statt in einem Bus zu sitzen, führt zu höherer innerer Beteiligung.
>> Überraschungseffekte und das Durchbrechen gewohnter Wahrnehmungen erhöhen die emotionale Beteiligung.
>> Das Vermitteln historischer Hintergründe über spannende und personalisierte Geschichten führt dazu, dass sich den Teilnehmern die Geschichte eines Ortes erschließt und sie viele Details erinnern.
>> Künstlerische Inszenierungen steigern positive Aufmerksamkeit.
>> Inhaltlich erweist es sich als anregend, wenn historische Sehenswürdigkeiten mit aktuellen sozialen Entwicklungen in Verbindung gebracht werden und gezeigt wird, wie sich Geschichte auf die Gegenwart einer Stadt auswirkt.
>> Die Reduktion von Informationen durch Konzentration auf einige Leitthemen, die sich als „roter Faden" durchziehen, ist hilfreich für das Verständnis einer Stadt und ermöglicht es, gewonnenen Erkenntnisse auf andere Städte zu übertragen.
>> Das Engagement der Teilnehmer wird angeregt, wenn Stadtführer ihren eigenen subjektiven Standpunkt als solchen deutlich benannt einbringen und wenn sie auch gegensätzliche Standpunkte zur Sprache bringen, statt zu suggerieren, dass es nur die eine gültige Perspektive gäbe.

>> Besonders nachdrücklich werden die neuen Eindrücke und das neue Wissen aufgenommen, wenn die Teilnehmer ermuntert werden, eigene Wahrnehmungen und Lesarten zu entwickeln, anknüpfend an eigene Erfahrungen und Vorwissen.
>> Schließlich zeigen die Untersuchungen, dass Führungen, – auch wenn sie ein sehr gutes inhaltliches Konzept haben, das über die Aneinanderreihung von Sehenswürdigkeiten hinausgeht und zu Fragen anregt, wie etwa bei Stattreisen, – immer auch einer präsenten, charismatischen und rhetorisch versierten Führungspersönlichkeit bedürfen.

„Zu großen Teilen hängt die Qualität einer Führung auch bei sehr gutem Konzept von der individuellen personalen Umsetzung ab. (...) Um gut durchdachte, zeitgemäße und lebendige Stadtführungen zu ermöglichen, ist ein andauerndes Qualitätsmanagement unabdingbar" (Schäfer S. 109).

Zwischenfazit: Kulturelle Bildung im Rahmen von Städtereisen und Stadtführungen
Kulturelle Bildung findet statt, „wenn es kulturpädagogisch gelingt, die Symbole und Spuren der Stadt lesbar und interpretierbar zu machen. Die Stadt kann dabei als komplexer Text und Lernstoff beschrieben werden, der durch aktive Auseinandersetzung und Aneignung entschlüsselt werden kann" (Schäfer 2010, S. 72).

Die Stadt bietet unter einer ästhetischen Perspektive vielfältige Aspekte, an denen sich Wahrnehmungsfähigkeit ebenso schulen lässt wie kulturelle und gesellschaftliche Phänomene an verschiedenen Artefakten und Topographien einer Stadt begreifbar werden.

Zugleich aber wird deutlich, dass ästhetische Symbole bei der Besichtigung bekannter kultureller Sehenswürdigkeiten häufig eher neutral und ohne eigene Fragen und persönlichen Zugewinn behandelt werden. Damit sich Touristen tatsächlich mit diesen vielfältig aufgeladenen Zeichen einer Stadt konzentriert beschäftigen und aus ihnen für den Einzelnen Sinn entsteht, erweisen sich neuere Stadtführungsformate als erfolgreich, die zu Fragen anregen wie auch scheinbar Selbstverständliches hinterfragen und die Eigenaktivität der Teilnehmer herausfordern.

„Die untersuchten inszenierten Stadtführungen stellen innovative Konzepte auf dem Stadtführungsmarkt dar, welche Teilaspekte Kultureller Bildung wie z.B. Partizipation, Ganzheitlichkeit, Alltags- und Lebensweltorientierung aufweisen. (...) Besonders in den Konzepten zur selbständigen Erkundung der Stadt in Rallyes und Spurensuchen werden Wahrnehmungsfähigkeit der Teilnehmer für ästhetische Details wie für komplexe soziale Zusammenhänge geschult" (Schäfer 2010, S. 107).

Neben Formaten, die die Teilnehmer auch körperlich aktivieren, lösten vor allem künstlerische Elemente der inszenierten Stadtführungen Kulturelle Bildungseffekte aus.

„Der Einbezug künstlerischer Elemente ermöglicht das Brechen mit ästhetischen Klischees, das Spiel mit verschiedenen Perspektiven und Realitäten und Rollen und befördert die phantasievolle und emotionale Auseinandersetzung mit einer Stadt" (Schäfer 2010, S. 108). Die künstlerische Inszenierung durch Schauspieler, Sänger, Musiker und der Einsatz von Requisiten sorgten für einen Verfremdungseffekt, zeigten Situationen aus verschiedenen Perspektiven.

Ästhetische Elemente haben also nicht nur besonderen Unterhaltungswert, sondern können offensichtlich Bildungsprozesse anregen. In inszenierten Stadtführungen werden mehrere Sinne angesprochen, die Teilnehmer werden durch künstlerische Mittel wie etwa eine Gesangseinlage und durch Überraschungsmomente wie den Blick hinter die Kulissen auch emotional angesprochen, sie werden zum Mitspielen aufgefordert und dadurch aktiviert. Auf unterschiedlichste Weise wird angeregt, mit gewohnten Wahrnehmungsmustern zu brechen. Stadtführungen können dazu anregen, sich mit Stadtbildern allgemein auseinanderzusetzen und eigene Lesarten sowie differenzierte Wahrnehmungsweisen zu entwickeln.

Exemplarisch wird erfahren, wie man auch auf Stadtlandschaften schauen kann.

Die personale Vermittlung ist wesentlich dafür, Städtetouristen herauszufordern, neue Perspektiven auf eine Stadt zu entwickeln. Stadtführer können zur konzentrierten ästhetischen Wahrnehmung anregen. Indem sie einen Ausschnitt aus dem komplexen Gesamtgeschehen einer Stadt zeigen und dabei ihre Interpretation und Thesen offen legen, können eigene Fragen und Standpunkte der Teilnehmer provoziert werden.

Damit wären wichtige Grundlagen geschaffen für Kulturelle Bildung: Zu erfahren, dass es viele verschiedene Perspektiven gibt, dass sich ästhetische Zeichen unterschiedlich interpretieren lassen, dass es legitim ist und Spaß macht, eine ganz individuelle Sichtweise zu entwickeln, dass die Stadt nicht nur ein funktionaler, sondern auch ein ästhetischer, symbolischer Raum ist, der Möglichkeiten für eigene Kreativität eröffnet.

4.2 Museen, Schlösser und andere Kultureinrichtungen als (städte-)touristische Attraktionen

Traditionelle Kultureinrichtungen, allen voran Museen, aber auch großen Konzerthäuser und Musiktheater der touristisch interessanten Städte, profitieren vom Städtetourismusboom und generieren inzwischen einen Großteil ihres Publikums aus dem Pool der Touristen.

Museen sind deswegen besonders geeignete und attraktive Orte für Touristen, weil sie ohne Vorbuchungen besucht werden können, weil sie zeitlich flexibel und individuell nutzbar sind gemäß unterschiedlicher Interessen und Aufmerksamkeitsspannen, weil sie in der Regel für fast jeden erschwingliche Eintrittspreise haben und weil sie geringere sprachliche Barrieren beinhalten. Mit Hilfe von Audioguides in verschiedenen Sprachen lassen sich unkompliziert Hintergrundinformationen vermitteln.

Häufig gilt bereits die Architektur von Museen als Sehenswürdigkeit. Weitere wesentliche Attraktionen für Touristen sind der Museumsshop als Ort für die Auswahl von Souvenirs, die an den Musemsbesuch erinnern ebenso wie ein Restaurant/Cafe, in dem sich Touristen während ihrer Besichtigungstouren erholen können.

Museen haben grundsätzlich einen hohen Prestigewert und stehen für die Verbindung von Authentizität und hoher wissenschaftlicher Qualität. Alleinstellungsmerkmal der Museen ist die Begegnung der Besucher mit dem Original.

Obwohl es dafür keine Statistiken gibt, lässt sich annehmen, dass Museen auch von nicht spezifisch interessierten Touristen genutzt werden, zumindest als ein Programmpunkt für Regentage.

Berlin als die touristisch meistbesuchte Stadt in Deutschland wirbt offensiv damit, dass sie „mehr Museen als Regentage" habe (vgl. Berlin Tourismus Marketing GmbH,www.visitBerlin.com).

Der Besuch traditioneller Kultureinrichtungen ist Bestandteil des Gesamt-Urlaubs-Settings und Teil der Aneignung einer besuchten Stadt: So wird etwa eine Aufführung in der Semperoper nicht primär besucht, weil man schon lange mal eine bestimmte Oper sehen wollte, sondern weil sie perfekt in das Gesamterlebnis-Paket Dresden passt (Quelle: Marketingleiterin Semperoper im Gespräch mit der Autorin, November 2010).

Kontrovers wird derzeit diskutiert, ob Museen und andere Kulturinstitutionen ihre Präsentations-, Marketing- und Vermittlungsstrategien in Bezug auf die Zielgruppe Touristen verändern sollten oder nicht. Sollten sie diesen entgegenkommen durch spezifische Angebote, die z.B. eine Opernaufführung mit einer architektonischen Einführung und einem gastronomischen Abschluss kombinieren wie es etwa die Semperoper in Dresden anbietet?

„In der Vorstellung der Städtetouristen hat sich der Museumsbesuch längst von der primären Lernerfahrung zum Gesamtevent gewandelt, in dem auch Erlebnis-, Konsum- und Verwöhnelementen eine Rolle zukommt. (...) In der Konsequenz sind die Museen gefordert, über ihr Kernangebot der Sammlungs- und Ausstellungspräsentation hinaus zusätzliche Leistungen für die Besucher anzubieten" (Dillmann, 2007, S. 67).

Gegenstimmen plädieren dafür, dass traditionelle Kultureinrichtungen im Gegenteil darauf beharren sollten, Bedürfnisse des Touristen nach kurzweiliger Kulturrezeption nicht zu bedienen: „Bei einer Ausrichtung auf den Trend der Sinnsuche und neuen Muße müssen sich Kulturinstitutionen als Orte der Ruhe und Kontemplation verstehen, in denen Kultur und Kreativität als Mythen lebendig werden – wie in den Wunderkammern und Raritätenkabinetten, die nur wenigen Besuchern zugänglich waren" (Steinecke 2007, S. 3).

Hier ist zu fragen, ob Bildungsprozesse tatsächlich nur an kontemplativen Orten stattfinden können, oder inwiefern die Besonderheiten originärer Kunst-Kultur so inszeniert werden können, dass sie sich auch dem kunstungeübten Besucher emotional erschließen und zu seinem Gesamturlaubserlebnis passen, doch dabei zugleich Neugier wecken, diese Kultur in ihrem besonderen Eigenwert zu begreifen.

In kulturwirtschaftlich betriebenen Formaten wie dem Musical wurden schon immer unterschiedliche Elemente zum Gesamterlebnis gebündelt: aufsehenerregende Architektur, eine interdisziplinäre, eingängige künstlerische Inszenierung, Merchandising-Shops als Möglichkeit, Souvenirs zu kaufen, eine zum Inszenierungskonzept passende Gastronomie, häufig auch in Kombination mit einem schönen Hotel.

Die Frage ist, ob nicht auch die klassischen Kultur- und Bildungseinrichtungen solche Gesamtwohlfühlkonzepte entwickeln sollten als Voraussetzungen dafür, dass auch weniger kunstaffinen Touristengruppen Zugänge zu Kunst und Kultur erleichtert werden. Oder lenken die angenehmen Rahmenbedingungen ab und suggerieren, dass Kulturrezeption nicht mit eigener Anstrengung und harter geistiger Arbeit verbunden ist, damit daraus Kulturelle Bildung erwachsen kann?

John empfiehlt den Museen, von den Betreibern der Erlebniswelten zu lernen, denen es gelingt Unterhaltung und Bildung zu kombinieren. Notwendig sei es, sich von der Idee zu lösen, dass Kultureinrichtungen „langweilig" sein müssen, damit dort Bildungsprozesse stattfinden können, eine Idee des Bildungsbürgertum, das damit seinen Distinktionsvorteil ausbauen wollte. „Was einem elitären Kreis von Kulturkennern und Kunstexperten ehedem auratische Schätze waren – selten, wenigen bekannt und verständlich und daher kostbar und wertvoll – verliert nun die reliquienhafte Aura und den Nimbus der Exklusivität. Als Positionsgut wird es funktions- und bedeutungslos für die Distinktionsbedürfnisse eines regressiven bildungsbürgerlichen Milieus. Die Umformatierung von hochkulturellen Positionsgütern zu marktgängigen Gütern des kulturtouristischen Konsums bringt allerdings auch erheblichen Gewinn mit sich. Und zwar für die große Mehrheit derjenigen, die sich in geringerem Maße für Kultur interessieren, sie weniger verstehen und daher seltener wahrnehmen. Gerade der Kulturtourismus kann dazu beitragen, dass Kultur für diese Menschen ein lebendiger Teil ihres Lebens und selbstverständliche Praxis des Alltags wird" (John 2010, S. 31).

Während John vermutet, dass die Objekte durch den massenhaften Konsum zwar für viele zugänglich werden, dabei jedoch ihre Aura verlieren, wird hier die These aufgestellt, dass sich auch im massentouristischen Konsum die Aura des Originals nicht abnutzt durch die vielen Besucher, sondern, im Gegenteil, weiter zunimmt.

Der Anspruch der Museen, in erster Linie Bildungseinrichtungen und nicht Freizeiteinrichtungen zu sein, lasse sich für das Nicht-Expertenpublikum ohnehin nicht einlösen, wie u.a. Treinen in empirischen Untersuchungen nachgewiesen hat: Der Museumsbesuch hinterlässt bei der Masse der Besucher „vor allem emotionale, aber kaum einheitlich kognitive Erinnerungsspuren" (Treinen 2007, S. 28).

„Bei allen Museumsbefragungen haben sich Interessens-, Einstellungs- und Wissensfragen als problematisch erwiesen. In früheren Jahren wurde der Versuch unternommen, einen möglichen Bildungseffekt im Sinne eines Wissenszuwachs nach dem Museumsbesuch zu ermitteln. Dass dies nicht möglich und nicht sehr sinnvoll ist, liegt am assoziativ geprägten Wahrnehmungsverhalten der Museumsbesucher, das eher einer massenmedialen Rezeption als einem zielgerichteten Studien- oder Lernverhalten entspricht" (vgl. Graf/Treinen, Berlin 1983).

Dass keine messbaren Wissenszuwächse zu verzeichnen sind, muss jedoch nicht heißen, dass Kulturelle Bildungsprozesse nicht stattfinden; diese können auch emotionale und ästhetische Eindrücke und daraus erwachsende kreative Impulse beinhalten.

Obwohl Museen keine Lernorte im traditionellen Sinne seien, sondern eher assoziativ genutzt würden, müsse Qualitätsmerkmal für Museen ebenso wie für andere kulturelle Angebote laut John sein, „die entscheidende Demarkationslinie zu definieren, die zwischen Kulturangeboten mit Sinn-, Vermittlungs- und Qualitätsanspruch auf der einen und solchen der Spaß- und Zerstreuungskultur auf der anderen Seite besteht" (John 2010, S. 39). Trotz der Forderung, Menschen in ihren Unterhaltungsbedürfnissen entgegen zu kommen, wird damit an Museen der Anspruch gestellt, etwas vermitteln zu wollen und nicht nur dem Vergnügen zu dienen.

Tourismusmarketing für Museen und andere Kultureinrichtungen als Kulturvermittlung
Welche Kultureinrichtungen erweisen sich als besonders beliebt bei Touristen und warum?

Es wird deutlich, „dass der kulturtouristische Markt große Ungleichgewichte aufweist: Während einige Top-Attraktionen gezwungen sind, die Besucherzahl zu limitieren und den Besucherstrom zu lenken (z.B. Schloss Sanssouci in Potsdam, vgl. Kapitel 5), stehen viele kleine Kultureinrichtungen (speziell Museen) vor der Herausforderung, im breiten Angebot überhaupt wahrgenommen zu werden" (Steinecke 2011, S. 24).

Zu vermuten ist, dass die Attraktivität von Museen und Ausstellungen bei Touristen (wie auch bei sonstigen Besuchern) sehr viel weniger damit zu tun hat, was es dort anzuschauen gibt, als viel mehr mit einer guten Inszenierung und vor allem einem erfolgreichen Marketing. Besonders deutlich wurde dies beim großen Erfolg der „Moma in Berlin"-Ausstellung, in der im Prinzip nur Kunstwerke von Künstlern der klassischen Moderne gezeigt wurden, die auch in anderen Museen in Berlin dauerhaft und ohne Warteschlangen hätten besichtigt werden können. Die Positionierung der Ausstellung als herausragendes, einzigartiges Event und die Verknüpfung mit der bekannten Marke „Moma" sorgte auf der kommunikativen Ebene für den Erfolg. Die Berlin Tourismus Marketing GmbH kommunizierte in ihren verschiedenen Medien weltweit das Ausstellungsereignis gut eineinhalb Jahre vor Eröffnung.

Je mehr über ein Ereignis geschrieben und gesprochen wird, um so begehrenswerter erscheint es.

Die Limitierung des Besichtigungs-Zeitraums durch den Sonderausstellungsstatus erweist sich als weiterer Attraktionsfaktor.

Neben der Aufnahme in alle relevanten Printmedien der Tourismusbranche sorgt vor allem die Präsenz in aktuellen Reiseführern für Bekanntheit und Begehrlichkeit von Kultureinrichtungen bei Touristen.

Ein sehr wichtiger „Marker" des touristischen Brandings von Kultureinrichtungen ist das Gütesiegel „Weltkulturerbe" der UNESCO, das einen Ort oder ein Objekt als weltweit bedeutsam auszeichnet.

Auch der Name einer Kultureinrichtung ist relevant, um sie touristisch attraktiv erscheinen zu lassen, so das Ergebnis einer Befragung von Stuttgart-Touristen zu Museen in der Region 2007 (Klein 2010, S. 101). Hat bereits der Name Bezug zur besuchten Region oder Stadt und seiner spezifischen Geschichte, so erhöht das die Attraktivität bei Touristen.

Neben der Marken- und Eventstrategie ist auch die Servicestrategie ein wichtiger Faktor für touristische Attraktivität. Museen im touristischen Kontext werden für Touristen attraktiver, wenn sie ihr Kernangebot mit Zusatzleistungen im eigenen Haus verbinden ebenso wie mit den touristisch interessanten Angeboten anderer Anbieter vor Ort zu Gesamt-Erlebnis-Paketen kombinieren (John 2010, S. 40/41).
Bauten des kulturellen Erbes werden z.B. im Rahmen einer „Schlössernacht" mit Musik, Tanz, Illumination und kulinarischen Angeboten sehr viel stärker nachgefragt, weil vielfältigere Bedürfnisse, der Freizeitsituation entsprechend, bedient werden als im Rahmen eines normalen Museumsbesuchs.

Die Semperoper gehört neben der Frauenkirche zu den zentralen touristischen Sehenswürdigkeiten Dresdens und ihre Besichtigung ist Pflichtprogramm jedes Dresden-Besuchs. Dementsprechend gibt es aufgrund des großen Touristenandrangs tagsüber viele Architektur-Führungen durch das Haus. Die Semperoper wird also einerseits als architektonische Sehenswürdigkeit wahrgenommen. Viele derjenigen Touristen, die sich normalerweise nicht für Opern interessieren, möchten das Haus jedoch gerne im Rahmen eines Aufführungs-„Events" kennenlernen, so das Ergebnis einer Besucherbefragung der Semperoper. Um diesem Nicht-Opern-gebildeten-Publikum entgegen zu kommen, werden viele bekannte Klassiker-Aufführungen auf den Spielplan gesetzt, es gibt jeweils eine kurze Werkeinführung, per Mail werden den Kunden vorab inhaltliche und ästhetische Informationen angeboten, und es gibt während der Oper Übertitel auch in Fremdsprachen. Ein spezielles Kombinationsangebot für Touristen ist „Apres Opera", das den Opernbesuch mit einem Restaurantbesuch verbindet, bei dem ein führender Opernmitarbeiter Hintergründe über die Produktion vermitteln.

Im Jüdischen Museum in Berlin, das zu den von Touristen am meisten besuchten Museen in Deutschland gehört, werden Wünsche und Bedürfnisse der Besucher fortlaufend evaluiert und Produkt-, Service-, Distributions-, Kommunikationspolitik und Vermittlung entsprechend gestaltet. Die Inhalte des Museums, die von den Touristen als relevant zum Begreifen Berliner Kulturgeschichte wahrgenommen werden, werden von ausdifferenzierten Vermittlungs- und Servicemaßnahmen begleitet. Das Museum ermöglicht ein ganzheitliches Erlebnis und inhaltliches Wissen und Erfahrungen, die sich in das Gesamterlebnis Berlin einfügen.

Es wird auch deutlich, dass Museen im Verbund besser besucht sind als Museen an Einzelstandorten. So ist etwa die Berliner Museumsinsel oder das Museumsquartier in Wien, das viele Museen in attraktiver Architektur und in Kombination mit Gastronomie und Museumsshops bündelt, zu einem zentralen Besuchermagneten in Wien geworden, der unabhängig vom Interesse an einem spezifischen Museum ein attraktiver touristischer Ort ist.

Auch Freilichtmuseen sind bei Touristen besonders beliebt, weil sie Arbeits- und Lebenszusammenhänge in realer Umgebung anschaulich darstellen können und vor allem bei sommerlichem Wetter Kultur- und Naturerleben kombinieren.

Die Preispolitik spielt hingegen für die Zielgruppe Touristen kaum eine Rolle. Freier Eintritt ist zwar ein wichtiger Attraktionsfaktor für lokale Museumsbesucher, nicht jedoch für Touristen, so das Ergebnis einer Befragung von Museumsbesuchern der Kunsthalle Würth 2002 (Klein/Wegner 2010, S. 103).

Ein Marketing, das eine Kultureinrichtung erfolgreich als touristisches „Must See" einer Stadt oder Region positioniert und dabei Bezüge zum Verständnis einer Stadt oder Region herzustellen verspricht ebenso wie es den Bedürfnissen der Touristen nach stimmungsvollem Ambiente, attraktiver Gastronomie etc. entgegenkommt, trägt also maßgeblich dazu bei, Interesse bei Touristen an kulturellen Einrichtungen zu wecken. Das ist ein erster wichtiger Schritt, um Kulturelle Bildung zu ermöglichen.

Was erwarten Touristen im Museum? Besuchen sie zuhause auch Museen? Was lernen sie im Museum? Was bleibt ihnen als eindrucksvoll im Gedächtnis? Welche Inszenierungs- und Vermittlungskonzepte werden von Touristen besonders geschätzt?

„Kulmon" – Besucher-Studie der Berlin Tourismus Marketing GmbH und des Senators für Kulturelle Angelegenheiten Berlin

In Kooperation zwischen der Tourismus Marketing GmbH und dem Berliner Kultursenat werden seit 2008 regelmäßige Besucherbefragungen in den touristisch besonders relevanten Berliner Kultureinrichtungen durchgeführt. Im Rhythmus von zwei Monaten werden in insgesamt 12 bekannten, großen, öffentlichen Kultureinrichtungen jeweils 400 Personen zu Herkunft, demografischen Hintergründen, Art der Information über Kulturangebote, Bewegungsprofile von Berlin-Gästen, Kundenzufriedenheit und Servicequalität befragt (www.partner.visitberlin.de/artikel/kulturmonitoring). Diese sogenannte Kulmon-Studie kommt 2010 zu folgenden Ergebnissen zur Kulturnutzung von Touristen:
>> Ein großer Teil der Touristen besucht mehr als eine kulturelle Einrichtung, vor allem werden historische Museen und Gedenkstätten besucht. Museen sind die beliebteste Kultursparte bei den Berlin-Touristen.
>> Besucher von Berliner Museen sind zu zwei Dritteln Touristen, diese sind demnach die wichtigste Zielgruppe der Museen.
>> Beliebtestes touristisches Museum ist das Jüdische Museum mit einem Touristenanteil von 90%, gefolgt vom Schloss Charlottenburg (das den höchsten Anteil ausländischer Touristen hat) und dem Pergamonmuseum auf der Museumsinsel.
>> Alle drei Museen haben einen direkten Bezug zur Geschichte Berlins: der Geschichte jüdischen Lebens in der Stadt, der Geschichte der preußischen Könige und der Kolonialgeschichte.
>> Die am häufigsten genutzte Informationsquelle, um von kulturellen Sehenswürdigkeiten wie den Museen zu erfahren, ist der schriftliche Reiseführer. Bei touristischen Besuchern von Theatern liegt hingegen das Internet als aktuelle Informa-

tionsquelle auf Platz 1. Bei den Bühnen werden vor allem der Friedrichstadtpalast als stark unterhaltungsorientiertes Variete-Theater und die Staatsoper von Touristen in ihrem historischen Gebäude Unter den Linden frequentiert.

Die Antworten der Museumsbesucher zeigen, dass nur 5% der befragten einheimischen Besucher zu den Nicht-Kulturnutzern gehören und nur 22% zu den Wenig-Kulturnutzern (ca. 3 Besuche pro Jahr), die Mehrheit also tendenziell zur kleinen Gruppe der stark kulturinteressierten Stammnutzer gehört. Bei den touristischen Museumsbesuchern sind es immerhin 12% bzw. 44%, die normalerweise sehr selten kulturelle Einrichtungen besuchen, was ein weiterer Hinweis darauf ist, dass die touristische Reise Kulturnutzung befördert (Kulmon Studie, Senator für kulturelle Angelegenheiten Berlin 2010).

Leider wird im Rahmen dieser Studie nicht der Faktor Bildung abgefragt, der ja den wesentlichsten Einfluss auf Kulturnutzung hat, so dass sich trotz einer beeindruckend hohen Anzahl von knapp 30.000 Interviews 2009 keine Aussagen dazu machen lassen, ob unter den vielen touristischen Besuchern kultureller Einrichtungen auch niedriger Gebildete sind als Indikator für die Hypothese, dass über den Umweg der touristischen Reise neue Nutzergruppen angezogen werden, die im Alltag keine kulturellen Angebote wahrnehmen.

Befragung touristischer Besucher des Schloss Charlottenburg in Berlin
Befragt wurden insgesamt 60 zufällig ausgewählte Besucher des Schloss Charlottenburg, das laut einer repräsentativen Befragung der Kulmon Studie (visitBerlin/Kultursenator Berlin 2010) bei ausländischen Berlin-Touristen das meist besuchte Museum ist.

Die Befragung wurde von der Autorin an zwei Sonntagen im Oktober 2011 mit einem (teil-) standardisierten Bogen sowohl in Deutsch wie in Englisch durchgeführt.

32 der befragten touristischen Besucher kamen aus verschiedenen Ländern Europas sowie aus Australien, Brasilien, China, Indien, Indonesien, Kanada und den USA, 25 kamen aus anderen Städten in Deutschland. (Einheimische Berliner Besucher, bei der Zufallsauswahl waren es ohnehin nur 3 Personen, wurden in der Auswertung nicht berücksichtigt).

Die meisten der Befragten waren zwischen 30 und 60 Jahren (31), etwa gleich viele sind unter 30 (13) und über 60 Jahre (16). Es wurden zur Hälfte Männer und Frauen befragt.

Spezifisch kulturinteressierte Besucher oder Gelegenheits- und Zufallskulturnutzer
Knapp die Hälfte der Befragten besucht auch zu Hause häufiger Kultureinrichtungen (32), die andere Hälfte gehört zu den Gelegenheitsbesuchern (22) bzw. Nicht-Besuchern (13) von Kunst- und Kultureinrichtungen in ihrer Heimat.

In Verbindung mit den meist genannten Antworten auf die Frage nach der Motivation für den Besuch (die eher unspezifisch war) und den Vorkenntnissen (die sich bei den meisten als gering erwiesen) lässt sich darauf schließen, dass mindestens die Hälfte der Touristen zu den Gelegenheits- und Zufallskulturtouristen gehört. Auffällig ist, dass es vor allem jüngere Besucher unter 30 sind, die zu Hause nie Kultureinrichtungen besuchen.

Zentrale Motivation für den Besuch
Als entscheidender Grund, das Schloss Charlottenburg im Rahmen ihrer Berlin-Reise zu besuchen, wird an erster Stelle die Möglichkeit der Kombination des Museums-Besuches mit der schönen Gartenanlage des Schlosses genannt. Es folgt das Interesse an der Geschichte der preußischen Könige sowie an dritter Stelle der Grund, dass der schriftliche Reiseführer das Schloss Charlottenburg als „Must See" empfohlen habe.
Weitere Gründe sind das Interesse an der Gemäldesammlung im Schloss, die Neugierde auf die Innenausstattung, das Interesse an Schlössern allgemein (die besonders auch für Kinder attraktiv seien); außerdem wird mehrfach als Grund angegeben, dass man durch Zufall vorbeigekommen sei und sich zu einem Besuch entschlossen habe.

Auf folgende Weise haben die Besucher vom Schloss Charlottenburg als lohnenswertem Ziel erfahren
Die häufigste Informationsquelle ist der gedruckte Reiseführer mit 21 Nennungen, was dem Ergebnis der Kulmon-Studie der Tourismusmarketing GmbH visitBerlin entspricht. Eine Empfehlung von Freunden und Bekannten nennen 19, das Internet nur vier Befragte. Das Schloss Charlottenburg sei allgemein bekannt, sagten elf Befragte, „durch Zufall vorbeigekommen" sind neun Befragte.

Vorkenntnisse über die Geschichte des Schlosses
26 Befragte geben an, dass sie gar keine Vorkenntnisse über die Geschichte des Schloss Charlottenburg hatten. Etwa genauso viele (27) sagen, sie hätten „so ungefähr" etwas darüber gewusst und nur 7 Befragte geben an, sie hätten sich schon vor dem Besuch sehr gut mit der Geschichte des Schlosses ausgekannt.

Wollen Sie sich zu Haus weiter mit dem Schloss Charlottenburg bzw. der Geschichte preußischer Könige beschäftigen?
Knapp die Hälfte (29) äußert das Interesse, sich nach dem Besuch vertiefend mit dem Schloss und der Geschichte der preußischen Könige zu beschäftigen. Dabei gibt es eine auffällige Korrelation zur Kulturnutzung zu Hause: der allergrößte Teil derjenigen, die ihre Kenntnisse vertiefen wollen, gehören zu den häufigen Kulturnutzern (22), nur wenige zu den Gelegenheitsnutzern (7) und keiner zu den Nicht-Nutzern von Kultureinrichtungen.

Vermittlungsangebote: Personale Führung oder Audio Guide wahrgenommen?
Über die Hälfte der Befragten (36) haben eine Audio Guide Führung benutzt, weitere neun haben an einer personalen Führung teilgenommen. Insgesamt haben demnach zwei Drittel ein Vermittlungsangebot wahrgenommen. Mit nur zwei Ausnahmen beurteilen alle die Führungen als sehr gut. Auffällig ist, dass sich fast alle, die an einer

4. Strategien und Potentiale in einzelnen Formaten

Führung teilgenommen haben, zu Hause weiter mit dem Schloss Charlottenburg und seiner Geschichte beschäftigen wollen.

Was hat die Besucher beim Besuch des Schlosses und der Parkanlage am meisten beeindruckt?
Am häufigsten werden auf diese offene Frage die prunkvollen Säle des Schlosses genannt, dicht gefolgt von der Gesamtarchitektur und Ausstattung des Schlosses wie vor allem die Porzellansammlung. An dritter Stelle folgen Antworten, die sich auf die Lebensweise und Lebensstil der Adligen damals und die Familiengeschichte der preußischen Königinnen und Könige beziehen. An vierter Stelle wird die Gartenanlage als besonders beeindruckend genannt sowie an fünfter Stelle die Informationen über Wiederaufbau und Restaurierung des Schlosses.

Was hat den touristischen Besuchern während ihres Berlin-Besuchs bislang insgesamt am besten gefallen?
Die meisten Nennungen zu dieser (offenen) Frage beziehen sich auf die Gesamtatmosphäre Berlins und den Lebensstil der Berliner, gefolgt von einzelnen Sehenswürdigkeiten wie Brandenburger Tor, Reichstag, Check Point Charly sowie der Museumslandschaft. Unter dem offensichtlich positiven aktuellen Eindruck wird auch mehrfach das Schloss Charlottenburg genannt.

Was interessiert die Touristen besonders an Berlin?
Auf diese offene Frage wird mit Abstand am häufigsten die Großstadtatmosphäre Berlins genannt, gefolgt vom Interesse an der besonderen Geschichte Berlins vor allem auch in der Mauerzeit und dem großen Kulturangebot, wobei besonders häufig Museen genannt werden. Außerdem wird interessanterweise häufiger geantwortet, dass man sich vor allem für die zentralen Sehenswürdigkeiten Berlins interessiere.

Fazit
Die Befragung macht deutlich, dass die Touristen mehrheitlich mit wenig Vorkenntnissen über das Museum Schloss Charlottenburg und einem nur unspezifischem Interesse daran kommen, nach dem Besuch aber bei weit über der Hälfte der Befragten Interesse geweckt ist an einer vertieften Beschäftigung mit den kulturellen Besonderheiten des Schlosses. Wenngleich darunter mehrheitlich die auch sonst Kulturinteressierten sind, so konnten darüber hinaus auch einige der nur mäßig Kunst- und Kulturinteressierten angeregt werden. Offensichtlich hat dazu auch die mehrheitlich benutzte und sehr positiv bewertete Audioguide-Führung beigetragen. Wenn Touristen vor Ort mit Kunst und Kultur in Berührung kommen, kann demnach auch das Interesse angeregt werden, mehr darüber zu erfahren.

Die Besucher zeigen sich am meisten beeindruckt zum einen vom ästhetische Gesamteindruck des prunkvollen Gesamtkunstwerkes Schoss Charlottenburg und zum anderen von den Lebensgeschichten und dem Alltagsleben der Königinnen und Könige. Starke ästhetische Eindrücke und ein emotional berührendes Storytelling erweisen sich auch hier als wesentlich, um ein starkes kulturelles Interesse auch bei Zufallskulturtouristen auszulösen.

Qualitätskriterien für Kulturvermittlung von Museen
Als Fazit einer Studie über die Staatlichen Schlösser und Gärten Baden Württembergs aus dem Jahr 1997 werden folgende Handlungsempfehlungen für touristisch relevante Kultureinrichtungen gegeben: Notwendig sei „eine Betonung der Erholungsqualität des Besuchs; eine Auflockerung der teilweise Ehrfurcht gebietenden Stimmung in den Einrichtungen sowie der Ausbau narrativer Vermittlungsinhalte" (Klein/Wegner 2010, S. 105).

John empfiehlt den Museen, sich offensiv als touristische Orte zu positionieren und dabei ihr generelles Alleinstellungsmerkmal „Authentizität" ebenso wie ihr Potential, ein offener und selbstbestimmter Erfahrungsraum für Besucher sein zu können, auf neue Weise in den Vordergrund zu stellen:
> „Kulturtouristen und andere Besucher zieht es sicher auch in die Museen, weil sie das kaum eindeutig zu bestimmende und immer relative historische „Authentische" und „Originale" suchen. Allerdings nicht in raumgreifenden Vitrinen steril und keimfrei verpackt. (…) Anziehungs-, Faszinations- oder gar Suggestivkraft stellen sich ein, wenn die Grenzen zwischen „echter Kunstwelt" und „künstlicher Echt-Welt" in „inszenierter Authentizität" verschwimmen" (John 2010, S. 30).

John empfiehlt Storytelling als Inszenierungselement von Museen:
> „Struktur, Erlebnisdimension und kommunikatives Format erhalten die Bausteine erst als Stoff einer starken, möglichst faszinierenden, fesselnden Geschichte. Gerade für touristische Zielgruppen, die nicht selten, eingeschnürt in ein enges Zeitkorsett, dichte Sightseeing-Programme abarbeiten müssen, ist Storytelling eine wirkungsvolle Methode, um innerhalb der Angebots- und Erlebnisfülle nachhaltige Beachtung für das Museumsangebot zu erzeugen und es im emotionalen Gedächtnis zu verankern. (…) Narratives Denken ist immer konkret, stiftet Orientierung, macht große Zusammenhänge (Welten) sichtbar, weckt Emotionen und folgt einem dramaturgischen Spannungsbogen. Im Rahmen der personalen und medialen Vermittlung helfen Erzählungen wesentlich, Inhalte verständlicher zu machen, die innere Beteiligung der Besucher zu fördern und den kommunikativen und sozialen Raum zu öffnen. (…) All dies macht sie anschlussfähig für die Erfahrungs- und Erlebniswelten eines breiten Publikums" (John 2010, S. 33/34).

Wie das Prinzip Storytelling sehr gut funktionieren kann, zeigt das Auswandererhaus in Bremerhaven, das die Besucher nicht nur auf einem inszenierten Rundgang durch das Museum führt, in dem alle Sinne angesprochen werden. Es händigt dem Besucher darüber hinaus mit der Eintrittskarte auch den Namen und die Kurzbiografie einer ausgewanderten Person aus, deren Spuren und Geschichte der Besucher nun in allen Stationen des Museums weiter verfolgen kann.

Als weitere ausstellungsdidaktische Vermittlungskomponente empfiehlt John die „Inszenierung suggestiver Merkwelten":
> „Solche mehrdimensionalen museografischen Raumbilder gestatten es dem Besucher, sich in einem neuen, zeitlich entrückten beziehungsweise entgrenzten Wahrnehmungsraum zu bewegen. Wahrnehmungen, die von seinem Alltag so weit entfernt sind, dass sie als ‚merk-würdig' unvergesslich im emotionalen

Gedächtnis abgespeichert werden. (...) Wirkungsvolle Impulse für starke, nachhaltige kulturelle Erfahrungen lassen sich vornehmlich dann auslösen, wenn die vermittelten Daten, Informationen und inhaltlichen Zusammenhänge mit den Mitteln und Instrumenten der Emotionalisierung, der gestalterisch-ästhetischen Zuspitzung und der unterhaltungsgeleiteten Dramaturgie transportiert werden" (John 2010, S. 35).

Es gehe darum, dass der Besucher „die Einzigartigkeit des Ortes oder der Landschaft emotional begreift, dass der Ort „merk-würdig" bleibt und sich im emotionalen Gedächtnis verankert – dass also gelernt wird. In diesem Sinne ist die Emotionalisierung während eines Besuches in einem Museum das wohl wichtigste Instrument, um zeitüberdauernde, d.h. nachhaltige Kundenbindung zu schaffen" (Grötsch 2008, S. 119).

Grötsch spricht sich aus für „innengesteuertes, zweckfreies, selbstbezogenes, konkurrenzloses und streßfreies Lernen im Museum, bei dem die Bedürfnisse Neugierde und Überraschung befriedigt werden, ebenso wie das Bedürfnis des Besuchers, sich neu zu finden bzw. zu erfinden" (Grötsch 2008, S. 121 u. 124).

Eine so organisierte Lernwelt entspricht einigen der Prinzipien Kultureller Bildung. Gerade in touristischen Freizeitsituationen könnten die Gegenstände frei von Lernstress, entspannt und selbstbestimmt ästhetisch erfahren werden.

Zwischenfazit: Kulturelle Bildung im Rahmen touristischer Besuche von Museen, Schlössern und anderen Kultureinrichtungen
Kulturelle Bildung im Kulturtourismus kann also dann stattfinden, wenn im Sinne Johns Orte so „merk-würdig" inszeniert werden, dass sie eine kulturelle Differenzerfahrung auslösen, die sowohl emotional erlebt wie kognitiv verarbeitet wird, weil sie dazu anregt, dass der Betrachter eigene Fragen an den Gegenstand stellt

Befragungen von Museumsbesuchern zeigen, dass nach einem Museumsbesuch selten konkrete Wissenszuwächse festzustellen sind, viel mehr jedoch starke emotionale und sinnlich-ästhetische Eindrücke bleiben können, die Dinge in einem anderen Licht zeigen und Interesse wecken, sich weiter mit den Gegenständen zu beschäftigen. Genau das macht Kulturelle Bildung aus, dass es nicht primär um Lernen von Inhalten geht, sondern viel mehr um Perspektivenerweiterung, Einstellungsveränderungen, Stimulanz von Interesse an der Welt.

Damit diese kulturellen Bildungsprozesse nicht nur zufällig stattfinden, sollten Kulturanbieter ihre Vermittlungsziele und -strategien sehr bewusst planen für ihre spezifischen Inhalte und ästhetischen Gegenstände, gerade dann, wenn diese in ein unterhaltungsorientiertes Freizeitsetting für vorwiegend touristische Besucher eingebunden sind – damit mehr als wirkungslose Unterhaltung ausgelöst werden kann.

4.3 Studienreisen und Ethnien-Kultur-Tourismus

Obwohl es in Deutschland ca. 260 Anbieter von Studieneisen gibt, konzentriert sich das Hauptgeschäft auf einige wenige große und bekannte Veranstalter. Marktführer ist Studiosus mit knapp 100.000 Teilnehmern pro Jahr, gefolgt von Gebecco/Dr. Tigges/TUI mit ca. 60.000 Teilnehmern (vgl. Dokumentation Deutsche Veranstalter, Hamburg 2006). Der gesamte Reisemarkt der Studienreiseveranstalter wird auf jährlich ca. 500.000 Urlauber geschätzt (Steinecke 2007, S. 278).

> „Eine Studienreise ist eine Gruppenreise mit begrenzter Teilnehmerzahl, festgelegtem Reiseverlauf sowie deutschsprachiger, fachlich qualifizierter Reiseleitung" (Arbeitsgemeinschaft Studienreise, Dietsch, 2000, S. 76)

Teilnehmern von Studienreisen sind mehrheitlich höher gebildet und eher älter, so das Ergebnis früherer Erhebungen (Steinecke 2007, S. 279), es sind jedoch in den letzten Jahren Veränderungen in Richtung einer größeren Teilnehmervielfalt erkennbar.

Die Angebote der führenden Studienreiseveranstalter in Deutschland lassen einen deutlichen Trend erkennen: Weg von der klassischen Studienreise hin zur erlebnisorientierten Kulturreise. „Ein frischer Wind weht durch die Studienreise: Sie darf Spaß machen, ist erlebnisreich und unterhaltsam. (....) Die moderne Studienreise ist eine intelligente Form des Urlaubs. Sie ermöglicht eine intensive Begegnung mit dem Gastland, indem sie gegenwärtige Lebenssituationen und Kultur aufzeigt, Bezug zur Vergangenheit herstellt und dieses zu einem Erlebnis für alle Sinne werden lässt", so etwa das Leitbild von Studiosus (Krohm, 2007, S. 99). Offensichtlich geht damit auch das Klientel der Studienreise inzwischen über das traditionelle Bildungsbürgertum hinaus und umfasst auch Menschen, die nicht primär kulturell motiviert sind, sondern z.B. auch das Gruppenerlebnis im Rahmen einer Studienreise ebenso suchen wie die perfekte Organisation aller Rahmenbedingungen, was gerade in Ländern, deren Sprache man nicht kennt, sehr erleichternd ist.

Den zunehmend differenzierten Bedürfnissen von Studienreiseteilnehmern entspricht auch die immer breitere Palette an Angeboten. So unterscheidet Studiosus inzwischen zehn verschiedene Formate seiner Studienreisen, von der Wander- über die Expeditions- bis hin zur Kreuzfahrtstudienreise.

Als Trends im Studienreisemarkt sieht Steinecke: 1. Die klassische Studienreise wird weiterhin gut nachgefragt werden; 2. Zugleich kommt es zu einer Individualisierung der Studienreise mit mehr Freiräumen; 3. Sinnstiftungselemente jenseits von kognitiven Inhalten werden eine stärke Bedeutung erlangen; 4. Zunehmend neue Destinationen werden für die Studienreise jenseits der klassischen Kulturorte erschlossen und neue, innovative Produkte und Routen entwickelt (Steinecke 2007, S. 283) .

Die Reiseleitung ist die Schlüsselfigur einer Studienreise, darüber sind sich alle Experten einig. Sie muss kulturelle Sehenswürdigkeiten ebenso sachkompetent vermitteln können wie über interkulturelles Wissen verfügen, sie muss Kommunikationsprozesse in der Gruppe erfolgreich steuern und jeden Teilnehmer einbeziehen können, und sie braucht Organisationstalent. „Der entscheidende Faktor für den Erfolg einer Studienreise ist der Reiseleiter. (...) Die Ausbildung des Reiseleiters muss so angelegt sein, dass er neben einem ausreichenden Einblick in die Werte, Verhaltensnormen und Umgangsformen der fremden Kultur einige Fertigkeiten erwirbt, um sich eine nicht-direktive Art der Gruppenleitung anzueignen, um den Teilnehmern zwanglose Anregungen für die Selbstentscheidung und das Sammeln von neuen Erfahrungen geben zu können" (Hartmann 1982, S. 75).

Für den Reiseleiter als multifunktionalen Kulturvermittler gibt es keine zertifizierte Ausbildung, vielmehr bilden die Reiseveranstalter ihr Personal selbst weiter. Studienreiseleiter ist kein feststehendes Berufsbild, jeder kann Reiseleiter werden und sich so nennen (vgl. Verband der StudienreiseleiterInnen, Kapitel 3).

Die Reiseleitung, ihre Persönlichkeit und die Kompetenz, anschaulich zu vermitteln, hat sich auch in den Evaluationen des Studienreiseunternehmens Studiosus als wesentlicher Faktor für die Zufriedenheit der Teilnehmer erwiesen. Studiosus, Marktführer nicht nur in Deutschland, sondern auch in Europa mit 300 angestellten Reiseleitern, hat als einziger Reiseveranstalter in Europa eine eigene Ausbildung mit Qualitätsmanagementsystem entwickelt. Die Reiseleiter von Studiosus sind darin aufgefordert, nicht nur Frontalvorträge zu halten, sondern die Teilnehmer zu eigenen Entdeckungen zu aktivieren. Das Ziel kultureller und mehr noch interKultureller Bildung wird bei Studiosus explizit genannt: „Ziel von Kulturvermittlung bei Studiosus ist es Augen zu öffnen, neue Perspektiven kennen zu lernen, Interesse und Verständnis für andere Lebensweisen zu entwickeln" (vgl. Experteninterview Studiosus Kapitel 5).
 Die Analyse von Reisebeschreibungen in den Katalogen der beiden großen Anbieter Studiosus und Gebecco/Dr. Tigges zeigt deutlich eine stärkere Hinwendung zur Alltagskultur und aktuellen Kultur eines Landes. Zudem gibt es in fast allen beschriebenen Reisen auch Freiräume für eigene Aktionen der Teilnehmer. Betont werden außerdem erholungsorientierte Elemente wie „gutes Essen", „schönes Ambiente" der Hotels, Möglichkeiten zum „Baden und Sonnen" oder „Einkaufsbummel".

Wie die Befragung der Studiosus-Geschäftsführung ergab, hat sich das Klientel von Studiosus in den letzten zehn Jahren deutlich erweitert und ist nicht mehr auf die spezifisch kunsthistorisch interessierten, hoch Gebildeten beschränkt. Aufgrund des Feedbacks der Teilnehmer, das seit den ersten Studiosus-Reisen systematisch ausgewertet wird, konnte der Veranstalter feststellen, dass sich mit der Erweiterung der Milieus auch die Interessen der Teilnehmer erweitert haben. Statt sich nur mit alter Kultur und Kunstgeschichte zu beschäftigen, erwarten sie ebenso die Vermittlung von und Zugänge zur Alltags- und Gegenwartskultur eines Landes.

Die Reiseleiter würden immer stärker zu „Animateuren und Ratgebern", so die Erfahrung von Juliane Güde, Vorsitzende des Verbandes der Studienreiseleiter in Deutschland. Teilnehmer von Studienreisen wären nicht mehr bereit, sich auf detaillierte kunsthistorische Vorträge einzulassen, sondern würden lebendige, kurzweilige und kompakte Vermittlung von Informationen erwarten sowie Tipps für eigene Erkundungen und Möglichkeiten zum Shoppen, gute Kneipen etc. „Die klassische Studienreise mit vielen kunsthistorischen Details ist schon seit vielen Jahren nicht mehr gefragt. Nun bekommen die Gäste mehr Möglichkeiten, aus dem starren Programm auszuscheren und auch einmal etwas auf eigene Faust zu unternehmen. Die Reiseleiter werden so auch zu Animateuren und Ratgebern" (Süddeutsche Zeitung 2010).

Diesem Trend trägt Studiosus z.B. dadurch Rechnung, dass es die sogenannten „Extratouren" in seine Programme aufgenommen hat, wo Touristen nach Vorschlägen der Reiseleiter Zeit für eigene Erkundungen haben.

Ob, und wenn ja, wie gelingt es den kommerziellen Studienreise-Veranstaltern, neue Formen der erlebnisorientierten Kulturvermittlung zu entwickeln, bei denen Interesse an Kunst und Architektur ebenso geweckt wird wie das Interesse für ethnische kulturelle Unterschiede?

Im Katalog von Studiosus werden „vier Elemente für die moderne Studienreise" benannt:
„Dem Leben begegnen", also aktuelle und Alltagskultur des bereisten Landes kennen lernen, „Kultur erleben" in Form der wichtigsten Sehenswürdigkeiten, die jedoch immer bei den Erfahrungen und Interessen der Teilnehmer ansetzen, indem Brücken von der Vergangenheit zur Gegenwart und vom fremden zum eigenen Land geschlagen werden, „Entspannung genießen" durch Zeit für eigene Erkundungen und Erholung, „Rücksicht nehmen" durch sozial verantwortliches und Umwelt schonendes Reisen.

Insgesamt ist also ein Trend feststellbar von der bildungsbürgerlichen Studienreise, die sich auf die kunsthistorisch relevanten Relikten des kulturellen Erbes fokussiert, hin zur lebensweltorientierten Urlaubsreise, die auch Gegenwartskultur in den Blick nimmt und Freiräume lässt für interkulturelle Begegnungen. Zugespitzt ließe sich also von einem Wechsel vom „Sight-Seeing" zum „Life-Seeing" sprechen (vgl. Goethe 2002, S. 19).

Ethnien-Kultur-Tourismus/Fernstudienreisen
Eine spezifische Form der Studienreise ist diejenige, bei der es darum geht, die Alltagskultur, Religion und Natur einer von Europa weit entfernten Region kennen zu lernen.
„Ethnien-Tourismus ist internationaler Tourismus, dem das Motiv „Land und Leute kennen zu lernen" zugrunde liegt. Im Unterschied zum Geschichts-, Naturerbe- und Kulturerbe-Tourismus ist der Ethnien-Tourismus mit dem Wunsch verbunden, möglichst realistisch zu erfahren, wie die Menschen dort leben" (Steckenbauer 2004, S. 11).
Ein anderer Begriff dafür ist der der „Organisierten Gruppenfernreise", die über einen festen Verlauf und Programm verfügt, von einer fachlich qualifizierten Reiseleitung geführt wird, aber auch eine Urlaubsreise ist in ein Land, das nicht zu den westlichen Industrienationen zählt und häufig in einem postkolonialen Verhältnis zu diesen steht.
Während solche Reisen in sogenannte „Dritt-Welt-Länder" von erfahrenen „Travellern" individuell organisiert werden, gibt es viele Touristen, die sich in solchen Ländern, die sehr starke Unterschiede zum Herkunftsland aufweisen, lieber einer Reiseleitung anvertrauen, die organisatorische und inhaltliche Vermittlung leisten kann, und deswegen eine Fern-Studienreise buchen.

4. Strategien und Potentiale in einzelnen Formaten

Auf welche Weise sind kulturelle und vor allem interKulturelle Bildungsprozesse auf organisierten Fernreisen möglich? Tragen diese zur „Völkerverständigung" bei? Sind Reiseleitung und Gruppe dabei hilfreich oder eher hinderlich?

Zur Frage der Völkerverständigung auf Bildungsreisen hat Hartmann in Befragungen von Teilnehmern herausgefunden, dass damit folgende positive Auswirkungen verbunden sind:

„Zunahme von Sympathie bzw. von positiven Urteilen gegenüber anderen Völkern, differenziertere Urteilsweise, Abnahme von Vereinfachungen und Pauschalisierungen, Zunahme von Wissen über das besuchte Land, realitätsnähere Vorstellungen, Rücknahme eines übersteigert positiven Selbstbildes der Deutschen, Anstöße für weitergehende Beschäftigung mit dem besuchten Land. (…) Man kann also sagen, dass Urlaubsreisen im Ausland durchaus zur Verständigung mit anderen Völkern beitragen, wenn von vornherein die Überzeugung vorhanden ist, dass ein solches Verständnis etwas Erstrebenswertes ist" (Hartmann 1982, S. 73/68).

Diese positiven Wirkungen würden am ehesten eintreten, wenn es in der Programmgestaltung Freiraum für eigene Aktivitäten der Teilnehmer gibt und wenn den Teilnehmern die Möglichkeit gegeben wird, ihre Eindrücke mit einem Reiseleiter zu besprechen.

Dabei spiele auch der Bildungsgrad eine Rolle, je höher die Bildung, um so sensibler seien Teilnehmer für Erfahrungen, die Vorurteile verändern. Auch das Alter spiele eine Rolle: Vor allem junge Menschen „nehmen die Reise bewusst oder unbewusst als eine Gelegenheit zur Entwicklung der eigenen Persönlichkeit wahr" (Hartmann 1982, S. 71).

Die Studie zeigte auch, dass ein tieferes Interesse und Verständnis für Land und Menschen sich vorwiegend im Laufe wiederholter Aufenthalte herausbilde: „Es ist gerade nicht der unmittelbare Reiz des Fremdartigen, der das tiefere menschliche Interesse wachruft, sondern ein erwachendes Verständnis, bei dem man in der Lage ist, auch das Alltägliche im Ausland zu erkennen" (Hartmann 1982, S. 71). Erst durch Vertrautheit und vor allem intensivere Kontakte und Freundschaften entwickle sich Verständnis für andere Länder.

Die „traditionellen" Teilnehmer von Studienreisen hätten eher ein Interesse an künstlerischen und kulturellen Manifestationen eines bereisten Landes denn an Gegenwartskultur, so zeigt die Studie Hartmanns weiter.

„Dies ist oft ein sehr spezialisiertes Interesse. Jedoch bringen diese Personen nicht selten zum Ausdruck, dass in der Gestalt der Kunstwerke das Wesen eines Volkes spürbar werde und dass man auf diese Weise viel über die andere Seinsweise der Menschen außerhalb unseres eigenen Erfahrungskreises lernen könne. Mit ‚lernen' ist hier einerseits das Beeindrucktwerden durch die eigene Anschauung der Kunst- und Kulturdenkmäler gemeint, andererseits gedankliche Schlussfolgerungen, die man aufgrund der eigenen Vorstellungen über den Zusammenhang von Kultur und Volk zieht. (…) Die ästhetisch Interessierten, die in dieser Untersuchung erfasst wurden, sind durchweg ungewöhnlich tolerant. (…)Die Schwierigkeit für das Verständnis anderer Völker auf dem

Umweg über Kunst und Kultur besteht darin, dass die Anschauungsobjekte Zeugnisse der Vergangenheit eines Kulturraums sind. (...) Wenn man von daher eine Verbindung zu den heute dort lebenden Menschen ziehen will, so kann dies ein unrealistisches Bild ergeben" (Hartmann 1982, S. 70).

Solche Bildungsreisen, die sich vorwiegend auf vergangene Kultur des bereisten Landes beziehen, würden bevorzugt von älteren Touristen wahrgenommen. Ihre „Hinwendungen zu den Schöpfungen der Kultur weist auf ein inneres Abstandnehmen von den unmittelbaren Forderungen des Tages."(Hartmann 1982, S. 72). Bei jüngeren Reisenden hingegen sei ein verstärktes Interesse an der Gegenwart und an Begegnungen mit den Menschen eines Landes vorhanden.

Auch eine EU-Studie zum Interesse an kulturtouristischen Formaten zeigt, dass ältere Touristen stärker an historischen kulturellen Sehenswürdigkeiten interessiert sind, während jüngere Touristen sich eher für populärkulturelle Attraktionen interessierten (ETC: City Tourism and Culture, 2005, S. 20).

Teilnehmende Beobachtung und Befragung der Teilnehmer einer Kultur- und Studienreise nach St. Petersburg durch die Autorin September 2011
Was erwarten die Teilnehmer von Studienreisen? Was erinnern sie als besonders eindrucksvoll? Welche Art der Vermittlungsleistung bewerten sie besonders positiv? Welche Indizien gibt es dafür, dass Prozesse Kultureller Bildung stattgefunden haben?

Die 24 Teilnehmer einer Reise nach St. Petersburg im September 2011 wurden von der Autorin während des gesamten Reiseverlaufs beobachtet und am Ende der Reise mittels eines teilstandardisierten Fragebogens zu ihren Eindrücken befragt.

Die fünftägige Studienreise wurde in der Wochenzeitung „Die ZEIT" unter dem romantisierenden Titel „St. Petersburg, Venedig des Nordens" ausgeschrieben. Während der Titel eher die ästhetische Dimension eines von Meer und alten Palästen dominierten schönen Stadtbildes betont, verwies die Beschreibung der Programminhalte deutlich auch auf gesellschaftspolitische Inhalte der Reise.

Die Reise umfasste sowohl eine Stadtrundfahrt durch die verschiedenen Bezirke der sehr weitläufigen Stadt wie die Besichtigungen von Kirchen und Kathedralen einschließlich der Teilnahme an einem russisch-orthodoxen Gottesdienst, wie vor allem die Besichtigung von Zarenpalästen innerhalb und außerhalb der Stadt mit ihren großen Kunstsammlungen, allen voran die Eremitage mit ihrer ca. eine Million Kunstwerke umfassenden Sammlung.

Darüber hinaus gab es zahlreiche Begegnungen und Gespräche mit Vertretern verschiedener Institutionen in St. Petersburg. Ein Mönch des ältesten Klosters der Stadt berichtete über das Leben russischer Kirchenvertreter zur Zeit der Sowjetunion, ein ehrenamtlicher Mitarbeiter der Menschenrechtsorganisation Memorial sprach über Bemühungen, Entschädigungszahlen für Verfolgte der Sowjetdiktatur geltend zu machen. Es gab ein Gespräch mit einer Vertreterin des Kulturvereins der Deutsch-Russen einschließlich einer Führung durch eine Ausstellung über das Wirken deutscher Wissenschaftler und Kulturschaffender in Russland sowie eine Diskussion mit der Chefredakteurin einer staatlich finanzierten Zeitung.

Im Rahmen von Atelierbesuchen konnten Gespräche mit drei bildenden Künstlern geführt werden.

Außerdem wurde die Reisegruppe einen ganzen Tag lang vom Auslandskorrespondenten der ZEIT begleitet, der über vielfältigste politische Aspekte des Lebens in Russland berichtete und die unterschiedlichsten Fragen der Teilnehmer über Politik und Alltagsleben in Russland beantwortete.

Nicht zuletzt gab es die Möglichkeit für direkten Austausch und Fragen bei einem Abendessen mit russischen Familien, die in kleinen Gruppen in einer Hochhaussiedlung eines Vorortes von St. Petersburg stattfanden.

Mit Ausnahme von drei Teilnehmern handelte es sich bei der Reisegruppe um Rentner, zumeist Ehepaare, sowie sechs alleinstehende Frauen. Mit vier Ausnahmen hatten alle Teilnehmer einen Hochschulabschluss. Alle besuchen auch zu Hause häufig Veranstaltungen im Bereich der Hochkultur. Eine solche Bildungsreise zieht also offensichtlich immer noch ausschließlich das traditionelle Bildungsbürgertum an, was auch mit dem eher hohen Preis der Reise zusammenhängen dürfte sowie mit der Bewerbung in der ZEIT.

Mehrere Teilnehmer betonten jedoch, dass sie erst seit Renteneintritt auch zu Hause regelmäßig Kulturangebote besuchten, wohingegen sie früher aus Zeitmangel nur auf Reisen in Museen gegangen seien.

Motivationen für Teilnahme an einer Studien-Gruppen-Reise

Fast alle nannten als Grund für ihre Teilnahme den Vorteil eines kompakten Programms, das einen Gesamtüberblick der Stadt ermöglicht sowie den einer professionellen Organisation, die vor allem angesichts fehlender russischer Sprachkenntnisse individuell nicht zu leisten sei. Die Entscheidung speziell für diese Reise lag mehrheitlich in ihrer Vielfalt an kulturhistorischen, kunsthistorischen, politischen, religiösen und sozialen Dimensionen begründet. Vor allem die Möglichkeit, mit dem Auslandskorrespondenten der ZEIT einen gesamten Tag verbringen zu können sowie das Abendessen in einer russischen Familie wurden als weitere Vorzüge genannt, die für Individualtouristen nicht zu organisieren wären.

Kein Grund waren die durch eine Gruppenreise ermöglichten sozialen Kontakte mit Mitreisenden. Der Aspekt der Geselligkeit steht bei dieser Art von Bildungsreisenden offensichtlich hinter inhaltlichen Interessen.

Höhepunkte der Reise aus Sicht der Teilnehmer

Folgende Aspekte haben die Teilnehmer am meisten beeindruckt am Ende ihrer Reise, sortiert nach Häufigkeit der Nennung:
1. Stadtbild: Monumentalität/Pracht und Weiträumigkeit der Stadt
2. Die untergegangene Zaren-Herrlichkeit, die Paläste in ihrem „unvorstellbaren Luxus"
3. Hintergrund-Gespräche mit dem Auslandskorrespondenten der ZEIT
4. Abendessen in der russischen Familie und persönliche Kontakte
5. Eremitage mit ihrem „unfassbar großen Reichtum an Kunstschätzen"
6. Russisches Museum mit Kunstwerken, die „die russische Seele widerspiegeln"
7. Die russisch-orthodoxen Gottesdienste mit ihren „schönen Chorgesängen und eindrucksvollen Stimmen"

An erster Stelle wird die ästhetische Dimension der monumentalen, weitläufigen, durchweg historisch erhaltenen Stadtarchitektur genannt, die auf den einzelnen fast erschlagend wirkte. Und auch an zweiter Stelle wird die als sehr eindrucksvoll empfundene ästhetische Erfahrung eines „unvorstellbaren Luxus" in den Palästen voller Kunstwerke, Deckengemälde, Kronleuchter, goldgerahmter Möbelstücke, diamantenbesetzter Accessoires etc. genannt.

Daraufhin folgen die direkten Kontakte mit Menschen des anderen Landes bzw. mit einem umfassend informierten Vermittler, dem seit 15 Jahren in Russland lebenden ZEIT-Korrespondenten, der sämtliche auf der Reise aufkommenden Fragen kompetent zu beantworten wusste.

Und auch Kunstwerke explizit von russischen Malern vor allem des 19. Jahrhunderts werden als nachdrücklich beeindruckend genannt, einige der befragten Teilnehmer sagten, dass sie in der russischen Malerei etwas von der „russischen Seele" erkennen würden, Kunst spiegele auf einer emotionalen und ästhetischen Ebene bestimmte Charakteristika der Mentalität und Kultur eines Landes wieder. Schließlich wurden die Chorgesänge, die in allen orthodoxen Gotteshäusern allgegenwärtig waren, als Teil gelebter Kultur emotional berührend und ästhetisch bereichernd empfunden.

Was hat den Teilnehmern nicht gefallen?
Die Programmpunkte, die von allen übereinstimmend als einzige schlecht bewertet wurden, waren der Besuch eines Kaufhauses, der als reine Konsumveranstaltung ohne inhaltlich interessante oder ästhetisch besondere Aspekte wahrgenommen wurde.

Einige kritische Anmerkungen gab es auch zu den Atelierbesuchen bei den jungen Petersburger Künstlern, deren Arbeiten als nicht professionell genug und nicht relevant angesehen wurden. Offensichtlich bedarf es der „kunsthistorischen" Legitimation, damit etwas als „wertvoll" gilt, die bei junger zeitgenössischer Kunst noch nicht gegeben ist.

Ebenfalls nicht gefallen hat den Teilnehmern die Essensituation im Hotel im einem sehr großen, kalten, Speisesaal mit der Aura einer Großkantine aus Sowjetzeiten, denn alle waren die Ansicht, dass Mahlzeiten auf Reisen nicht nur Nahrungsaufnahme seien, sondern Bestandteil des Gesamterlebnis und darum auch in einer stimmungsvollen, schönen Atmosphäre stattfinden sollten. Entsprechend gut gefiel allen das erste Mittagessen in einem urigen Restaurant, wo es verschiedene Versionen von schmackhaften Piroggen gab, einer russischen Spezialität.

Was hat die Teilnehmer am meisten überrascht?
1. Der gute Renovierungszustand der Stadt und die Sauberkeit
2. Gar nichts, das Gesehene und Erfahrene entsprach den Vorstellungen, da man sich vorab bereits gut informiert hatte
3. Der Luxus der Herrschenden, der in der großen architektonischen und künstlerischen Pracht sichtbar werde
4. Das extrem hohe Preisniveau bei gleichzeitig niedrigen Einkommen der Bevölkerung

Überrascht hat die Teilnehmer insgesamt wenig, viele sagten, dass das Gesehene und Erfahrene ihren Vorstellungsbildern entspräche, auch deswegen, weil sich alle auf ihre Reise vorbereitet hatten und schon vorab Artikel zur wirtschaftlichen, sozialen, politischen Lage sowie kulturhistorische Reiseführer gelesen hatten. Positiv überrascht waren die meisten vom hohen Renovierungsstand, der Sauberkeit und gefühlten Sicherheit in der Stadt, die ihren Bildern von einem chaotischen, dreckigen, kriminellen Rußland nicht entsprachen. Negativ berührt waren alle von den sehr hohen Preisen in Cafes, Supermärkten etc.

Was fanden die Teilnehmer so anregend, dass sie sich auch zu Hause weiter damit beschäftigen wollen?
1. Literatur russischer Dichter, aus der die Reiseleitung häufig zitierte
2. Geschichte der Zarenhäuser vertiefen
3. Weitere Beschäftigung mit russischer Malerei
4. Vertieftes Interesse an aktueller gesellschaftspolitischer Situation in Russland

Vor allem die häufig eingeflossenen literarischen Zitate der Reiseleitung waren für viele der Teilnehmer Anregung, um sich zu Hause weiter mit der Literatur der zitierten Dichter zu beschäftigen.

Aber auch andere ästhetische Eindrücke machten offensichtlich Lust auf eine vertiefte Beschäftigung zu Hause etwa mit russischer Malerei. Die detailreichen Geschichten über die Zarenfamilien regten dazu an, mehr darüber zu lesen. Neue kulturelle Interessen konnten also initiiert werden.

Darüber hinaus sagten fast alle, dass sie ein vertieftes Verständnis für die aktuelle gesellschaftspolitische Situation der „Demokratur" Russland (Zitat der Reiseleitung) gewonnen hätten und sie zukünftig mit besonderem Interesse die Nachrichten über Russland verfolgen würden.

Allgemeine Erkenntnisse, die auf der Reise gewonnen wurden:
Auf die Frage, was sie auf dieser Reise gelernt haben, wurden einige übergreifende Erkenntnisse genannt: „dass die Pracht und der Luxus der Mächtigen zu allen Zeiten auf Ausbeutung des einfachen Volkes basiert"; „dass die neuen Reichen sich nicht grundsätzlich von den alten Reichen unterscheiden", „dass Russland kulturhistorisch zutiefst mit Westeuropa verbunden war", „dass es für die Herrschenden immer sehr wichtig war, sich mit Kunst zu umgeben, dass auch Gebrauchsgegenstände immer aufwändig künstlerisch gestaltet waren", „dass immer noch sehr viel Sowjetunion im heutigen Russland steckt".

Auffällig war, dass die meisten Teilnehmer ihr Russlandbild noch immer an der Diktatur der Stalinzeit und der Sowjetunion festmachen und sich ein Großteil der Fragen an die verschiedenen Gesprächspartner vor Ort nach Veränderungen bzw. Kontinuität gegenüber der Sowjetunion richteten, Fragen nach politischer Unterdrückung und Korruption, die sie auch im heutigen Russland vermuteten. Dieses Bild wurde für die meisten bestätigt.

Wie hat den Teilnehmern die Art und Weise der Vermittlung der Reiseleitung gefallen?
Ausnahmslos alle waren sehr begeistert von der russischen Reiseleiterin. Als Gründe für die sehr positive Beurteilung wurden genannt:
1. Ihr breites Wissen zu den verschiedenen Dimensionen russischen Lebens von der Kunst- und Literaturgeschichte bis zu wirtschaftspolitischen Fragen
2. Die Offenheit, mit der sie über Probleme der „Demokratur Russland" spricht
3. Das Einbringen verschiedener Aspekte des Alltagslebens und ihres eigenen Lebens
4. Die vielen Anekdoten und Witze, der Humor der Reiseleitung
5. Die spannenden Geschichten und Details zum (Privat-)Leben der Mitglieder der Zarenfamilie
6. Ihr literarisches Wissen und ihre vielen Zitate und Gedichte von Tolstoi, Dostojewski, Puschkin

Es erweist sich offensichtlich als großer Vorteil, wenn die Reiseleitung aus dem besuchten Land stammt und auch aus persönlicher Erfahrung von den verschiedensten Aspekten des Alltagslebens berichten kann.

Als didaktisch wertvoll zeigt sich auch hier das Erzählen von Geschichten als Vermittlung von Geschichte. Wie in einem Fortsetzungsroman griff die Reiseleitung bestimmte private Gegebenheiten im Leben der Zaren immer wieder auf, erzählte sie weiter und verband sie mit der „großen Geschichte" Russlands. Ebenfalls sehr hilfreich, um Geschichte zu vermitteln, war das Einfließen von anschaulichen Details wie beispielsweise, dass die Zarenfamilie in ihrem Gefängnis vor ihrer Erschießung durch die Revolutionäre mit ihren Bewachern aus einem Topf essen musste mit bloßen Händen, was für die Luxus verwöhnte Adelsfamilie eine große Pein war.

Auch kunsthistorische Führungen etwa entlang der unterschiedlichen Epochen italienischer, französischer und russischer Malerei verloren sich nie in rein kunstimmanenten Details, sondern wurden durch die Reiseleitung in Beschreibungen des persönlichen und zeitpolitischen Kontextes der Maler oder der Sammler eingebunden.

Anekdoten und Witze, die etwas über russische Mentalität aussagen, wurden dankbar angenommen.

Besondern gefallen hat den Teilnehmern die von der Reiseleitung zitierten literarischen Beschreibungen St. Petersburg unterschiedlicher russischer Dichter.

Auch die „Vermittlung" russisch-orthodoxer Kirchen über den Gesang eines Chores hinterließ nachhaltig Eindruck bei den Reiseteilnehmern. Neben der humorvollen, offenen und vielseitig gebildeten Reiseleitung erwiesen sich also die Künste als sehr geeignet, die Kultur der Stadt und des Landes nicht nur auf der kognitiven, sondern auch auf der emotionalen Ebene zu vermitteln.

Qualitätskriterien für Kulturvermittlung auf Studien-/Gruppenreisen
Es zeigt sich, dass eine Studienreiseleitung über vielfältigstes Wissen und Interessen, weit über kunsthistorische Kenntnisse hinaus, verfügen muss, ebenso wie über die Fähigkeit, interkulturelle Reflexionsprozesse anzuleiten und als kritischer, kennt-

nis- und erfahrungsreicher, interkulturell geschulter Dialogpartner für die Teilnehmer zur Verfügung zu stehen.

Wenn die Reiseleitung nicht sogar selbst aus dem bereisten Land ist, so sollte sie doch zumindest dort über gute Kontakte verfügen, die sie in die Gruppe einbringen kann.

Besonders gewinnbringend für individuelle Prozesse Kultureller Bildung sind Studienreisen dann, wenn sie neben organisierten Programmpunkten Freiraum für eigene Aktivitäten und die Entwicklung eigener Fragestellungen lassen.

Künstlerischer Elemente wie Musik oder Literatur des bereisten Landes erweisen sich als positive Stimulanz für ein vertieftes, auch emotional geprägtes Verständnis des Landes.

Ergebnisse der Befragung der Teilnehmer einer Ethnien-Trecking-Kultur-Reise nach Nepal
Florian Gründel hat im Rahmen seiner Diplomarbeit an der Universität Hildesheim insgesamt 20 Touristen, die in den Jahren 2007 bis 2010 an einer dreiwöchigen Trecking-Kulturreise nach Nepal teilnahmen, rückwirkend mit zeitlichem Abstand schriftlich dazu befragt, welche Erwartungen sie an die Reise hatten, welche Vorstellungsbilder über Land und Leute bestätigt wurden und welche neuen Einsichten es gab, welche Situationen und welche Art der interkulturellen Begegnung am nachdrücklichsten bzw. welche am positivsten und welche am negativsten erinnert wurden und welche Rolle die Reiseleitung als interkultureller Vermittler aus ihrer Sicht hatte (Gründel 2011).

Da der Autor selbst diese Reise gemeinsam mit seinem Vater durchführte, hatte er das notwendige Hintergrundwissen, um die geschilderten Begegnungen einordnen zu können.

Die Teilnehmer sind im Durchschnitt über 50 Jahre alt und 15 von 20 besitzen einen Hochschulabschluss, womit sie den Teilnehmern von Studienreisen insgesamt entsprechen.

Motivation für die Teilnahme
Für 13 der 20 Befragten lag die zentrale Motivation zur Teilnahme an der Reise im Kennenlernen der fremden Kultur und dem Kontakt zu den Menschen vor Ort. 11 von 20 betonten auch das Interesse an der Religion und Spiritualität in Nepal. Auffällig dabei ist, dass sich fast alle Touristen sehr für den Buddhismus interessierten, den sie positiv idealisierend mit Nepal verbanden, obwohl de facto die meisten der Nepalesen Hindus sind. An zweiter Stelle lag das Motiv des Wanderns in der Himalayaregion als höchstem Gebirge der Welt.

Was hat die Teilnehmer am meisten überrascht?
Bei der Frage, welche Momente es während der Reise gab, die mit bestehenden Vorstellungen und Vorkenntnissen gebrochen haben, wurden neben dem starken Autoverkehr in einigen Städten, der nicht zur Vorstellung der Zivilisationsferne passte, auch mehrfach der erlebte „Drill" in einer Schule genannt, der nicht dem mitgebrach-

ten Image vom sanftmütigen Asiaten entsprach. Als nicht erwartet wurde auch eine Großdemonstration von Gewerkschaftern genannt.

Gerade in diesen Situationen sei es sehr hilfreich gewesen, die unerwarteten und irritierenden Wahrnehmungen mit der Reiseleitung zu besprechen und von dieser Erklärungen und Hintergrundinformationen zu erfahren, um das Unerwartete einordnen zu können.

Wie hat den Teilnehmern die Art der Vermittlung gefallen?
Die Reiseleitung wird ausnahmslos von allen Teilnehmern als wichtigster Part der von ihnen sehr positiv gewerteten Reise genannt, wobei vor allem folgende Aspekte besonders hervorgehoben wurden:
1. Dass diese über differenzierte Kenntnis von Land und Leuten sowie vor allem über aktuelles Hintergrundwissen zu sozialen, politischen, kulturellen Entwicklungen verfügt und dieses den Teilnehmern gut vermitteln konnte.
2. Dass sie nicht nur Fakten vermittelte, sondern auch Geschichten, Gedichte, Parabeln, Musik des Landes einbrachte.
3. Dass sie auch für Einzelgespräche zur Verfügung stand.
4. Dass diese bereits in einem Vorbereitungstreffen Hintergründe vermittelte und ein Nachbereitungstreffen zur Reflexion der gemeinsamen Erfahrungen anbot.
5. Dass diese über gute persönliche Kontakte und „Vertrauensverhältnisse" zu verschiedenen Einheimischen verfügte, von denen die Mitglieder der Reisegruppe profitierten.
6. Als bereichernd für interkulturelle Begegnungen erwies sich dabei die Kombination aus älterer und jüngerer Reiseleitung, da diese unterschiedliche Kontakte zu Einheimischen hatten und unterschiedliche Perspektiven auf das Land zeigen konnten.

Welche der interkulturellen Begegnungen hat die Teilnehmer am stärksten beeindruckt?
Bei der Frage danach, welche Begegnungen mit Bewohnern Nepals als besonders positiv und intensiv erinnert wurden, nannten 12 von 20 den Besuch eines Frauen- und Straßenkinderprojekts, was vor allem auch an den intensiven Gesprächen mit den nepalesischen Organisatoren und Mitarbeitern dieses Projekts lag, die als Austausch „auf Augenhöhe" empfunden wurden, u.a. weil man sich auf englisch verständigen konnte und so eine dritte, gemeinsame Sprache hatte.

Die am zweithäufigsten genannte positive interkulturelle Begegnung war der sich über die gesamte Tour aufbauende Kontakt zu den nepalesischen Guides und Trägern. Dieser intensivierte sich besonders über „Ausnahmesituationen", wo etwa Regen und Sturm dazu führten, dass alle gemeinsam bei Unterkunft und Essenszubereitung improvisieren mussten oder durch die Natur bedingte Zwangspausen zum gemeinsamen Kartenspiel führte, wo beide Seiten der jeweils anderen ihre Regeln nahebrachten. Als interkulturell bereichernd wurde von einigen Touristen auch das Musizieren und Singen an einigen Abenden genannt, wo die nepalesischen Guides und die Deutschen sich wechselseitig ihre Lieder vortrugen.

Voraussetzung für interkulturelle Begegnung ist, so wird an diesen Beispielen deutlich, dass auch die Touristen ihre „privilegierte Leerstelle" aufgeben und etwas von sich preisgeben und einbringen in das Verhältnis, statt nur die Darbietungen der Einheimischen zu konsumieren. Insgesamt wurden die Momente als besonders positiv erinnert, wo weniger kulturelle Unterschiede als viel mehr Gemeinsamkeiten deutlich wurden.

Als wesentlichen Hinderungsgrund für Begegnungen zu Einheimischen nannten einige der Befragten die Gruppe und bezeichneten die Momente am intensivsten, wo sie alleine unterwegs waren und mit Einheimischen ins Gespräch kamen.

Dabei hatte einer der Reiseteilnehmer eine Begegnung mit einem Einheimischen, die ihm schlagartig das religiös geprägte unterschiedliche Verhältnis zu Relikten des kulturellen Erbes deutlich machte: Vor einer alten Tempelanlage sprach ihn ein hinduistischer Nepalese an: „Die Touristen wollen gerne alles hier erhalten, aber der Hindu weiß, dass alles vergeht und wieder kommt". Dieser Satz des Einheimischen zeigte ihm seinen westlichen Blick und westliche kulturelle Werte auf das bereiste Land.

Als negativ für den interkulturellen Dialog wurden Situationen des „bedrängt Werdens" auf beiden Seiten genannt: Wenn Touristen von Einheimischen bedrängt wurden, etwas zu kaufen, oder wenn Touristen Einheimische mit ihrer Kamera bedrängten. Der Fotoapparat wurde häufiger als Behinderung von Begegnungen genannt, vor allem dann, wenn die gesamte Gruppe damit „bewaffnet" sei, da dieser die Einheimischen zum Objekt degradiere. Befördernd für Kontakte sei auch die wenigstens rudimentäre Kenntnis der einheimischen Sprache, da dies Respekt gegenüber der bereisten Bevölkerung zu Ausdruck bringe.

Qualitätskriterien für die Kulturvermittlung auf Fernreisen/Ethnienreisen
Gründel schlägt auf Grundlage der Ergebnisse der Befragung sowie der Beobachtungen und Erfahrungen als Leiter vieler Nepalreisen folgendes für die (interkulturelle) Kulturvermittlung vor:

Die Reiseleitung sollte bewusst einen weiten, dynamischen Kulturbegriff anwenden, der weder die Kultur des Reiselandes noch die des Herkunftslandes fest schreibt, sondern der ihren prozessualen und konstruktiven Charakter offen leg. Ethnozentristische Verallgemeinerungen und kulturalistische Zuschreibungen sollten vermieden werden.

Informationen sollten nicht nur vermittelt werden, sondern von verschiedenen Interpretationsvorschlägen begleitet sein. „So kann der Blick der Tourist/innen für mögliche kulturelle Mehrfachzugehörigkeiten von Individuen oder Widersprüche innerhalb von Gesellschaften geschärft werden" (Gründel 2011, S. 82). Auch wenn die Reiseleitung auf bestimmte kulturelle Codes und Höflichkeitsformen hinweise, müsse klar sein, dass auch diese nicht als absolut zu betrachten, sondern vielmehr Ausdruck gesellschaftlicher Prozesse und Bedingungen seien.

Eigene Wünsche und Vorstellungen der Teilnehmer, die mit der Reise und interkulturellen Begegnungen verbunden sind, sollten in der Gruppe reflektiert werden.

Es sollten nicht nur Unterschiede zwischen den Kulturen in den Blick genommen, sondern auch Gemeinsamkeiten, die Anknüpfungspunkte für eine interkulturelle Kommunikation bieten können.

Die Reiseleitung sollte die Teilnehmer anregen, in interkulturellen Begegnungen „auch eigene kulturelle Techniken zu präsentieren und Eigenes preiszugeben, anstatt aus einer privilegierten Position heraus die Einheimischen zu beobachten und zu erforschen.

Daraus lässt sich für Vermittlung auch ableiten, dass eine Reiseleitung gelegentlich bewusst auffordern sollte, den Fotoapparat, der bei interkulturellen Begegnungen eher eine voyeuristische Perspektive forciert, in der Unterkunft zu lassen, wie dies etwa bei den Führungen durch den Slum von Mumbai vorgeschrieben ist (vgl. Kapitel 5).

Wichtig sei es, Kontakte zu solchen Einheimischen zu ermöglichen, die trotz ökonomischer Unterschiede nicht zu weit weg sind von den Milieus und Bildungsstatus der Touristen, wie etwa Mitarbeiter von Bildungs- oder Kulturprojekten.

Eine etwas längere Aufenthaltsdauer an einem Ort kann Begegnungen und Kennenlernen sehr befördern (Gründel 2011, S. 81-87).

Als Faktoren für gelingende interkulturelle Kommunikation bei solchen Begegnungen benennen auch Herdin und Luger:

„Ähnlichkeit des sozialen Status der Interagierenden, Ähnlichkeit der Einstellungen, Verfolgen gemeinsamer Ziele, Intensität des Kontakts, Existenz einer akzeptierten Vermittler-Persönlichkeit sowie ein positives soziales Klima" (Herdin/Luger 2001, S. 9).

Diese Faktoren sind in normalen touristischen Fernreise-Settings nur selten zu realisieren, insofern spielt eine Reiseleitung mit guten Kontakten zu entsprechenden Einheimischen eine wesentliche Rolle für den interkulturellen Dialog.

Gründel benennt folgende Kriterien für „Interkulturelle Kompetenz" im Rahmen von Gruppenfernreisen:

„Der interkulturelle Kontakt findet zwischen Individuen statt, die durch mögliche kulturelle Mehrfachzugehörigkeiten ebenso geprägt sind, wie durch die Möglichkeit sich zu entwickeln und zu verändern. Der interkulturelle Kontakt muss sich gegen die im Tourismus bestehende Subjekt-Objekt-Beziehung zwischen Reisenden und Bereisten richten. Das Interesse an der Begegnung muss von beiden Seiten ausgehen, damit ein interkultureller Austausch stattfinden kann" (Gründel 2011, S. 86).

Voraussetzung für interkulturelle Begegnungen ist ein „dynamischer Kulturbegriff", der „Prozesshaftigkeit, kulturelle Mehrfachzugehörigkeit und Konstruktionshaftigkeit" einbezieht und historische Bedingtheit sowie Entwicklungen von Kulturen zeigt. Erst durch einen solchen offenen Kulturbegriff können interkulturelle Begegnungen nicht nur kulturelle Differenzen herausstellen, sondern auch Gemeinsamkeiten entdeckt werden" (Gründel 2011, S. 6).

Folkloristische Veranstaltungen zeigen häufig nur einen kleinen, spezifisch für touristische Kontexte inszenierten Ausschnitt aus der traditionellen Volkskultur, der für das aktuelle kulturelle Leben einer bereisten Region häufig nicht repräsentativ ist, sondern vielmehr die touristischen Wunschbilder einer Tourismusregion widerspiegelt.

Als Gesamtfazit der Befragung ist festzustellen, „dass einige Teilnehmer/innen einen differenzierteren Blick auf die bereiste Gesellschaft richteten und vorherige Zuschreibungen revidierten. Insgesamt sind sie sensibilisiert worden für ethnozentrische und kulturalistische Zuschreibungen" (Gründel 2011, S. 9).

Zwischenfazit: Kulturelle Bildung im Rahmen von Studien-, Kultur- und Fernreisen

Im Vergleich der beiden Studienreisen wird deutlich, dass die Reise nach St. Petersburg direkt an einen westlichen kulturhistorischen Kanon anknüpfte und eher zu einem vertiefenden Verständnis des schon Gewussten führte denn zu wirklich radikalen Differenzerfahrungen. Trotz ihrer Bezüge zur aktuellen Politik des Landes, die von den Teilnehmern mit großem Interesse aufgenommen wurden, lag der Schwerpunkt der Reise und das, was den Teilnehmern eindrücklich in Erinnerung ist, auf kulturhistorischen und ästhetischen Besichtigungen. Das hat sicherlich auch mit der Dominanz der prunkvollen Paläste in St. Petersburg aus der europäisch geprägten Vergangenheit zu tun wie auch damit, dass es sich bei den Teilnehmern überwiegend um klassisch-bildungsbürgerlich orientierte Senioren handelte.

Demgegenüber sind die Nepalreisenden mit sehr viel größeren kulturellen Unterschieden konfrontiert.
Deshalb kam es dort viel stärker zu Differenzerfahrungen und Auseinandersetzungen mit eigenen Vorurteilen, die im direkten interkulturellen Umgang bearbeitet werden können. Da es kaum Vorerfahrungen gab, kam es zu radikaleren neuen Erfahrungen, die dank der kenntnisreichen und für das Thema Interkultur sensiblen Reiseleitung gemeinsam reflektiert wurden, so dass daraus neue Kategorien und Erkenntnisgewinn für die Teilnehmer erwachsen konnten.
InterKulturelle Bildungsprozesse können nur dann stattfinden, wenn Touristen bereit sind, sich ihre mitgebrachten „Wunschbilder" und Vorurteile gegenüber den Einheimischen bewusst zu machen und wenn sie zugleich bereit sind, neu hinzuschauen, auch widersprüchliche Aspekte des bereisten Landes als Teil dessen wahrzunehmen.

Wenn auf einer Reise erfahren wird, dass auch die Kultur eines anderen Kulturkreises kein feststehender Kanon ist, sondern je nach sozialen Milieus unterschiedlich ausgeprägt sowie im stetigen Wandel begriffen ist, können Fernreisen dazu beitragen, interKulturelle Bildungsprozesse in Gang zu setzen, die über das vertiefte Verständnis einer spezifischen Landeskultur hinausgehen und grundsätzlich dazu beitragen, mit einem dynamischen Kulturbegriff umzugehen.

Aus der bewusst reflektierten Revidierung bzw. Erweiterung von mitgebrachten Vorstellungsbildern kann also interKultureller Bildung im Tourismus entstehen, die im besten Falle befähigt, offener und differenzierter mit „Fremdem" generell umzugehen.

InterKulturelle Bildung würde dann über das Verständnis eines anderen Landes hinausgehen und auch einen wandlungsfähigen Blick auf die eigene Kultur und eigene kulturelle Vorstellungen eröffnen (vgl. Gründel 2011, S. 13).

4.4 Kultur-Event-Tourismus in Festivals und (Open Air) Inszenierungen

Der Erlebnisbegriff ist inzwischen zur zentralen Kategorie auf dem Freizeitmarkt und im Tourismus geworden. „Die Freizeitkultur als Subkultur der Erlebnisgesellschaft und Ausgangspunkt für die Ferienkulturen der Quellregionen hat sich zu einer Erlebniskultur entwickelt", konstatiert Opaschowski (2000, S. 54).

„Es werden keine Tourismusprodukte, sondern Tourismuserlebnisse verkauft" (Heinze 2002, S. 122.). Positive Erlebnisse zu haben sei ein wesentliches Motiv der Nachfrager und dementsprechend müssten Tourismusanbieter dafür sorgen, dass diese stattfinden. Kunst und Kultur sind ein sehr wirkungsvolles Medium, um Erlebnisse auszulösen.

Erlebnisse zu schaffen verlange nach Inszenierungen im Tourismus, so Steinecke. Eine Inszenierung ist ein Instrument, um „Besuchern das Kulturerlebnis zeitgemäß zu vermitteln, d.h. sie zu informieren, zu bilden und zu unterhalten" (Steinecke 1999, S. 36). Explizit weist Steinecke darauf hin, dass erlebnisorientierte Inszenierungen eine Form von Kulturvermittlung sind.

Touristische Inszenierung wird von anderen Tourismuswissenschaftlern hingegen als Verlust von Authentizität im Tourismus kritisiert sowie auch als Verhinderung der Aneignung von Kultur im Tourismus (Kramer 1993, S. 33).

Eigens für den Tourismus geschaffene kulturelle Attraktionen treten zunehmend in Konkurrenz zu den traditionellen Kulturangeboten. Einerseits wird die starke Zunahme an Eventkultur durch die Nachfrager der „Erlebnisgesellschaft" ausgelöst, die nach immer neuen Ereignissen auch auf Reisen verlangen, umgekehrt entsteht das Bedürfnis, an touristischer Eventkultur teilhaben zu wollen auch durch die große, offensiv kommunizierte Angebotspalette herausragender Ereignisse.

Eventorientierte Angebote zeichnen sich dadurch aus, dass sie überhaupt erst geschaffen wurden als besondere, außergewöhnliche Attraktionen für erlebnisorientierte Besucher bzw. Touristen.

Events können als Konkurrenz für traditionelle, gewachsene Kulturgüter betrachtet werden, aber auch als Entlastung für diese sowie als Erweiterung und zusätzliches Inszenierungsmittel für traditionelle Kulturgüter und -einrichtungen.

Aus Marketingperspektive dient ein Event dazu, positive Aufmerksamkeit und emotionale Bindung zu schaffen an ein Produkt, ein Unternehmen, eine Institution, einen Ort. In diese Sinne würden touristische Events dazu dienen, mithilfe außergewöhnlicher, spektakulärer und ausschließlich positiv besetzter Kulturinszenierungen Anreize für den Besuch einer touristischen Region und positive Erlebnisse und Erinnerungen an diese Region zu schaffen. Aus der Perspektive Kultureller Bildung könnten sie jedoch auch dazu dienen, schöne Erlebnisse mit Kunst und Kultur zu schaffen und positive, bleibende Erinnerungen an künstlerische Inszenierungen und kulturelle Angebote auszulösen, die dann auch Lust auf kulturelle Veranstaltungen zu Hause machen könnten. „Die Verbindung von Kulturdenkmal (Hardware) und Event (Software), ob mit Musik- und Theaterveranstaltungen, Tagungen, Ausstellungen ist eine Erfolgsgeschichte geworden. In der Verlebendigung des kulturellen Erbes liegen denn auch die größten Chancen des Kulturtourismus."(Antz 2008, S. 17). Die Inszenierungen architektonischer Sehenswürdigkeiten mittels künstlerischer Events tragen dazu bei, diese zu verlebendigen, so dass sie auch für nicht-kunstaffine Rezipienten erfahrbar werden.

Neben Architekturdenkmälern sind vor allem Bühnen in freier Natur und schöner Landschaft sehr beliebt für kulturelle Events im Tourismus, so etwa die Naturbühne in Ralswiek auf Rügen, die eine Bucht am Meer als natürliches Bühnenbild für ihre Seeräuber-Stücke nutzt oder die spektakulär inszenierte Seebühne in Bregenz am Bodensee.

Eine Sonderbeilage der FAZ zum „Festspielsommer 2011" listet für Deutschland insgesamt 90 verschiedene Sommerfestspiele in den Bereichen Klassische Musik, Theater und Tanz auf.
    Die vielen neu entstandenen Musik-Festivals an touristisch relevanten Orten, die auf die Verbindung von Kunst, Architektur und Natur setzen, häufig auch in Form von Open-Air-Veranstaltungen, sind ein Indikator dafür, dass auch Kulturanbieter sich den Bedürfnissen von Touristen nach schönen und stimmigen Gesamterlebnissen öffnen.

Während klassische Musikfestivals außerhalb der Saison eher von den speziell Kultur- und Musikinteressierten besucht werden, bieten Festivals an Urlaubsorten während der Saison auch den Gelegenheits-Kulturinteressierten willkommene Abwechslung in ihrem Urlaub.
    Für alle touristisch orientierten Festivals gilt, dass die Präsentation künstlerischer Produktionen immer mit einem erlebnisorientierten, verschiedene Bedürfnisse befriedigenden Ambiente verbunden ist. Häufig finden die Veranstaltungen an unterschiedlichen Orten statt, so dass das kulturelle Erlebnis mit der Erkundung der Urlaubsumgebung verbunden werden kann, immer ist auch für gastronomischen Service gesorgt.

Die Stadt Bregenz am Bodensee mit nur 28.000 Einwohnern hat in jedem Sommer mehr als 200.000 Gäste, die eigens zu den Opernfestspielen anreisen. Auf der 6700 Zuschauer umfassenden Open-Air-Seebühne, werden in jedem Jahr bekannte, aufwendig inszenierte Musiktheater-Aufführungen vor der Kulisse des Bodensees gezeigt. Auch die umliegende Schifffahrt hat sich auf die Besucher eingestellt und bietet Fahrten zum Aufführungsort mit Sekt oder Dreigang-Menü als Einstimmung auf den Abend.

Die Störtebecker Festspiele in Ralswiek auf Rügen finden jedes Jahr im Sommer auf einer Open-Air-Bühne in der eindrucksvollen Bodden-Landschaft Rügens statt. Effektvoll mit Pferden, Schiffen, Feuerwerk wird das Piraten-Spektakel in jedem Jahr neu inszeniert. Geschichte und Inszenierung sind offensichtlich für die gesamte Familie, für jedes Alter und unterschiedlichste Milieus attraktiv. Passend zum maritimen Urlaubsumfeld bieten sie kulturelle Abwechslung zum Badeurlaub.

„Das Usedomer Musikfestival nutzt aktiv die Verbindung zwischen Musik- und Erlebnistourismus mit verschiedenen Veranstaltungen: Eine musikalische Rundfahrt mit dem Bus, bei der verschiedene Kirchen der Insel besichtigt und vorgestellt werden oder eine Schiffsfahrt mit Musik. Die Besucher können auf diese Weise Musik und Natur genießen und gleichzeitig geschichtliche Hintergründe der Insel Usedom erfahren. (...) Der wichtigste Beitrag des Festivals liegt darin, musikalische Erlebnisse auf hohem Niveau mit den Gegebenheiten der Insel zu verbinden und somit auswärtigen Gästen ein in vielerlei Hinsicht sinnliches wie informatives Erlebnis zu ermöglichen", so das Mission Statement des Festivals, das eigens geschaffen wurde als zusätzlich kulturelle Attraktion für die Ferieninsel Usedom (Hummel/Martin 2005, S. 12; vgl. Experteninterview Kapitel 5). Das Festival ist neben seinem Eigenwert als Präsentation hochwertiger Musikveranstaltungen zugleich auch ein wirkungsvolles Event, das dazu beiträgt, die Ferienregion Usedom weiter aufzuwerten und überregional zu kommunizieren.

Befragung von Besuchern des OpenAir Jazz-Festivals in Hildesheim
Pfingsten 2009 wurden im Rahmen eines Lehrforschungsprojekts an der Universität Hildesheim im Sommersemester 2009 insgesamt 150 Besucher des Jazz-Festivals Hildesheim zu Herkunft, Erwartungen und Zufriedenheit mit dem Festival sowie ihrem Bedarf nach Vermittlung von Hintergrundinformationen zu den musikalischen Programmen befragt (durchgeführt von Marta Dodenhoff, Silvie Marks, Tina Starck, Lisa Veldboer und Katharina Widinger).

Das Hildesheimer Jazz-Festival findet seit 1979 jedes Jahr an Pfingsten statt mit hohen Besucherzahlen von durchschnittlich 25.000 Besuchern an drei Tagen. Es bringt Menschen ganz unterschiedlichen Alters und unterschiedlicher Bildungsniveaus zusammen.

Ein Drittel der Befragten waren Einheimische, ein Drittel kam aus der näheren Umgebung und ein Drittel waren Touristen. Insofern ist das Festival ein Beispiel für einen sogenannten dritten Ort, an dem über Kultur Einheimische und Touristen gleichermaßen etwas Besonderes erleben.

Für die Touristen war das Festival zwar Anlass für den Besuch Hildesheims, jedoch verknüpften sie ihren Besuch dort häufig mit einer Stadtbesichtigung und immer mit gastronomischen Besuchen.

Die Mehrzahl der Befragten zeigte sich sehr zufrieden mit der Veranstaltung und plant, im nächsten Jahr wiederzukommen. Die von den Befragten genannten Erwartungen an das Festival wurden für sie erfüllt: Gute Stimmung, nette Leute treffen, gute Unterhaltung, gute Laune, Spaß, Party, gutes Wetter, gute Musik und passende Gastronomie. Unterhaltung und nicht ein spezifisches Interesse an Jazzmusik oder einer bestimmten musikalischen Veranstaltung ist zentrales Motiv für den Besuch. Kaum einer der Befragten hatte Interesse an Hintergrundinformationen über die Musik, die sehr positiv beurteilt wurde, ohne dass damit ein Wunsch nach „musikalischer Bildung" verknüpft war. Die Frage, ob sie an einer speziellen Einführungsveranstaltung oder an einem Workshop zur Vermittlung teilnehmen würden, wurde mehrheitlich verneint. Offensichtlich werden solche expliziten Vermittlungsmaßnahmen mit „Lernen" verbunden, was nicht zur schönen Freizeitsituation passt. Vermittlung müsste also eher implizit stattfinden etwa durch vermittelnde Texte im Programmheft, durch Anmoderationen, durch die Zusammenstellung der Programmpunkte.

Befragung von Teilnehmern des Conquest of Mythodea-Live-Adventure-Mittelalter-Spiels
Eine ganz andere Form von touristischem Event quasi auf der „grünen Wiese" losgelöst von Gegenwartsorten sind die Mittelalter-Mitmach-Festspiele. Das „Conquest of Mythodea"-Mittelalter-Festival ist das größtes Live-Rollenspiel in Deutschland (LARP Live Active Role Playing). Es findet einmal jährlich in Verden/Aller an fünf Tagen statt mit insgesamt ca. 5.000 Teilnehmern. Der Eintritt des Events beträgt ca. 150 Euro, die Teilnehmer wohnen in mitgebrachten Zelten und versorgen sich selbst. Alle Beteiligten legen ihr eigenes Ich ab und verwandeln sich mithilfe von mittelalterlichen Kostümen und Requisiten in eine Figur ihrer Wahl. Ein etwa 400 Seiten umfassendes Drehbuch beschreibt verschiedene Figuren, Kämpfe, Begegnungen und mehrere Handlungsstränge. Verschiedene Spielregeln definieren, wie es gelingt, im Laufe der fünf Spieltage Bonuspunkte zu sammeln, die der eigenen Figur den gesellschaftlichen Aufstieg in „Mythodea" ermöglichen.

Eine 2001 durchgeführte Befragung von 1500 Mitspielern (Neupert 2001) kam zu folgenden Ergebnissen:

75% der Besucher waren männlich; die Teilnehmer legen im Schnitt 320km zurück, um bis zu dreimal im Jahr ein solches Rollenspiel zu besuchen. Selten machen sie darüber hinaus noch eine andere touristische Reise. Von dem Event werden eher niedrig gebildete gesellschaftliche Gruppen angesprochen.

Zentrale Motivation ist, entsprechend dem Veranstalter-Slogan „Lasse alle Sorgen des Alltags für fünf Tage hinter Dir" der Abstand vom Alltag und dem eigenen Ich und das Eintauchen in eine komplett andere Welt, verbunden mit Lagerfeuerromantik und Gemeinschaftlichkeit jenseits üblicher gesellschaftlicher Hierarchien, aber auch die Aussicht auf Action und Spannung und die Lust am Spiel.

Bei „Mythodea" handelt es sich um ein Fantasy-Spiel mit mittelalterlichem Hintergrund und nicht um die Kunstform Theater, ebenso wenig wie dabei gestalterische Mittel des Theaters gezielt genutzt werden sollen, um eigene Ideen zum Ausdruck zu bringen. Vielmehr geht es um Spielen und Agieren innerhalb bestimmter Regeln und um das konsequente Eintauchen in eine andere Rolle in ein anderes Leben zu einer anderen Zeit. Mithilfe des darstellenden Spiels versetzen sich die Teilnehmer in die Geschichte des Mittelalters, wobei sie vermutlich weniger intendieren, etwas über diese Zeit zu erfahren, als vielmehr intensiv in eine für sie als faszinierend empfundene Epoche und andere Welt voller Action/Spannung/Spaß einzutauchen.

Inwiefern ein solches Mittelalter-Mitspiel-Event geeignet ist, um mit den Mitteln des Theaters im Kontext einer Kurzreise in eine andere Zeit kulturelle Selbstbildungsprozesse auszulösen wie Selbstwirksamkeit aber auch ästhetische spielerische Fähigkeiten ebenso wie Einblicke in mittelalterliche kulturelle Lebensformen, wäre im Rahmen einer teilnehmenden Beobachtung und weiterer gezielten Befragung zu erforschen. Auf jeden Fall werden von diesem touristischen Kultur-Event vor allem Zielgruppen angesprochen, die nicht zu den Kunst-Kulturinteressierten, hoch Gebildeten gehören und die am schwierigsten für klassische Kulturangebote zu erreichen sind, was eine Beschäftigung mit den Motiven und den Wirkungen dieser spielerischen „Reise ins Mittelalter" lohnenswert macht.

Qualitätskriterien für Kulturvermittlung über Events im Tourismus und Zwischenfazit Kulturelle Bildung
Events können durch ihre Kombination von Natur, Architektur und Kunst auch bei solchen Touristen Interesse an Musik, Theater, Tanz, Kulturgeschichte etc. wecken, die nicht in ein „normales" Theater oder Konzerthaus gehen würden. Umgekehrt kann durch eine emotional berührende künstlerische Inszenierung etwa in einem Amphitheater Interesse und Verständnis für die Geschichte und Architektur eines Ortes geweckt werden.

Damit dies gelingt, dürfen die künstlerischen Events nicht beliebig sein, sondern sie sollten immer in Bezug stehen zu dem Ort, an dem sie stattfinden.

Getz benennt folgende Kriterien für „authentische" Events im Tourismus: Sie müssen raumspezifische (also einheimische) Thematiken widerspiegeln, von einheimischen Trägerinstitutionen kontrolliert sein, von der einheimischen Bevölkerung geschätzt und besucht werden, der einheimischen Kultur entsprechen (z.B. regionale Küche, Handwerkskünste, Tänze). „Events popular with the host community are likely to be more pleasing to visitors" (Getz 1991, S. 203).

Wenn Festivals keine reinen Touristenattraktionen sind, sondern auch Teil der einheimischen Kultur, können sie Touristen die Möglichkeit geben, gemeinsam mit den Einheimischen Kultur zu erleben an sogenannten „Dritten Orten", die eben nicht nur für Touristen gemacht, sondern auch für das kulturelle Leben der Einheimischen relevant sind und damit auch von Touristen als authentisch empfunden werden.

Festivals können im Sinne Wöhlers umgekehrt dazu beitragen, dass Alltagsorte „touristifiziert" werden, sie konstituieren Räume zu touristischen Räumen, die auch von Einheimischen im positiven Sinne als neue Möglichkeitsräume wahrgenommen werden können.

Getz stellt darüber hinaus die These auf, dass auch eine gezielte inhaltliche Vermittlung im Kontext des Events maßgeblich zu einer Steigerung ihrer Attraktivität führen wird bei Touristen wie bei Einheimischen: „All events will benefit by heightening the educational experience. Mature, educated consumers and travellers are looking for attractions and events with substance" (Getz 1991 S. 167).

Events mit einer inhaltlichen Substanz, die „etwas" vermitteln, würden von Touristen wie Einheimischen gleichermaßen geschätzt. Dazu müssten Events in touristischen Kontexten Bezug nehmen auf die besondere Geschichte und besonderen Charakteristika eines Ortes und möglichst mit festen Kulturinstitutionen und einheimischen Kulturverbänden kooperieren.

Wie bei allen kulturtouristischen Formaten gilt auch hier, dass Vermittlungshilfen niedrigschwellig sein müssen und nicht als zusätzliche „Lernpakte" verpackt, sondern integriert in das Gesamtevent, um nicht abschreckend zu wirken. Indirekte Vermittlungsformen etwa auf Programmflyern oder durch Anmoderationen dürften erfolgreicher sein als so deklarierte „Einführungen".

4.5 Tourismus in Themenparks und kulturellen Erlebniswelten

1955 entstand der erste Themenpark der Welt: Disneyland in Anaheim, Californien. Seit den 70er-Jahren entwickelten sich auch in Deutschland thematische Freizeitwelten, in den Anfängen zumeist Märchenparks. Insgesamt gibt es in Deutschland ca. 200 Freizeitparks (vgl. Verband deutscher Freizeitparks und Freizeitunternehmen), die zusammen ca. 26 Millionen Besucher pro Jahr zu verzeichnen haben (www.statista.com/Umfrage/Besucher-von-Freizeitparks-in-Europa-2008/info).

Freizeitparks haben sich zu einem der beliebtesten Kurzurlaubs-Ziele entwickelt. Populärster Themenpark in Deutschland ist der Europa-Park in Rust, der die verschiedenen Länder Europas in ihren typischen Merkmalen präsentiert in der Verknüpfung mit zum Teil spektakulären Fahrgeschäften.

Die von VW im Jahr 2000 eröffnete Autostadt Wolfsburg ist das beliebteste Kurzurlaubsziel in Norddeutschland mit insgesamt ca. 2,2 Millionen Besuchern pro Jahr. Die Autostadt zählt zu den sogenannten Markenerlebniswelten, die aus dem Konzept der Betriebsbesichtigungen entstanden sind und eine wichtige Rolle in der Unternehmenskommunikation und im Branding spielen. Zugleich aber erweist sich die Autostadt nicht nur als PR-Mittel, sondern ist eines der beliebtesten „Erlebnis-Museen" in Deutschland (Steinecke 2007, S. 195 ff.). Das Thema Automobil wird mit vielfältigsten ästhetischen und künstlerischen Mitteln unter verschiedenen thematischen Aspekten dargestellt und vermittelt: von der technischen über die ökologische bis zu kulturellen Dimension, die in interaktiven Installationen sinnlich erfahrbar werden. Künstlerische Mittel spielen dabei die zentrale Rolle, um die verschiedenen Themen erfahrbar zu machen: „Das Augenmerk liegt wesentlich auf der Inszenierung von Themen, die Menschen in ihrer Lebenswelt ansprechen. Die Grenzen zwischen Kunst und Inszenierung sind fließend. Kultur wird verstanden als ein variables System von Sinnfindung und Orientierung, das aus einer Vielzahl künstlerischer Ausdrucksformen, Bildung, Formen des Lernens und Lebens schafft und so eine Voraussetzung wird für Erinnerung", so benennt Maria Schneider, Kreativdirektorin der Autostadt Wolfsburg, die Ausstellungskonzeption und die intendierten Wirkungen Kultureller Bildung (www.autostadt.wolfsburg.com).

Themenparks sind, allgemein betrachtet, thematisch geschlossene Unterhaltungs- und Spielangebote für die ganze Familie (vgl. Steinecke 2009). Darüber hinaus gibt es künstliche Ferienwelten, Badelandschaften und Urban Entertainmentcenter sowie Vergnügungsparks mit Fahrgeschäften.

Hier werden nur Themenparks als hyperreale, optimierte Kulturwelten betrachtet, die touristisch genutzt werden im Rahmen eines Kurzurlaubs und die explizit auch kulturelle Phänomene thematisieren und u.a. mit künstlerischen Mitteln arbeiten.

Was sind Gründe für die große Beliebtheit der Themenparks und Erlebniswelten?

> „Da die kommerziellen Erlebniseinrichtungen keine klassischen öffentlichen Kulturaufgaben haben (Sammeln, Bewahren, Forschen, Bilden), können sie sich konsequent an den Infotainment-Bedürfnissen der Kunden orientieren. (...) Die Konsumenten suchen zunehmend illusionäre Gegen- und Traumwelten, in die sie für kurze Zeit vollständig eintauchen können. Gemeinsames Merkmal dieser Parks, Welten, Paradiese ist ihr komplexes und multifunktionales Angebot: Vergnügen und Information, Shopping und Kultur, Gastronomie und Geselligkeit sind gängige Bestandteile vieler entsprechender Einrichtungen. Damit bedienen sie nicht nur den Wunsch der Konsumenten, über möglichst viele Handlungsoptionen zu verfügen, sondern auch ihr Interesse, an einem Ort zu sein, an dem offensichtlich viel passiert und viele Menschen anzutreffen sind" (Steinecke, 2007, S. 337).

Ein weiterer Grund für die Attraktivität dieser Themenparks ist die perfekte Inszenierung, in der alle realen Widrigkeiten und störenden, hässlichen Elemente ausgeschaltet sind und etwa Länder, wie im Europapark Rust, sich so darstellen, wie sie den touristischen Wunschbildern entsprechen. Themenwelten sind „auf populären Mythen basierende, optimierte Orte" (Steinecke 2009, S. 32), an denen mit perfekt aufeinander abgestimmten Inszenierungstechniken Geschichten erzählt werden. Wie auch in den Ferienwelten der Club-Veranstalter handelt es sich um perfekte Welten, in denen alle unerwünschten Faktoren draußen bleiben.

Das was die gängige Tourismuskritik den künstlichen Erlebniswelten vorwirft: die vermeintlich mangelnde Authentizität – wird zum Vorteil, indem diese Welten sich auf die touristischen Symbole von Reiseländern konzentrieren, die als besonders typisch und im Sinne der eigenen Erwartungen auch als authentisch empfunden werden.

Dies würde auch für den immer größeren Anteil reiseerfahrener Touristen gelten, die sämtliche Sehenswürdigkeiten bereits im Original besucht haben: In den „spielerischen Kulissen" könne man „die Essenz der durch die eigenen Reiseerinnerungen gesättigten Vorstellungen besichtigen, wenn sie einem in sozusagen gereinigter Form gegenüberstehen" (Mundt 2006, S. 191).

„Nichts ist zufällig, alles steht miteinander in Verbindung (...) dadurch entsteht dieser dichte Eindruck, dieses intensive Erleben" (Kagelmann 1998, S. 89). Durch die Geschlossenheit und Dichte entsteht in den Erlebniswelten das Gefühl von Geborgenheit und positiver Stimulanz.

Bachleitner benennt die Attraktions-Faktoren: Null-Risiko, Entspannung, Geborgenheit, Faszination, Unbeschwertheit, Freiheit, perfekte Illusion, ästhetisch und emotional angenehme Atmosphäre, Aufregung und Kicks ohne reales Risiko, Illusion des aktiven Sich-Erlebens als Gründe für die Popularität. Pragmatische Gründe seien die kurze Verweildauer, leichte Buchbarkeit, meist witterungsunabhängig, fertige Produktpakete von erlebnisorientierter Hotellerie, Gastronomie, Entertainment (Bachleitner 1998, S. 44-46)

Erlebniswelten bieten hohe Servicequalität in Gesamtpaketen aus Architektur, Gastronomie, Hotel, Attraktionen, Events. Sie sind in der Regel für unterschiedliche Zielgruppen und vor allem für die „ganze Familie" attraktiv.

Für Antz ist das Interesse an künstlich geschaffenen kulturellen Welten im Gegensatz zu authentischen, historisch gewachsenen Kulturorten vor allem eine Frage mangelnder Bildung:

„Wenn die kommenden Generationen aber nicht mehr unterscheiden können, was echt oder was künstlich ist, so kann dies nicht dem Tourismus negativ angekreidet werden. Kulturbewusstsein und Kulturtourismus brauchen beide als unabdingbare Voraussetzungen das Humboldtsche Bildungsideal – der Mensch sieht nur, was er weiß. (...) Das Beliebigkeitskonzept der künstlichen Tourismuswelten hat vor allem dann steigenden Erfolg, je kulturell ungebildeter das Publikum ist" (Antz 2008, S. 12).

Es stellt sich die Frage, ob auch populäre künstliche Themenparks wie etwa der Europa-Park Rust oder die Autostadt Wolfsburg oder Disneyland Paris, das viermal so viele Besucher wie der Louvre aufweist, kulturelle Lernorte sein können.

Was erwarten Besucher in Themenparks? Inwiefern nehmen sie den Besuch als „Kurzurlaub" wahr?

Mit welchen Inszenierungs- und Vermittlungskonzepten arbeiten die Parks? Welche Bedeutung haben ästhetische Elemente? Welche Wirkungen haben sie auf die Besucher?

Ergebnisse einer empirischen Analyse des Europa-Parks in Rust und der Themenwelt Mini-Europe Brüssel
Im Rahmen ihrer Diplomarbeit an der Universität Hildesheim untersuchte Corina Sommer, inwieweit die Themenparks Europa-Park in Rust und Mini-Europe in Brüssel jeweils Potentiale für Kulturelle Bildungsprozesse bieten.

Der Europa-Park ist als Anschauungsobjekt in besonderer Weise geeignet, weil er neben und häufig auch gemeinsam mit seinen Fahrgeschäften auch das kurzfristige Eintauchen in das Charakteristische und die „typische" Atmosphäre verschiedener Länder Europas ermöglicht, also eine „erlebnisreiche" Kurzreise durch ganz Europa in zwei Tagen.

Der Europapark ist nicht nur ein Freizeitort, sondern auch ein beliebtes Kurzreiseziel, was auch mit den stark nachgefragten Erlebnishotels auf dem Parkgelände zusammenhängt. Im Stile der Themenhotels von Las Vegas gibt es das Hotel Colosseo, das in die Welt des volkstümlichen Italiens versetzt, ein Hotel im Stile einer spanischen Finka sowie ein Hotel, in dem man wie in einer mittelalterlichen Burg lebt.

Im Europa-Park soll der Besucher in Urlaubsstimmung versetzt werden und vergessen, dass er sich mitten in Deutschland befindet.

Der Park bietet 13 länderspezifische Bereiche, in denen immer eine Mischung aus Attraktionen, Fahrgeschäften, musealen Inszenierungen, Shows, Shopping und länderspezifischer Gastronomie untergebracht ist. Eingebettet ist das Angebot in detailgetreue Nachbildungen der besonderen Sehenswürdigkeiten und der typischen, symbolträchtigen Attribute dieser Länder. Am Eingang eines Themenbereichs ist jeweils eine Informationstafel zu finden, die den Besucher aufklärt, was es in dem Länderteil zu erleben gibt. Allerdings gibt es auf diesen Tafeln keine Informationen über Geschichte und Kultur der Länder. Hier wäre die Integration interaktiver Ausstellungselemente sinnvoll, die über das jeweilige Land informieren.

Die positive Stimulanz der Besucher entsteht u.a. durch das Prinzip „Hopping" – Hüpfen von einem Ereignis zum nächsten, was auch Prinzip etwa der Langen Nächte der Museen oder Theater ist, wo man mit einem Eintrittspreis viele verschiedene Attraktionen erleben kann und immer neue Stimulanz erfährt (vgl. Rieder 1998, S. 27). Im Europa-Park „hoppt" man von Land zu Land – wollen wir zuerst nach Frankreich oder in die Schweiz? Essen wir in Griechenland oder in Italien?

Ein wesentlicher Faktor für die positive emotionale Wirkung ist die hochwertige ästhetische Gestaltung der Länderinszenierungen, die von Designern und Bühnenbildern gemacht ist und die tatsächlich ein Gefühl von Authentizität innerhalb der perfekten Illusion ermöglicht ebenso wie Freude beim Betrachten der schön und liebevoll gestalteten ästhetischen Details.

Dem Europa-Park gelingt die positive Stimulierung ganz unterschiedlicher Zielgruppen. Explizite Bildungsprozesse als Reflexion über Differenzen und Gemeinsamkeiten innerhalb der Länder Europas werden im Park nicht angeregt, aber sind durchaus integrierbar, wie etwa die positive Resonanz der Besucher auf das in den Park integrierte Science House und die Wissensrallyes für Schulklassen im Europa-Park zeigt.

Ein sehr gutes Beispiel, wie Europa spielerisch und inhaltlich gehaltvoll vermittelt werden kann, bietet der Erlebnispark *Mini-Europe* in Brüssel. Hier gibt es eine „Rundreise" entlang der zentralen Sehenswürdigkeiten aller Mitgliedsländer der EU, die originalgetreu im Maßstab 1:25 mit großem handwerklichen Aufwand dargestellt sind. Der Besucher flaniert oder hoppt von Land zu Land. Die Auswahl der architektonischen Werke wird von einem Kunsthistoriker-Team vorgenommen. Mini-Europe geht es in erster Linie darum, „die Werte der europäischen Union zu vermitteln sowie über die kulturellen Eigenheiten der Mitgliedsländer zu informieren" (vgl. Katalog „Mini-Europe. Eine faszinierende Reise durch Europa").

Zu jedem Bauwerk gibt es Informationen über die Architektur und die soziokulturelle Bedeutung. Die Informationen sind so gestaltet, dass der Besucher direkt angesprochen wird, und häufig werden Fragen an ihn gestellt. Bei jedem neuen Land kann der Besucher interaktiv über einen Knopf z.B. die Nationalhymne abrufen, beispielsweise den Ausbruch des Vesuv auslösen oder per Knopfdruck dafür sorgen, dass Miniaturbagger die Berliner Mauer einreißen.

Neben dem Außengelände mit Modellen der Länder-Sehenswürdigkeiten gibt es in einer Halle eine interaktive Ausstellung „Spirit of Europe", wo der Besucher Informationen über Europa erhält und abwechselnd in verschiedenen Sprachen und zu eigenen Reflektionen über europäische Politik, europäische Werte sowie über die jeweiligen Besonderheiten und Differenzen der verschiedenen Länder angeregt wird. So gibt es etwa ein Spiel, in dem man sich mit den Bedeutungen verschiedener Sprachen auseinandersetzen kann oder ein Quizspiel für mehrere Spieler mit Fragen zu diversen Aspekten Europas. Bei dem Spiel „Europe Emotions" geht es darum, durch Hüpfen in einer interaktiven Lichtinstallation Grenzziehungen zwischen europäischen Ländern aufzulösen.

Während der Europa-Park in Rust also vorwiegend auf der emotionalen und ästhetischen Ebene fasziniert, versucht Mini-Europe Brüssel auch kognitiv und zugleich auf anschauliche und interaktive Weise Informationen über Europa und vor allem auch intellektuelle Reflexionen darüber anzuregen.

Lernpotentiale von Erlebniswelten, eine empirische Untersuchung von 14 Freizeit-Erlebnisparks in Deutschland
Zu den Wirkungsweisen und dem Lernpotential von Erlebniswelten liegt bereits eine umfangreiche Studie vor, die 2004 unter Leitung von Professoren der Hochschule Bremen durchgeführt wurde, gefördert vom Bundesministerium für Bildung und Forschung (Brinkmann,Freericks/Krämer/Theile 2005).

An 14 Freizeit-Erlebnisparks in Deutschland (darunter u.a. der Zoo Hannover, Legoland, Universum Science Center Bremen, Deutsches Hygiene Museum Dresden und der Europa-Park) wurde untersucht, inwieweit an diesen erlebnisorientierten Orten auch Lernprozesse stattfinden und wie diese befördert werden können.

Vorausgegangen war diesem Forschungsprojekt eine explorative Studie der Universität Bielefeld, die zu folgenden ersten Ergebnissen in Bezug auf das Lernpotential von Erlebniswelten kamen (Nahrstedt 2002):
>> „Chancen und Potenziale erlebnisorientierter Lernorte für die Wissensgesellschaft liegen vor allem in einem „emotionalem Lernen".
>> „Emotionales Lernen umfasst dabei folgende Dimensionen:
>> Ansprache und Aktivierung nicht-kognitiver Lernsysteme mit nachhaltiger Wirkung (individuelle Gefühlszustände);
>> Öffnung eines Raums für Selbsterfahrung und Entwicklung der Sinne (Gegenwelt zur hyperdynamischen, rationalen Arbeitswelt);
>> Förderung von Kommunikation und Gemeinschaft (Familie, Freunde, Team);
>> Möglichkeit der emotionalen Orientierung in einer komplexen Informationsgesellschaft;
>> Anregung und Stützung des selbstgesteuerten Lernens (mehrschichtige Informations- und Verweisstruktur)" (Nahrstedt 2002, S. 17).

Erlebniswelten ermöglichen „erinnerbare Gefühlszustände", die nachhaltig bestehen bleiben. „Das Endergebnis eines Besuchs ist eine Art konservierbarer Gefühlszustand, der tief im emotionalen Gedächtnis verankert ist. (...) Die Summe der Empfindungen hat sich in einen emotionalen Zustand, in eine bleibende Empfindung umgewandelt. Aus kommerzieller Sicht ist dieser letzte Punkt von höchster Wichtigkeit, da er entscheidend dafür ist, ob ein Besucher wiederkommt oder nicht" (Grötsch 1999 in Nahrstedt 2002, S. 65).

„Erlebniswelten thematisieren durch Emotionalisierung. Emotionales und thematisches Lernen verbindet sich in ihnen und wird durch kommunikatives Lernen weiter gestützt. Der Schwerpunkt des Lernens in Erlebniswelten liegt dabei weniger auf dem umfassenden Kompetenzerwerb als zentral auf dem kategorialen Interessengewinn. Erlebniswelten leisten einen Beitrag zu einer ‚kategorialen Bildung', zu einer ‚Dialektik des Exemplarischen, Typischen, Repräsentativen, Elementaren' (Klafki). Dadurch wird das für die Wissensgesellschaft kennzeichnende umfassende Wissen als Interessenpotential verfügbar, an das formales Lernen in Elternhaus, Schule, Betrieb, Aus- und Weiterbildungseinrichtungen anknüpfen kann" (Nahrstedt 2002, S. 362).

„Erlebnisparks vermitteln Erlebnisse über kulturelle Arrangements, Inszenierungen, Installationen.
Diese Arrangements vermitteln symbolisch bzw. emotional universale Stimmungen und Trends über Vergangenheit, Gegenwart und Zukunft in Leben, Gesellschaft und Welt.
Technisierung, Mobilisierung, Europäisierung, Globalisierung und Galaktisierung gehören zu diesen Trends. Sie animieren zum Lernen durch Erleben und durch nacherlebendes Verstehen. In ihnen dominiert ein ‚learning by Feeling'. Die Ergänzung des erlebnisorientierten Lernens durch eine das Erlebnis qualifizierende kognitive Lernpädagogik sowie durch eine entsprechende, das Erlebnislernen verstärkende Handlungspädagogik erweist sich allerdings als ein dringendes Postulat. Das unterhaltsame Erlebnislernen muss dabei allerdings in seinem Eigenrecht gewahrt bleiben" (Nahrstedt 2002, S. 133/134).

Genau hier knüpfte die Folgestudie „Aquilo" an, indem sie in Kooperation mit den Betreibern der Erlebniswelten in jeden der ausgewählten Parks spezielle Lernszenarien integrierte und deren Wirkung evaluierte unter der zentralen Fragestellung: Wie kann man das informelle Lernen in Erlebniswelten anregen und aktivieren? Was können Erlebnismuseen, Science Center, Zoos und Themenparks tun, um aus flüchtigen emotionalen Eindrücken nachhaltig in Erinnerung bleibende Erfahrungen zu schaffen? Gesamtziel war es, Ansätze informellen Lernens in der Freizeit zu fördern (Brinkmann etal. 2005, S. 1 u. S. 11).

Die Lern-Szenarien wurden gestaltet auf der Basis, dass „Spaß und Lernen sich nicht ausschließen, sondern ihren gemeinsamen Ursprung im Erlebnis haben. Ansatz der Aktionen sollte es deshalb sein, (Lern-) Erlebnisse zur inszenieren, zur Reflexion des Erlebten beizutragen und selbstgesteuerte Lernprozesse anzuregen" (Brinkmann et al. 2005, S. 17).

Kriterien für die Lernszenarien waren: „Bezug zur Erlebniswelt; Bezug zu gesellschaftlichen Zukunftsfragen; Bezug zur Lebenswelt der Besucher; Bereicherung der Lern-Erlebnis-Situation; Vernetzung von Erfahrungsmöglichkeiten" (Brinkmann et al. 2005, S. 29).

Formate waren Arrangements/Lernstationen/besondere Beschilderungen, Lern-Events, personale Vermittlung durch Animation, Show, Workshop sowie begleitende Materialien.

Erlebnisorientierte Szenarien, so die Hypothese, „können Anstoß geben, sich mehr mit einem Thema auseinanderzusetzen (neues Wissen erwerben), zur Stärkung der Selbstlernkompetenz beitragen (Handeln) oder auch einen Wandel in den emotionalen Mustern (Einstellungen, Werte) einleiten und stützen" (Brinkmann et al. 2005, S. 13).

Qualitätskriterien für Kulturvermittlung in Erlebniswelten:
Insgesamt wurden im Rahmen der Evaluation der erlebnisorientierten „Lernarrangements" 2.993 Befragungen von Nutzern der verschiedenen Lernszenarien durchgeführt.

Im *Europa-Park* in Rust wurde das Lernevent „Europawoche" evaluiert, bei dem kulturelle Handwerkstechniken, Kunsthandwerk, Tanz, Musik etc. aus verschiedenen europäischen Ländern gezeigt sowie ein Europa-Quiz durchgeführt wurden. Befragt wurden insgesamt 298 Personen an vier aufeinander folgenden Tagen zur allgemeinen Einschätzung des Events sowie dazu, inwiefern es ihre Einstellungen zur Europäischen Integration verändert hat.

Diese wurden nicht grundsätzlich verändert, sondern leicht positiv beeinflusst, so zeigte die Befragung (Brinkmann et al. 2005, S. 117).

Deutlich wurde auch, dass Lernelemente im Rahmen eines Freizeitarrangements ein gewisses Volumen haben müssen, um überhaupt wahrgenommen zu werden (vgl. S. 118).

Folgende Erfolgsfaktoren für Lernszenarien in Erlebniswelten wurden ermittelt:
>> „Aktive Beteiligung der Besucher;
>> Personale Vermittlung und Animation;
>> Relatives Volumen der Lernelemente;
>> Emotional-sinnliche Ansprache;
>> Engagement der Betreiber;
>> Vernetzung mit passenden Partnern" (S. 293).

Der Aspekt der „Emotional-sinnlichen Ansprache" beinhaltet:
>> „ Beteiligung vieler Sinne: Sehen, Hören, Fühlen, Riechen, Schmecken;
>> Positive Gefühle wecken: Freude, Lachen, Glück, Spaß, Angst-Lust, Begeisterung;
>> Förderung eines gemeinsamen Erlebens in der Gruppe;
>> Schaffung von Atmosphäre;
>> Einpassung von Medien in eine emotionale Thematisierung" (S. 296).

Inszenierungen regen Lernprozesse an, denn „sie entführen den Besucher in eine Welt, in der er seine Alltagsprobleme vorübergehend vergessen kann" (S. 333). Gerade das Eintauchen in eine andere Welt mit allen Sinnen, das Flow-Erlebnis, das den Alltag komplett entrückt, sorgt dafür, dass Lernen stattfinden könne.

„Erlebniswelten bieten eine Plattform für die verschiedenen Elemente emotionalen Lernens, neben Flow-Erfahrungen können die Besucher im Gruppenerlebnis emotional interagieren und werden durch die Atmosphäre möglicherweise positiv gestimmt. Mit emotionaler Einbindung können die Besucher besser lernen" (S. 334).

Folgende Strategien erwiesen sich als wichtig, um das informelle Lernen in Erlebniswelten weiterzuentwickeln:
>> „Interaktive Erfahrungsfelder gestalten;
>> Didaktische Konzepte in die Freizeit transformieren;
>> Events als Lernimpulse inszenieren;
>> Ein größeres Lernfenster für Lernen in den Blick nehmen;
>> Mehr Lernorte und Partner einbeziehen" (S. 298).

Im allgemeinen Vergleich der Lernszenarien zeigte sich die personale Vermittlung als eine der intensivsten und effektivsten Formen der Wissensvermittlung. „Wichtig ist dabei, dass die Vermittler kompetent sind, ein freundliches Auftreten besitzen und sich dem Besucher in seiner Freizeit nicht aufdrängen" (S. 307)

Als erfolgreiche didaktische Prinzipien von Lernszenarien wurden ausgemacht:
>> „Exemplarisches Prinzip (beispielhafte, Komplexität reduzierte Lernsituation)
>> Prinzip der Handlungsorientierung (selber machen)
>> Prinzip der Anschaulichkeit (z.B. künstlerisch gestaltete Beschilderung im Zoo)
>> Prinzip der Alltagsbezogenheit
>> Prinzip der Mehrkanaligkeit (verschiedene Zugänge zum gleichen Inhalt)
>> Prinzip der Kommunikation (zum Austausch auffordern)" (S. 320/321).

Als wichtig für eine positive Wahrnehmung und Beurteilung der Lernszenarien wurde außerdem die Freiwilligkeit der Teilnahme deutlich. Schüler, die im Rahmen von Exkursionen teilnehmen mussten, beurteilten diese immer schlechter als diejenigen, die in ihrer Freizeit kamen (Brinkmann et al. 2005, S. S. 330).

Analyse der ausstellungsdidaktischen Wirkungen im Science Center Phaeno Wolfsburg
Eine Untersuchung der Ausstellungsdidaktik im Science Center Phaeno in Wolfsburg im Rahmen eines Lehrforschungsprojekts der Universität Hildesheim im Sommersemester 2010 zeigte, dass alle Elemente, bei denen die Besucher aktiv werden können, zwar mit großer Begeisterung von diesen angenommen werden, dass es dabei aber häufig zu keinerlei Erkenntnisgewinn kommt, weil die Besucher gar nicht wissen, wie eine Installation funktioniert und was damit gezeigt werden soll.

Das 2005 im Neubau der Architektin Zaha Hadid eröffnete Phaeno fordert die Besucher auf, aktiv naturwissenschaftliche Phänomene kennenzulernen. In der Untersuchung der Hildesheimer Studierenden wurde gefragt, inwiefern Kulturelle Bildung im Phaeno stattfindet, und welche Wirkung die ästhetische Inszenierung der naturwissenschaftlichen Experimentierstationen auf Lernprozesse hat. Methoden waren neben der teilnehmenden Beobachtung die Befragung von insgesamt 45 Besuchern.

Beobachtet wurde die mangelnde Orientierung der Besucher, bei vielen war ein Gefühl von Desorientierung und Reizüberflutung sichtbar. Attraktionen wurden folglich auch nicht nach inhaltlichen Aspekten ausgesucht, sondern nach der spektakulären ästhetischen Gestaltung einer Station sowie nach dem möglichst hohen, spannungsreichen Aktionsgrad der Mitmachaktionen. Diese beschränkten sich jedoch in der Regel auf das Drücken von Knöpfen und Hebeln und führten nur bedingt zum Verständnis naturwissenschaftlicher Phänomene. Es fehlten Mitarbeiter, die informell helfen und erklären. Schriftliche Handlungsanweisungen wurden von den Befragten als zu lang und zu umständlich befunden, um sie zu studieren.

Dennoch wurde von der Mehrzahl der Besucher ihr Aufenthalt im Phaeno als Gesamterlebnis positiv beurteilt und die Gesamtgestaltung und Atmosphäre der Ausstellung als sehr anregend, ohne dass die meisten etwas Konkretes gelernt haben.

Zwischenfazit: Kulturelle Bildung in Erlebniswelten
Erfolgreiche Erlebniswelten bieten garantierte Erlebnisqualität durch eine perfekte Erlebnisdramaturgie in der Kombination verschiedener Attraktionen. Alle realen Widrigkeiten sind ausgeschaltet, um das Eintauchen mit allen Sinnen in eine „schöne, spannende" Welt zu ermöglichen.

Ein wesentlicher Faktor der Erlebniswelten in Bezug auf Kulturelle Bildung ist ihre spielerische Dimension. Besucher tauchen ein in ein Spiel, das keinen äußeren Zweck beinhaltet und intrinsisch motiviert ist. Im Spiel gibt es keine äußere Belohnung, man ist zugleich zweckfrei und vollkommen konzentriert bei der Sache, im besten Falle tritt ein Flow-Erlebnis ein. Die Übernachtung in einem Erlebnishotel, die inzwischen in viele Themenwelten integriert sind, ermöglicht es, noch länger und intensiver in diesem Spiel bleiben zu können.

Die ästhetisch hochwertigen Inszenierungen sorgen für hohe Wohlfühlqualität, animieren zum konzentrierten Hinschauen und stimulieren Interesse.

Der wesentliche Beitrag für die Kulturelle Bildung besteht also darin, dass Erlebniswelten in der Lage sind, Menschen emotional zu öffnen für neue Erfahrungen und neue Inhalte und in ihnen neue Interessen zu wecken.

Die Aquilo-Studie zeigt, dass Erlebniswelten als potentielle Lernorte geeignet sind, weil sie emotional berühren, weil sie zum Selber-Machen aktivieren, weil sie gemeinsames Erleben und Kommunikation animieren, was eine Reflexion von Erlebnissen und Erfahrungen ermöglichen kann. Zugleich liefert die Studie konkrete Handlungsstrategien, wie solches Erlebnislernen mehr als bisher gezielt unterstützt werden kann.

In den Erlebnisparks sind die Möglichkeiten der kulturellen Bildungsvermittlung noch lange nicht ausgeschöpft. Aktuell lernen Besucher dort eher zufällig, wobei Lernen hier im Sinne der Kulturellen Bildung als Reflexion von Erlebnissen und Erfahrungen gemeint ist. Durch überschaubare Lernstationen sowie durch systematische mediale und personale Vermittlung von zusätzlichen Informationen und vor allem Anregung zur Reflexion des Erlebten könnten die Bildungsprozesse intensiviert werden.

4.6 Kulturelle Animation in Cluburlauben und auf Kreuzfahrtschiffen

Was 1950 in Frankreich als Club Méditerranée entstand – Ferienclubs, in denen die Widrigkeiten des realen Lebens ausgeschaltet sind und Animateure dafür sorgen, dass mit allen Sinnen naturnahe Erlebnisse gemacht werden können –, ist inzwischen Massenangebot im Tourismus.

Charakteristische Merkmale von Ferienclubs sind die „all-inclusive" Preisgestaltung, die Abgeschlossenheit nach außen und ein vielfältiges sportliches, geselliges und zum Teil auch kulturelles Angebot.

Die Pauschalreise mit Clubanimation ist in den vergangen 20 Jahren, auch jenseits der Marken-Clubs Méditerranée oder dem deutschen Äquivalent Club Robinson/TUI zunehmend nachgefragt worden, es gibt kaum noch ein Ferienhotel, das nicht über Sport-/Spiel und Animationsangebote verfügt.

Kulturangebote in Ferienclubs gibt es in der Regel in Form landeskundlicher Exkursionen, Musik-/Theater-/Tanzaufführungen und Mitmach-Shows am Abend, zum Teil unter aktiver Beteiligung von Touristen als Darsteller sowie in Form sogenannter Kreativ-Ateliers, in denen vor allem im Bereich des bildnerischen Gestaltens gearbeitet wird.

Kulturelle Animationsangebote im Rahmen von Cluburlauben haben aus Sicht der Touristen ebenso wie aus Sicht der Animateure vordergründig zunächst nur die Aufgabe zu unterhalten: „Wir sind die Abteilung, die für gute Laune sorgt", so das Fazit aus einer Befragung von Club-Animateuren (Bernhard 2008).

Zu fragen ist, inwieweit die kulturellen Angebote von Clubanbietern über ihre kommunikationsstiftende Bedeutung hinaus auch für neue ästhetisch-kulturelle Erfahrungen öffnen können.

Analyse der Angebote im Bereich Kunst und Kultur der 5 größten Cluburlaubsanbieter in Deutschland Alltoura, Aldiana, Magic Life, Robinson, Méditeraneé
Eine Analyse der Angebotspalette der wesentlichen Clubreiseanbieter auf dem deutschen Markt in den Prospekten der Sommersaison 2011 zeigt nur geringfügige Unterschiede.

Der *Club Alltoura/Alltours* ist der preiswerteste der Ferienclubs. Er bietet ausschließlich Sport- und Spielangebote und keine Kreativateliers. Am Abend werden dort in Shows Musicalhighlights, Comedy-Shows, Spiel- und Talentshows, Stars in Concert sowie die Kinder-Club-alltourini-Show präsentiert. Landeskundliche Ausflüge gibt es nur von Fremdanbietern.

Der *Club Aldiana* bietet neben einem umfangreichen Sportprogramm die Programmschiene „Genuss und Lebensart", die in den Clubs Gourmetessen anbietet sowie Kochkurse (auch speziell für Kinder), Weinseminare und Interviews mit Starköchen. In abendlichen Showprogrammen werden Chansons, Revue-Shows und Akrobatikshows präsentiert.

Für Kinder gibt es Kreativangebote im Bereich Zirkus sowie das Teenie-Dance-Camp mit Hip-Hop/Street-Dance, sowie in einigen Clubs das Event „Kochen und Zaubern mit Heinrich Wächter und Ingo Oschmann".

4. Strategien und Potentiale in einzelnen Formaten

Darüber hinaus bietet Aldiana das zusätzlich zum Cluburlaub buchbare und kombinierbare Programm „Land und Leute" mit mehrtägigen Rundreisen oder z.B. der Wanderwoche „Natur und Kultur" in Österreich.

Der *Club Magic Life/Tui* bietet kulturelle Angebote im Rahmen spezieller Events wie „Fit durch Tanzen", einem Standardtanzkurs, „Bücher und Meer", einem fünftägigen Lese- und Schreibkurs im Club Fuerteventura mit einem professionellen Schriftsteller sowie „Magic College", einem Zeichen- und einem Fotografiekurs. Diese finden jedoch nur selten in ausgewählten Clubs statt. In einem einzigen Club gibt es auch ein Kreativatelier (ohne nähere Angaben, was sich dahinter verbirgt). Im Club Fuerteventura gibt es einen Spanischkurs.

Im Standardprogramm werden allabendliche Musical-Shows angeboten. Ausflugsprogramme sind nur vor Ort bei einheimischen Anbietern buchbar.

Der *Club Robinson* bietet in jedem seiner Clubs ein Kreativatelier, wo man frei arbeiten kann, auf Wunsch unter Anleitung, in den Bereichen Acryl-, Seiden-, Ölmalerei. Darüber hinaus gibt es im Club Jandia Playa auf Fuerteventura spezielle Mal-Workshops und sogar Malexkursionen, die extra kosten und mit dem Hinweis versehen sind, dass keine Vorkenntnisse erforderlich seien. Wöchentlich werden Kochkurse angeboten. In allen Robinson-Clubs gibt es abendlich Shows mit „anspruchsvoller Unterhaltung" ohne dass näher beschrieben wird, welcher Art diese sind.

Zum Kennenlernen von Land und Leuten bietet Club Robinson sogenannte entgeltliche „Robinsonaden" an, wo in kleinen Gruppen mit fachkundiger Führung Tagesausflüge durchgeführt werden sowie „maßgeschneiderte Programme nach Wunsch des Gastes".

Der Club Med
Anders als bei den anderen Anbietern werden in jedem Club landeskundliche Tages-Ausflüge von den eigenen, mehrsprachigen Animateuren angeboten. Am Abend gibt es in den Clubs ein „vielfältiges Unterhaltungsprogramm" ohne nähere Angaben. Während für die Erwachsenen ausschließlich hochwertige Sportkurse im Angebot sind, werden für die Zielgruppe Kinder auch „kreative Aktivitäten", z.B. „Entdecken der Lieder, Tänze und Musik eines Landes" angeboten, jeweils passend für das Land bzw. die Region, in der ein Club liegt. Für Jugendliche gibt es im Rahmen des MedPassworldClubs ebenfalls künstlerisch-kreative Angebote, bei denen sie selbst aktiv werden können, ohne dass diese näher erläutert werden.

Die Analyse der Prospekte aller großen Clubanbieter in Deutschland zeigt, dass sämtliche Clubs ein umfangreiches Sport- und Wellness-Programm anbieten sowie abendliche Unterhaltungsshows vorwiegend im Genre Musical.

Im Bereich künstlerischer Animation gibt es fast keine Angebote. Die wenigen liegen im Ausprobieren der Techniken Basteln/Seidenmalerei/T-Shirtdruck, Schmuckgestaltung sowie im Bereich Standardtanz.

Landeskundliche kulturelle Angebote für die Club-Touristen werden in der Regel nicht vom Veranstalter selbst angeboten, sondern ausgelagert an Ausflugs-Agenturen vor Ort. Allenfalls die in einigen Clubs angebotenen Kochkurse vermitteln im Club selbst etwas von der Kultur des Landes.

Eine Ausnahme stellen der Club Med mit seinen Tagesausflügen dar sowie der Club Robinson, der mit seinen sogenannten „Robinsonaden" auch verschiedene Touren anbietet, um Land und Leute kennen zu lernen, die jedoch nicht zum Standard gehören, sondern extra bezahlt werden müssen.

In einigen der Kreativateliers im Club Robinson werden auch Malkurse mit Künstlern und Tanzkurse mit Choreografen angeboten. In einigen Robinson Clubs werden über Musicals hinaus auch Konzerte mit klassischer Musik präsentiert. Da die Robinson-Kunden über ein gehobenes Einkommen verfügen und vermutlich auch über höhere Bildung, traut man ihnen offensichtlich auch mehr Interesse an kulturellen Angeboten zu. Eine vom Robinson Club selbst durchgeführte Nutzerbefragung zeigte, dass 52% ihrer Gäste einen Hochschulabschluss haben und zwei von drei Urlaubern über ein Haushaltseinkommen von über 4.000 Euro netto verfügen, was nicht verwundert bei den hohen Preisen des Clubs und dem hohen Anspruchsniveau bezüglich Essen, Unterkunft und Sportangeboten. 330.000 Urlauber buchten im Jahr 2010 bei Robinson, sieben von zehn Clubgästen sind Stammgäste.

Im Gegensatz zu früher hätten die Gäste heute weniger Interesse an „Klamauk und Geselligkeit" und wollten sich mehr zurückziehen, so eine Unternehmenssprecherin. „Früher wirkten viele Gäste in den Shows mit, heute arbeiten in allen Unterhaltungssparten nur Profis" (Quelle: Reiseteil, Der Tagesspiegel, 19.12. 2010).

Genau diese Entwicklung kritisiert Finger in seinen theoretischen Überlegungen über Animation:

„Aus abendlichen, geselligen Animationsprogrammen ist eine ‚Kinovorstellung' geworden. Nach dem Abendessen strömt alles ins Amphitheater, nur um einen guten Platz zu ergattern; alles sitzt im abgedunkelten Rund des Theaters und wartet auf den Beginn; gesellige Kommunikation wird ersetzt durch ein wenig Small-Talk mit dem Sitznachbarn; alles schaut auf die dunkle Bühne. Auf einer Tagung der Chef-Animateure wurde für diese Situation der Begriff ‚Testbildeffekt' geprägt. (...) Die Idee der Integration, der Partizipation des Gastes an der Animation geht verloren; man lässt sich von der Animation unterhalten; Animation wird nur noch für, aber nicht mehr gemeinsam mit dem Gast verwirklicht" (Finger/Gayer 2003, S. 312/313).

Bieten die Clubs deswegen kaum Animation, die zu kreativer Aktivität der Gäste anregt, weil diese kein Interesse daran haben und lieber passiv Unterhaltungskultur konsumieren? Oder bieten sie deswegen keine Aktivitäten, die eigene Gestaltungsfähigkeiten von Urlaubern anregen, weil diese aufwendiger in der Planung sind, unberechenbarer in der Durchführung und sehr viel mehr Flexibilität der Animateure und möglicherweise auch Überredungskraft erfordern würden?

Ein einziger Hinweis auf eine anspruchsvollere kreative Animation, ließ sich in einer Stellenausschreibung für Animateure des Jugendclubs auf der deutschen Website des Club Med finden. Hier werden folgende Anforderungen genannt:

„Sie führen das Club Med Passworld-Konzept von einem artistischen Gesichtspunkt aus, indem Sie Ateliers je nach den Erwartungen und Verlangen der Jugendlichen organisieren und animieren. Sie geben Ihre Leidenschaft und Ihr Können an die Jugendlichen des Ateliers weiter und motivieren diese, indem sie originelle Aktivitäten wie z.B. Slam, Hip-Hop oder Graffiti anbieten und indem Sie die verschiedenen Mitglieder der Gruppe egal welchen Niveaus oder Nationalität weiterentwickeln. Sie stellen die künstlerischen Aktivitäten der Jugendlichen in den Vordergrund." Die Beschreibung deutet darauf hin, dass sich in dieser Ausrichtung des Jugendprogramms, die den Akzent auf die künstlerischen Prozesse setzt, Ziele Kultureller Bildung verwirklichen lassen.

Leider ließ sich trotz diverser Versuche über insgesamt zwei Jahre auch beim Club Med kein Ansprechpartner für das Thema „Kulturelle Animation" finden, der das Konzept hätte näher erläutern und etwas zur Akzeptanz des Programms bei den Jugendlichen sagen können.

In den Stellenausschreibungen für Animateure auf der TUI-Website werden folgende Fähigkeiten erwartet: „Gesucht werden kreative und engagierte Menschen ab 18 Jahren mit Erfahrung in den Bereichen Pädagogik, Gruppenfitness, Sport, Allround, Musik und Technik." Schulungen finden statt in den Bereichen: Musik, Tanz, Show und Kinderanimation (www.tui-animation.de)

Notwendig für Animateure sind also sportliche Kompetenzen und eigene tänzerische/darstellerische Fähigkeiten, um die Shows für die Gäste bestreiten zu können. Nicht gefragt sind kulturpädagogische Fähigkeiten.

Befragung von Animateuren verschiedener Urlaubsclubs zur kulturellen Animation
Eine Befragung von insgesamt 20 Animateuren verschiedener Urlaubsclubs zur kulturellen Animation, die im Rahmen einer Diplomarbeit an der Universität Hildesheim 2008 durchgeführt wurde (Bernhard, Hildesheim 2008), bestätigt die bisherigen Eindrücke:

Alle befragten Animateure, die ein Durchschnittsalter von 25 Jahren hatten, gaben an, dass ihre Tätigkeiten im Fitness- und Wellness-Bereich sowie in der Kinderanimation lägen. Die Angebote der Animation seien stark standardisiert und in fast allen Clubs eines Anbieters damit einheitlich. Kreative Angebote waren in den Clubs der Befragten so gut wie keine vorhanden

Die Animateure gaben mehrheitlich an, dass Cluburlauber ihrer Ansicht nach kein Interesse an kreativen und künstlerischen Angeboten hätten, im Vordergrund stünden Bedürfnisse nach Bewegung, neue Leute kennen lernen, Unterhaltung und Spaß. Die befragten Animateure sind keine professionellen Vermittler. Abgesehen von den Künstlern, die v.a. für den Bereich Show zuständig waren, sowie einigen ausgebildeten Sportlehrern hatte keiner der Animateure eine für die Animation spezifische Berufsausbildung, sondern alle sind durch Zufall in den Job gekommen, den sie aufgrund der großen Anstrengung in der Regel auch nur wenige Jahre ausüben.

„Mal im Ausland arbeiten", „in schöner Umgebung arbeiten", „Spaß daran viele neue Leute kennen zu lernen" wurden als die zentralen Motivationen für den Job als Animateur angegeben.

Experten-Befragung der PR-Verantwortlichen für die verschiedenen Ferien-Clubs der TUI AG
Auch eine eigene Experten-Befragung der PR-Zuständigen für die verschiedenen Ferien-Clubs der TUI AG als weltweit größtem Reiseveranstalter im April 2011 ergab, dass kulturelle Animation kaum von Interesse ist. Abgesehen von einigen Kreativ-Animationen für die Zielgruppe Kinder gäbe es keine expliziten Angebote, und man ginge davon aus, dass diese von Touristen auch nicht nachgefragt würden. Dementsprechend verliefen alle Experten-Gespräche ausschließlich telefonisch, und es kam trotz vielfältiger Bemühungen zu keinem persönlichen Interview mit den Verantwortlichen. Keiner der Zuständigen in den Bereichen Marketing, Produktentwicklung und Ausbildung hielt das Thema „Kulturelle Bildung" im Kontext der eigenen Angebote für relevant. Unzutreffend ist also die Hypothese, dass die kommerziellen Ferienclubanbieter ein eigenes Interesse am qualitativen Ausbau ihres Kulturbereichs haben. Die Veranstalter gehen davon aus, dass kulturelle Bildungsangebote für ihr Klientel nicht von Bedeutung ist.

2010 startete die TUI ein neues Angebotssegment Best Family Hotels „Puravida", um Familien mit gehobenem Einkommen und gehobenen Ansprüchen anzusprechen. Herausgehoben werden Komfort, Design, großzügige Poolanlagen, gehobene Gastronomie mit Bioprodukten und interessanterweise auch die Internationalität der Gäste. Kulturelle Programme werden offensichtlich auch für dieses Klientel der anspruchsvollen (Familien-)Touristen als nicht relevant betrachtet, was vermutlich eine Fehleinschätzung sein dürfte, betrachtet man die Erfolge etwa von Vamos Eltern-Kind-Reisen (vgl. Kapitel 5).

Mögliche Qualitätskriterien für Kulturvermittlung in Cluburlauben
Welche Vermittlungsangebote und -formen in der Animation in Cluburlauben in Hinblick auf Kulturelle Bildung sinnvoll sind, müsste in Form von Modellprojekten in Ferienclub ausprobiert und evaluiert werden. Leider wurde ein solches Modellprojekt, das die Autorin der TUI AG im Rahmen eines möglichen Lehrforschungsprojekts anbot, bislang abgelehnt, so dass hier zunächst nur Hypothesen aufgestellt werden können.

Hochwertige Programme, die künstlerisch-kreative Tätigkeiten mit landeskundlichen Erkundungen und interkulturellen Reflexionen zusammenbringen, müssten für die jeweilige Region spezifisch konzipiert werden und würden reflektierte Vermittler erfordern, die auf die in der jeweiligen Urlaubergruppe sich entwickelnden Ideen flexibel reagieren können.
Sie müssten niedrigschwellig angelegt sein, am sinnvollsten zunächst eingebunden in eine Aktivität für die ganze Familie, weil die Hemmschwellen, als Erwachsener kreativ zu agieren im Kontext gemeinsamer Aktivitäten mit Kindern sehr viel niedriger sind.
In Kooperation mit einheimischen Kulturveranstaltern, Museen, Musikern, Fremdenführern ließen sich Programme entwickeln, die die Landeskultur mit eigenen kreativen, gestalterischen oder spielerischen Aktivitäten (etwa in Form einer landeskundlichen Rallye) verbinden.

Die Ferienclubs, die ja u.a. deswegen gebucht werden, weil sie Animation bieten, also vielfältige Anregungen für die Urlaubszeit, haben grundsätzlich gute Rahmenbedingungen dafür, dass Touristen Neues ausprobieren. Das kann eben nicht nur eine neue Sportart sein, sondern auch eine ästhetische, kreative, künstlerische und kulturelle Erfahrung. Im besten Falle könnten solche Animationsangebote die eher irreale Welt der Ferienclubs mit der Welt und der Kultur des bereisten Landes zusammen bringen.

Ohne Zweifel würden hochwertige kulturelle Programme zunächst mal mehr kosten für die Veranstalter. Die derzeitig beschäftigten Animateure haben in der Regel keinen akademischen Hintergrund, sondern nur eine gewisse Vorbildung in einer oder mehrerer Sportarten sowie ein gewisses Talent und/oder künstlerische Erfahrungen, um an den abendlichen Shows mitzuwirken. Dementsprechend gering sind aktuell ihre Löhne. Qualifizierte Kulturvermittler würden hingegen ein höheres Einkommen erwarten, denn sie würden sehr viel weniger auf standardisierte Anleitungen zurückgreifen können und müssten sich regelmäßig weiter qualifizieren und neue Konzepte entwickeln.

Kulturvermittlung auf Kreuzfahrten
Urlaube auf einem Kreuzfahrtschiff erfreuen sich immer größerer Beliebtheit, nicht nur als Folge der demografischen Veränderung hin zu immer mehr Älteren, denen diese Reiseform größtmöglichen Komfort und Sicherheit bietet. Zunehmend sind auch junge Menschen an Kreuzfahrten auf sogenannten „Clubschiffen" mit breitem Sport-, Wellness- und Unterhaltungsangebot interessiert. Innerhalb von 10 Jahren konnten Kreuzfahrten ihre Passagierzahlen um 177% steigern (vgl. BMWI, Tourismuspolitischer Bericht der Bundesregierung, Berlin 2008, S. 42). 2009 buchten über eine Million Deutsche eine Kreuzfahrt, davon die eine Hälfte über und die andere Hälfte unter 60 Jahren (vgl. Deutscher Reiseverband 2010). Jeder 3. Deutsche würde gerne in absehbarer Zeit eine Schiffskreuzfahrt unternehmen, so ergab eine ADAC-Umfrage. Die beliebtesten Ziele seien Mittelmeer/Kanaren, Mittelamerika/Karibik und Nordkap (ADAC Reisemonitor 2010). Die Angebote der Anbieter differenzieren sich gemäß der Popularisierung der Kreuzfahrt zunehmend aus und bieten für die unterschiedlichsten Bedürfnisse und finanziellen Möglichkeiten Angebote. Die Preisspanne reicht von 100,-Euro (Aida) bis zu 500,-Euro pro Tag (Hapag Lloyd).

Immer mehr differenzieren sich entsprechend des sich ausweitenden Marktes auch die Machart und die Angebote der Kreuzfahrtschiffe an Bord aus. „Weil Giganten nicht mehr ungewöhnlich sind und Luxus zum Standard gehört, stellen immer mehr Reedereien ihre Schiffe in Ausstattung und Freizeitangebot unter ein bestimmtes Motto. So verspricht die neue Costa Favolosa eine Atmosphäre wie im Märchenschloss. Der Innenarchitekt ließ sich vom Schloss Versailles, dem Imperial Palast der „Verbotenen Stadt" in Peking und dem Circus Maximus in Rom inspirieren. Einen schwimmenden Freizeitpark für die ganze Familie bietet die neue Disney Dream. Hier gibt es unter anderem die erste 233 Meter lange Wildwasserbahn auf See" (Berliner Zeitung, Sonderbeilage Kreuzfahrten, 7.10. 2011).

Der Aufenthalt an Bord bietet also nicht mehr nur Entspannung und Wellness im Anblick des Meeres, sondern das Eintauchen in künstliche, kulturelle Erlebniswelten und Unterhaltung für die unterschiedlichen Zielgruppen.

Kulturvermittlung kann auf Kreuzfahrten sowohl im Rahmen des Unterhaltungsprogramms an Bord stattfinden wie auch im Rahmen der landeskundlichen Landausflüge, die bei jedem Aufenthalt an einem Hafen angeboten werden.

Ergebnisse einer Analyse verschiedener Kreuzfahrten und Befragungen von Kreuzfahrtgästen
Für die Studie wurden zum einen die Landausflüge wie auch die kulturellen Angebote an Bord der großen Kreuzfahrtschiffe anhand der Prospekte und Beschreibungen im Internet analysiert. Darüber hinaus wurden im Rahmen eines Lehrforschungsprojekts an der Universität Hildesheim im WS 2010/2011 durch Caroline Schlemme 23 Kreuzfahrtreisende verschiedener Schiffe mittels eines standardisierten Fragebogens schriftlich befragt. Mit zwei Programmverantwortlichen der Reederei Hapag-Lloyd und der Reederei Deilmann wurden mündliche Interviews geführt.

Ebenso wie bei den Cluburlauben werden auch bei den Kreuzfahrten die Landausflüge von externen Agenturen jeweils vor Ort konzipiert und durchgeführt, wodurch die Reiseveranstalter kaum Einfluss auf Inhalte und Art und Weise der Vermittlung haben. Dadurch ist es nur bedingt möglich, landeskundliche Vermittlungsangebote auf dem Schiff mit den Ausflügen zu verbinden und aufeinander bezogen vor- und nachzubereiten.
   Auch an Bord gibt es jedoch Reisevermittler, die die bereisten Großregionen gut kennen und die Tipps geben können für selbst organisierte Ausflüge der Gäste und die häufig Diavorträge zu den kommenden Orten anbieten.
   Über die verschiedenen Ausflugsprogramme, die den Touristen angeboten werden, entscheiden Landausflugseinkäufer nach Rücksprache mit den örtlichen Agenturen. Die Zufriedenheit mit den Ausflügen wird evaluiert und aufgrund der Rückmeldungen werden Verbesserungen bei den Agenturen angemahnt.
   Die Ausflüge sind in der Regel unterteilt in die Formate: klassische Überblicksausflüge, Erlebnisausflüge, Sportausflüge (z.B. Mauntainbike, Golf, Kanu-Touren), Themenausflüge und (so bei Hapag Lloyd) auch spezielle Kulturausflüge in Begleitung „hochkarätiger Lektoren", wobei es sich dabei vor allem um kunst- und kulturhistorische Besichtigungen handelt.
   Besonders beliebt bei den Touristen seien nach Auskunft der befragten Reederei-Verantwortlichen die City Touren und Inselrundfahrten, also Überblicks-Touren, die in kurzer Zeit die wesentlichen Attraktionen vermitteln, was der kurzen Aufenthaltsdauer der Kreuzfahrtschiffe in einem Hafen entspricht.
   In den Prospekten der Kreuzfahrtschiffe finden sich jeweils sehr kurze und allgemeine, positiv werbende Informationen über eine bereiste Region und einen Hafenort.

Eine detaillierte Analyse der einzelnen Ausflugsprogramme wie der täglichen Programme an Bord der beiden größten deutschen Kreuzfahrtanbieter „Mein Schiff" TUI und „AIDA Das Clubschiff" zeigte große Ähnlichkeiten in der Art und im Ablauf der Programme:

Bei den Formaten der Landausflüge unterscheiden beide Veranstalter in „klassisch"/Überblick sowie in „erlebnisorientiert" und „aktiv" (was sich vor allem auf die Fortbewegungsmittel bezieht); in Programme, die sich für Familien eignen sowie spezielle Touren für Kinder und Jugendliche.

Die Hinweise auf die Inhalte der Landausflüge in den Prospekten sind eher oberflächlich und bedienen eher die üblichen Wunschbilder und Klischees, als dass sie Informationen bieten: „Agadir. Genießen Sie einen Abend wie aus 1001 Nacht", „Ein Tag auf Lanzarote ist Faszination pur. Besonders beeindruckend sind die kunstvollen Werke von Manrique. Ob Kaktusgarten oder das Haus des Künstlers, alles wurde stets in Einklang mit der Natur gestaltet", „Besuchen Sie die Piazza die Miracoli, die 1987 zum Weltkulturerbe ernannt wurde und machen Sie Ihr persönliches Urlaubsbild mit dem Schiefen Turm von Pisa" (Katalog Mein Schiff, TUI 2010/2011, S. 64, S. 72).

Deutlich wird, dass die vertiefende Erkundung von Land und Leuten ebenso wenig wie bei den Clubanbietern im Interesse der Kreuzfahrtanbieter steht.

Beim Programm an Bord stehen Wellness, Entspannung, Sport und gutes Essen im Vordergrund und werden detailliert beschrieben und in stimmungsvollen Bildern dokumentiert.

Das Kulturprogramm beider Anbieter umfasst allabendliche umfangreiche Shows in den Formaten Musical, Variete, Revue, Konzerte, Liederabende und Comedy, häufig auch in Kombinationen. „Ob Jongleure, Tuch-Akrobaten, Magier, Comedians, Sänger oder Tänzer – unsere internationalen Künstler lassen jeden Abend an Bord zu einem unvergesslichen Erlebnis werden. Vom Krimi-Dinner über die Aqua-Musicals im Theater und Kochshows im Tapas y Mas bis hin zu Pooldeck-Partys und Hörspielen. An Deck finden Sie alles, was überrascht, begeistert und Freunde macht" (TUI Cruises, Mein Schiff, Kanaren und Mittelmeer Oktober 2010 bis November 2011, S. 37).

Neben dem Standard-Showprogramm gibt es bei TUI Cruises spezielle „Variete-Reisen", „Comedy-Reisen" sowie eine Reise unter dem Motto „Klassik an Bord" mit renommierten Gastkünstlern und viel versprechenden Nachwuchstalenten.

Neben dem bildreich angekündigten Showprogramm findet sich auch der Hinweis auf aktive Kultur- und Wissenschaftsangebote an Bord: „Ob Vorträge zu den Reisezielen, Diskussionsrunden zu aktuellen Ergebnissen aus Wissenschaft, Gesellschaft, Kunst und Kultur, Mal-, Koch- oder Fotokurse – unser Seminarangebot ist so spannend wie vielseitig." Und es wird der für die Kulturelle Bildung relevante Anspruch formuliert: „Damit Ihr Urlaub auf der „Mein Schiff" auch zurück an Land eine Quelle der Inspiration ist" (S. 38).

Anders als in der generellen Ankündigung des Programms fanden sich bei den untersuchten Tages-Programme der Kreuzfahrten, die immer am Morgen beim Frühstück unter den Touristen verteilt werden, keine Kreativangebote mit Ausnahme eines Aquarell-Malkurs mit dem Titel „Ihr Traum-Urlaub in Aquarell" sowie Diavorträge zu den Ausflugsprogrammen.

Auf der AIDA werden im Bereich Kultur Standardtanzkurse, Kochkurse sowie Sprachkurse für Englisch und Französisch angeboten.

Neben den Sportkursen werden in die Programme zunehmend auch weitere Themen aufgenommen, die mit den bereisten Regionen nichts zu tun haben, wie z.B. Computerschulungen, psychologische Kurse, Sprachkurse, Kochkurse. Kreuzfahrtschiffe entwickeln sich also zu einer Art schwimmenden Volkshochschule.

Die Qualität der kulturellen Angebote ist deutlich vom Preis abhängig. Auf den günstigen Aida Schiffen bestreiten etwa die Animateure die abendlichen Shows selbst, auf der MS Europa von Hapag Lloyd werden bekannte Künstler eingeladen und sogar eigene Klassik-Festivals im Rahmen der Kreuzfahrten veranstaltet. Zudem gibt es auf den Hapag-Lloyd-Schiffen spezielle Politik-Themenreisen.

In der (nicht repräsentativen) Befragung der Kreuzfahrtreisenden im Anschluss an ihre Reise danach, ob ihnen die Veranstaltungen an Bord oder die Ausflüge an Land wichtiger seien, nannten hingegen 70% die Landausflüge als wichtiger. Das ist insofern nicht verwunderlich, als die Kreuzfahrtteilnehmer ohne dieses Interesse an verschiedenen Städten und Ländern auch für sehr viel weniger Geld einen stationären Aufenthalt in einem Clubhotel oder Wellnesshotel hätten buchen können.

Der Großteil der Befragten bewertete die kulturellen Landausflüge als „gut" und empfand die angebotenen Informationen als ausreichend. Fast alle glauben, dass sie viele neue kulturelle Informationen und Eindrücke von ihrer Reise behalten hätten, die Hälfte gibt an, Informationen in einem Reiseführer nachgelesen zu haben.

Die Antworten auf die Frage nach dem am eindrücklichsten in Erinnerung gebliebenen kulturellen Ereignis oder Veranstaltung beziehen sich ebenfalls überwiegend auf Erlebnisse außerhalb des Schiffes und sind sehr unterschiedlich: „Stadtführung bei Nacht durch Palma" – hier ist die besondere Tageszeit entscheidend; „Das Elend auf den Straßen Kairos" – hier sind Kontraste zur schönen Urlaubswelt nachdrücklich; die „Naturapotheken in Marokko" – hier beeindruckt der Kontrast zum deutschen Alltag; weitere Antworten beziehen sich pauschal auf als besonders beeindruckend wahrgenommene Sehenswürdigkeiten des Weltkulturerbes wie die Akropolis oder das Kolosseum.

Aus den Antworten ist erkennbar, dass bei den Kreuzfahrtteilnehmern ein starkes Interesse an der Besichtigung der bereisten Regionen besteht.

Die Nachfrage nach Landausflügen übersteigt dann auch häufig das Angebot, gerade bei den sehr großen Kreuzfahrtschiffen mit bis zu 4.000 Gästen, die im Rahmen eines Landausfluges versorgt werden müssen.

Individuelle Touren in kleinen Gruppen mit der Möglichkeit, Rückfragen zu stellen, sind schon durch die erforderlichen Gruppengrößen von mindestens 50 Personen nicht möglich. Die landeskundlichen Ausflüge sind also bei den großen, preiswerteren Schiffen in der Regel standardisiert und bieten nur oberflächliche Informationen. Hinzu kommt die kurze Aufenthaltsdauer in einem Hafen, die keine intensiveren Begegnungen mit Land und Leuten zulässt.

Zwischenfazit: Kulturelle Bildung in Cluburlauben und auf Kreuzfahrten
Qualitativ hochwertige kulturelle Animation wird aktuell in Ferienclubs nicht systematisch angelegt, sondern dürfte eher Zufall sein. Standard sind die konsumtive abendliche Musicalshow, die Entertainment für die ganze Familie bietet, ohne dass dabei eigene Aktivität und Reflexion erforderlich sind.

Angebote, die die Kreativität und eigene Ideen der Touristen herausfordern oder die sich mit der Kultur des bereisten Landes auseinandersetzen, gibt es kaum.

Die von externen Agenturen angebotenen Besichtigungstouren unterliegen kaum einer Qualitätskontrolle und haben häufig aus kommerziellen Gründen der externen Agenturen einen kurzen, stark standardisierten Sightseeing-Teil sowie einen überdimensionalen Anteil an Shopping statt einer differenzierten Auseinandersetzung mit der Alltagskultur.

Auch an Bord der Kreuzfahrtschiffe gäbe es potentiell Zeit, Raum und Konzentration für kulturelle Bildungsangebote. Ebenso wie bei den Clubanbietern finden kulturelle Angebote an Bord aktuell vor allem in Form von Shows, Musicals, Musikkonzerten, Folkloregruppen und Tanzveranstaltungen statt. Darüber hinaus gibt es hier jedoch noch stärker differenzierte Angebote wie Lesungen, Kunstausstellungen und auch landeskundliche Diavorträge von Lektoren. Mitmachangebote wie Malworkshops und Schreibworkshops sind sehr vereinzelt vorhanden. Aber auch hier fehlen, abgesehen von den Diavorträgen, Angebote, die Brücken schlagen zwischen der Welt des Kreuzfahrtschiffes und der Kultur der bereisten Region.

Gerade die Verbindung von eigenen kreativen und ästhetischen Tätigkeiten mit der Erkundung von Land und Leuten wäre erforderlich, um das Potential der Cluburlaube und Kreuzfahrten für die Kulturelle Bildung zu nutzen.

Die Entrücktheit der Ferienclubs und Kreuzfahrtschiffe vom realen Leben des bereisten Landes ist grundsätzlich ein Nachteil, der interkulturelle Erfahrungen eher verhindert. Gleichzeitig bietet aber dieser „paradiesische" Rahmen, der die Touristen von aller Mühsal alltäglicher Verrichtungen und organisatorischer Tätigkeiten befreit, Raum, um sich intensiv einer kreativen Tätigkeit widmen zu können gemeinsam mit anderen, die nicht zum üblichen Freundes-/Kollegenkreis gehören und in deren Gesellschaft auch das Ausprobieren neuer Rollen möglich wäre.

5. Best Practise Beispiele und Expertenmeinungen zur Kulturvermittlung im Tourismus

5.1 „Straße der Romanik", „Wege ins Mittelalter" und „Gartenträume" in Sachsen-Anhalt. Der Tourismus als Motor für neue Wege in der Kulturvermittlung

Ein Experteninterview mit Prof. Dr. Christian Antz, Referatsleiter im Wirtschaftsministerium Sachsen-Anhalt, Honorarprofessor für Slow Tourism in Heide, Herausgeber einer Publikationsreihe „Kulturreisen in Sachsen-Anhalt", Bearbeiter der „Tourismus-Studien Sachsen-Anhalt" und Autor des Buches „Slow Tourism – Reisen zwischen Langsamkeit und Sinnlichkeit"

Im Jahr 1993 wurde in Sachsen-Anhalt die „Straße der Romanik" eröffnet, die insgesamt 80 mittelalterliche Burgen und Schlösser an 65 Orten miteinander verbindet und die sich durch ganz Sachsen-Anhalt zieht. Anknüpfend an das nicht zuletzt durch Umberto Ecos Erfolgsroman und -film „Der Name der Rose" 1980 und 1986 entzündete Mittelalter-Interesse wird hier entlang mittelalterlicher Orte, Relikte und Museen Geschichte vermittelt und nebenbei durch Sachsen-Anhalt geführt. Als erste Tourismusstraße Ostdeutschlands verbindet sie Orte quer durch ein ganzes Bundesland.

Ab 1999 entstand die Idee eines gartentouristischen Produktes in Sachsen-Anhalt, das ab 2006 als erstes landesweites Gartennetzwerk Deutschlands im Markt eingeführt wurde. War damals der Gartentourismus ein Nischenthema, so hat Sachsen-Anhalt innovativ einen langfristigen Trend erkannt, wie auch die vielen Gartensendungen und -zeitschriften zeigen. Ganze 43 historische Gärten und Parks werden den Besuchern mit ihren Schlössern oder Städten präsentiert. Was in Frankreich und Großbritannien lange Tradition hat, ist mit den „Gartenträumen" auch in Deutschland angekommen.

„Über ein ‚Thema' lassen sich verschiedene Sehenswürdigkeiten, Orte und Partner vernetzen, und es entsteht für Einheimische wie Touristen ein Sinn gebender Gesamtzusammenhang." Identität nach innen und Image nach außen haben sich durch die „Straße der Romanik" und die „Gartenträume" langfristig und nachhaltig entwickelt. Große, sehr bekannte Orte sind Zugpferde, die auch die kleineren Stätten mitnehmen und ihnen touristische Aufmerksamkeit ebenso wie Wertschätzung und Stolz der Einheimischen zuführen.

Identifikation der einheimischen Bevölkerung mit einem touristischen Leitthema als Voraussetzung für touristischen Erfolg

Sachsen-Anhalt ist beispielgebend für die kulturtouristische Aufbereitung einer eher als unspektakulär geltenden Region durch anschaulich vermittelte Themenrouten. Von der „Straße der Romanik" über „Luthers Land" und „Musikland" bis zu „Gartenträumen" reichen die Themen, die sich aus den historischen Gegebenheiten des Landes entwickelt haben. „Ein für touristische Besucher glaubwürdiges und damit attraktives Thema darf nicht künstlich erfunden sein, sondern muss auf Traditionen, im besten Falle auch gelebter Geschichte basieren, also authentisch sein", so Antz. „Die am häufigsten nachgefragten Kulturreisethemen sind die mit lang gewachsener Geschichte wie etwa der Jakobsweg."

Und so hatte die Entwicklung der „Straße der Romanik" zunächst auch das Ziel, die eigene Geschichte zu befragen und zu verlebendigen, die innere Einheit des Landes zu fördern, die verschiedenen Partner wie Denkmalpfleger, Kirchenvertreter, Tourismusmanager zusammenzubringen, eine einheitliche Sprache zu finden ebenso wie die Verbundenheit der Bewohner und den Stolz auf ihre reiche Geschichte anzuregen. „Das steigende Interesse von Kulturtouristen an Städten und Regionen führt umgekehrt wieder zum selbstbewussten Umgang der Bevölkerung mit ihrer Kultur."

Diese Strategie dürfte zum touristischen Erfolg beigetragen haben: In Sachsen-Anhalt wuchs die Zahl der Touristen von 1,2 Millionen 1993 auf 3,4 Millionen 2010 pro Jahr. „Der Kulturtourismus hat eine sehr große Bedeutung für Sachsen-Anhalt, wobei die meisten der Besucher Deutschland weit als Auch-Kulturtouristen zu definieren sind, die Kultur in ein attraktives Gesamtsetting eingebunden erleben wollen, die sich für eine alte Burg und ein Museum genauso interessieren wie für ein gutes Essen und Shopping in einer schönen Altstadt". Der spezifisch kulturinteressierte, bildungsbürgerliche Reisende ist nach Ansicht von Antz eine aussterbende Spezies – „die neuen Kulturtouristen sind ebenso wie an Kunst und Kultur auch an Essen und Trinken, Shoppen und Flanieren, Bewegung in schöner Natur interessiert und wollen die Kombination aus allem. Und Kultur darf nicht dröge sein, sondern darf auch Freude machen. Und die Kulturanbieter dürfen ein Lächeln aufsetzen, wenn Besucher sie aufsuchen; denn es steht nirgendwo geschrieben, dass Kultur oder Kirche ernst zu sein hat."

Ein stimmiges Gesamtambiente aus Objekt, Infrastruktur, Inszenierung, Service und Vermittlung
Damit die „Straße der Romanik" für Touristen attraktiv wurde, war der Aufbau einer touristischen Infrastruktur mit schönen Unterkünften und vor allem auch einer passenden, einheimisch geprägten Gastronomiekultur notwendig. „Das gehört zu den notwendigen Voraussetzungen, wovon kein Gast spricht, sondern es als unabdingbar gegeben ansieht". Ein weiterer wichtiger Aspekt der attraktiven touristischen Aufbereitung ist die Inszenierung der historischen Stätten durch Live-Kulturevents und Sonderausstellungen, mit denen immer neu Aufmerksamkeit für die Route geschaffen werden kann. Dies hat beispielgebend 2001 die Europa- und Landesausstellung „Otto der Große" in Magdeburg gezeigt.

Dazu war es auch notwendig, sowohl die beteiligten Kultureinrichtungen wie die gastronomischen Partner davon zu überzeugen, dass „Gastfreundschaft" ein sehr wichtiger Faktor der touristischen Vermittlung ist und erlebte Herzlichkeit und vermittelte Verbundenheit mit der Region oft stärker in Erinnerung bleiben als die besichtigten Objekte mit auswendig gelernten Daten und Fakten. „Das Gesamtsystem muss stimmen und von Touristen als eine Einheit wahrgenommen werden: Objekte, Infrastruktur, Zusatzveranstaltungen, Vermittlung."

Als studiertem Kunsthistoriker und Kulturmanager gelang es Christian Antz, zwischen den verschiedenen Perspektiven und Herangehensweisen der Beteiligten zu vermitteln. Während bei den Touristikern häufig das Interesse an schnell wachsenden Besucher- und Übernachtungszahlen im Vordergrund stehe, hätten die Kulturvertreter Sorge vor einer Qualitätsminderung durch oberflächliche Aufbereitung ihrer Angebote für den Tourismus. Dass es um eine an den kulturellen Inhalten orientierte authentische und hochwertige Profilierung gehe, sei in beide Richtungen zu vermitteln. „Und dass es sich bei Touristen und Besuchern um ein und dieselben Personen handelt, die von einem romanischen Kirchenraum ebenso schwärmen wie von einer perfekt zubereiteten Harzer Bachforelle, die sich über gute Kultur und gutes Essen gleichzeitig freuen können, muss ins Gastgeberbewusstsein einfließen. Der Gast ist nämlich einer wie wir."

Nicht die Wiedergabe von Fakten, sondern emotional berührende Geschichten lösen bleibende Erinnerungen aus
Vermittlung für die Individualtouristen findet in den „Gartenträumen" in Form von Flyern, Broschüren, speziellen Publikationen, einer Website zum Thema wie auch in Form von großen Informationstafeln an den jeweiligen Orten statt. Diese würden von allen Touristen gelesen und es sei wichtig, hier knappe und den gesamten Bedeutungszusammenhang vermittelnde Informationen zu geben.

Darüber hinaus werden die Stadt- und Gästeführer in Sachsen-Anhalt speziell zu den Themen Romanik oder Gärten aus- und weitergebildet. Auf die Art und Weise der Führungen hat Antz selber keinen Einfluss. Damit daraus bleibende Erinnerungen entstehen können, davon ist er zutiefst überzeugt, „darf Vermittlung sich nicht auf eine Wiedergabe von Daten und Fakten beschränken, sondern muss emotional berührende Geschichten erzählen, in denen Geschichte auch an persönlichen Biografien deutlich wird. Lieber mittels „eines" Kunstwerks oder „einer" Geschichtsperson eine emotionale Bindung zu „Gartenträumen" oder „Straße der Romanik" herstellen, als den Besucher mit einem Brei von Daten zu füllen, das macht Kulturelle Bildung auch im Tourismus aus."

Gartenkunst als Kulturform, die einfache Zugänge ermöglicht
Neben dem mittelalterorientierten Zugpferd „Straße der Romanik" und den wasserorientierten Touren „Blaues Band" sowie der astrologisch ausgerichteten Route „Himmelswege" gibt es seit 2006 auch die Kulturroute „Gartenträume". Diese wurde zusammen mit der bundesweiten Kampagne der Deutschen Zentrale für Tourismus „Schlösser, Park, Gärten – romantisches Deutschland" eingeführt, womit auch viele Touristen aus dem Ausland gewonnen werden konnten. Sachsen-Anhalt kann auf über 1.000 denkmalgeschützte Gartenanlagen zurückgreifen, darunter auch sehr bekannte wie die im „Dessau-Wörlitzer Gartenreich", aber auch zeitgenössische Landschaftsprojekte

wie die Umgestaltung des ehemaligen Braunkohle-Reviers Bitterfeld. Eine Auswahl von 43 Parkanlagen wurde in ein denkmalpflegerisches und touristisches Gesamtkonzept eingebunden.

„Ob mittelalterlicher Klostergarten oder barocker Landschaftspark – das grüne Wohlfühl-Programm Sachsen-Anhalts ist vielfältig. Unter dem Stichwort ‚Gartenträume' sind die schönsten historischen Parks und Gärten des Landes zusammengefasst. Diese Gartenkunstwerke mit ihren Schlössern und Stadtkernen bieten viel Raum für unvergessliche Erlebnisse – vom Picknick im Grünen bis zu klassischen Konzerten vor traumhafter Kulisse". So wirbt die Tourismus Marketing Sachsen-Anhalts GmbH.

Die Verbindung der Themen Natur und Kultur scheint sehr geeignet für die Kulturvermittlung im Tourismus, weil Natur als ein wesentlicher Attraktionsfaktor für Touristen sich in den historischen Parks als gestalteter Landschaft direkt mit der Kultur verbindet. Die Kombination aus Entspannung in schöner Landschaft mit kulturellen Anregungen erweist sich für viele Interessen- und Altersgruppen als attraktiv. Sehr beliebt ist die Kombination aus Parkbesichtigung und kultureller Veranstaltung wie eine Lesung, ein Konzert, ein Theaterstück in schöner Landschaft bei Kaffee und Kuchen oder einem festlich illuminierten Abendessen.

Gartenkunst ist aber auch deswegen sehr geeignet, weil das Thema Garten und Gartenarbeit für viele ein beliebtes und vertrautes Hobby darstellt, so dass es niedrigschwellige Anknüpfungspunkte gibt. Ein Großteil der Deutschen hat einen Garten oder wünscht sich einen Garten, so zeigte eine Umfrage. Dabei sind es, so Antz, aktuell eher die Älteren, die sich für Garten und Gartenkunst begeistern, er beobachtet aber insgesamt eine Ausweitung des Interesses an dem Thema auf junge Familien: „Quer zum virtuellen Zeitgeist wächst also die Neigung zu Gärten: Anschauen, genießen, gärtnern, kreativ sein." Das Thema „Garten" kann unter ästhetischen und kulturhistorischen Gesichtspunkten eine neue Bedeutung bekommen und eigenes gärtnerisches Gestalten kann auch als eine ästhetische Tätigkeiten betrachtet werden.

Sinnfällige Präsentation und Inszenierungen statt unzugängliche Vitrinen
„Kunst und Kultur im Rahmen einer touristischen Reise zu erfahren ist grundsätzlich ein guter Hebel für die Kulturvermittlung." Die typisch deutsche Trennung zwischen E- und U-Kultur und die damit verbundenen Präsentations- und Rezeptionsformen stehe der erfolgreichen Vermittlung an ein breites Publikum, seien es Touristen oder einheimische Besucher, jedoch oft im Weg, das erlebt Christian Antz immer wieder in Gesprächen etwa mit Museumsfachleuten.

„Sogenannte Hochkultur wird in Deutschland sehr verkopft angeboten, preußisch spartanisch und ernst. Im Museum darf man sich nicht hinsetzen und nichts anfassen, in der Oper darf man nicht mitklatschen. Kunstkultur darf in Deutschland keinen Spaß machen, wenn sie hohe Qualität besitzt. Im Vergleich zu Ländern wie England oder den USA tun sich die deutschen Einrichtungen noch immer schwer, zugunsten einer besseren Zugänglichkeit auf eine vermeintlich wissenschaftlichere, strenge Präsentation zu verzichten. Warum nicht Objekte in einem Gesamtambiente zeigen, in dem sich Besucher auch aufhalten können (wie etwa im Victoria and Albert Museum in London), statt sie in Vitrinen zusammenhanglos zu separieren? Und warum erfreuen sich die Kulturverantwortlichen selbst an der Aufführung Last Night of the Proms in der Londoner Royal Albert Hall, während sie sich in Deutschland mit verkniffenen Gesichtern mit anderen Übersiebzigjährigen in Hoch-Kultur-Musikkonzertsälen verschanzen, anstatt jungen Menschen Bach und Beethoven als hipp zu vermitteln." Bei den Kultureinrichtungen wie den Museen steige jedoch allmählich die Bereitschaft zur emotionalen Inszenierung ihrer Objekte, die nötig sei, um bei Nicht-Fachpublikum Interesse und Verständnis zu schaffen.

Kulturpräsentation und Kulturvermittlung im Tourismus könnten weitere Anstöße geben, hier etwas zu verändern. „Wenn keine neuen Vermittlungsstrategien entwickelt werden, sieht die Zukunft der traditionellen Kultureinrichtungen und Formen düster aus", davon ist Christian Antz überzeugt. Dabei läge es nicht an der Kunst selbst, sondern an der Art und Weise, wie sie präsentiert, kommuniziert und rezipiert würde. Dass etwa traditionelle gregorianische Chorgesänge aus einem österreichischen Kloster über den Youtube-Kanal millionenfach von jungen Menschen abgerufen und gehört wurden, sei ein Zeichen dafür, dass Kunst andere, populärere Formen der Vermittlung braucht und dass dadurch auch Hochkultur eine Zukunft hätte.

Kunst und Kultur als Sinnlichkeit und Sinn vermittelnde Elemente eines neuen Trends zum Slow Tourism.
Welche Trends und Perspektiven sieht Christian Antz im kulturorientierten Tourismus? Die zukünftig wichtigen Themen sind für ihn spirituell und sinnlich orientierter Tourismus. Und diese Phänomene fasst er unter dem neuen Begriff „Slow Tourism" zusammen, in dem es um Sinnsuche und Besinnung geht als Gegentrend zu einer immer schnelleren Arbeitswelt mit immer rasanteren Kommunikationsformen und in der Folge steigenden Burn-out Syndromen, aber auch als Gegenreaktion auf wirtschaftliche und politische Krisen, die das Bedürfnis nach Innehalten auslösen. „Der neue Anspruch an den Urlaub kommt aus dem Bedürfnis heraus, während der Ferien in eine Gegenwelt einzutauchen, aus der Sehnsucht nach dem guten und einfachen Leben". Dabei würde auch der Regionaltourismus an Bedeutung zunehmen, denn immer mehr scheuen sich vor weiten Reisen und erkundeten Ziele in der näheren Umgebung etwa mit dem Fahrrad. „Bei der Suche nach Sinn und Sinnlichkeit sind Kunst und Kultur wichtige Elemente für den Slow-Touristen. Kulturtourismus ist ein Zukunftsmarkt, wenn die Kulturanbieter es verstehen, Schönheit und Gastgeberschaft zu einem neuen sinnlichen Kulturerlebnis zu verbinden."

5.2 Stiftung Preußische Schlösser und Gärten – Vermittlung als Sensibilisierung für die Schönheit und den Erhalt des kulturellen Erbes
Ein Experteninterview mit Dr. Heinz Buri, Marketingdirektor Stiftung Preußische Schlösser und Gärten Berlin-Brandenburg

Die Stiftung Preußische Schlösser und Gärten ist für insgesamt 35 Schlösser einschließlich Gartenanlagen in Berlin, Potsdam und an verschiedenen Orten Brandenburgs verantwortlich, darunter für zentrale touristische Sehenswürdigkeiten wie Schloss Sanssouci oder das Schloss Charlottenburg. Letzteres wird, wie die Besucherstudien zeigen, zu ca. 80% von Touristen besucht und hat von allen Berliner Museen den höchsten Anteil an ausländischen Touristen. Ein Großteil der Besucher der Schlösser sind dementsprechend Erstbesucher.

Die touristische Nachfrage der bekanntesten preußischen Schlösser, die als wichtige Sehenswürdigkeit und bedeutsamer Träger der Geschichte Berlins, Preußens und Deutschlands gelten, übersteigt in der Regel das Angebot. Im Marketing an die Zielgruppe Touristen geht es der Stiftung deshalb weniger um absolute Aufmerksamkeit als vielmehr um eine geschickte Besucherlenkung, etwa durch gleichmäßigere Verteilung der Besuche und Führungen auf den gesamten Tag und die Woche sowie dadurch, dass Bekanntheit und Interesse an den übrigen Anlagen über die zentralen Highlights hinaus gesteigert wird. Ein wesentliches Ziel der Stiftung ist es, „die kostbaren Schloss- und Gartenanlagen, deren Entstehungszweck nur den Zugang für wenige und die Nutzung durch noch weniger Menschen vorsah, auch für einen Museumsbetrieb zu ertüchtigen, der einer breiten kulturellen Nachfrage im 21. Jahrhundert gerecht wird."

Aufgabe der Stiftung ist der Erhalt der Anlagen, die Erforschung und weitere wissenschaftliche Aufbereitung der preußischen Geschichte und ihrer Relikte sowie die Vermittlung und auch Vermarktung, um die entsprechenden finanziellen Mittel für den Erhalt zu generieren. Dabei sind die Erlöse aus Eintrittsgeldern ein wesentlicher Posten ebenso wie auch Gewinne der Merchandising-Artikel des Museumsshops, die anteilig wieder an die Stiftung zurück gehen.

Fachlich fundierte und dennoch voraussetzungslos verständliche Überblicksführungen für alle Reisegruppen
Als eine der wenigen Kultureinrichtungen hat die Stiftung in ihrer Marketingabteilung eine eigene Position ausschließlich für Tourismus, die v.a. zentrale Ansprechpartnerin für die Reiseindustrie ist. Jährlich erscheint ein über 50 Seiten starker Sales Guide mit speziell auf die Bedürfnisse der Reiseindustrie zugeschnittenen Informationen wie Gruppentarife, langfristige Ausstellungsplanungen, Kurzinformationen über die jeweiligen Besonderheiten der Schlösser und Gärten, Führungsangebote.

Alle Gruppenbesucher der Schlösser und Gärten, die ca. 35% ausmachen, besichtigen die Museen im Rahmen einer Führung. Der Sales Guide für Gruppenreiseunternehmen im In- und Ausland listet die Informationen über die verschiedenen Führungs-Angebote einschließlich der Dauer übersichtlich auf.

Die Museums-Führer werden von der Zentralstelle der Stiftung qualifiziert, und auch für auswärtige Reiseführer gibt es die Möglichkeit, im Rahmen einer Weiterbildung eine Führungslizenz für die Preußischen Schlösser und Gärten zu erwerben. Dabei geht es vor allem um fachlich fundierte Kenntnisse der preußischen Geschichte, kunsthistorische Kenntnisse auf dem aktuellen Forschungsstand sowie um Berücksichtigung denkmalpflegerischer Aspekte.

Das Gros der Führungen vermittelt in komprimierter Weise einen Gesamtüberblick der historischen Hintergründe und Besonderheiten der jeweiligen Anlage, darüber hinaus gibt es diverse Sonderführungen zu unterschiedlichen Aspekten vom Gartenbau bis zu restauratorischen Herausforderungen. Zudem werden erlebnisorientierte Führungen angeboten, die die Geschichte und Geschichten einer Anlage aus der Perspektive einer historischen Figur vermitteln, die am Rande der bekannten historischen Persönlichkeiten stand, wie etwa der Kammerherr Friedrich des Großen, die Hofdame der Königin oder der Hofkoch. Hierbei wird bewusst auf die Inszenierung der berühmten preußischen Könige verzichtet, vielmehr sind es die Nebenfiguren am Hofe, die nach dem aus dem Theater bekannten Botenprinzip den Blick auf Hof und Herrscher wiedergeben.

Auch für die 65% Individualbesucher gibt es öffentlich buchbare Führungen oder im Eintrittspreis enthaltene Audioguides, so dass sich jedem Besucher das Gesehene vor Ort auch ohne Vorwissen erschließt. Die Audioguides werden von Agenturen in Kooperation mit den Fachwissenschaftlern der Stiftung entwickelt.

Kulturvermittlung an Kinder durch die interaktive Website und Workshops für die gesamte Familie
Ein besonderes Format ist eine interaktive Website der Stiftung für die Zielgruppe Kinder, die auf spielerische Weise die Geschichten rund um die Schlösser und Gärten vermittelt. So können sich Kinder dort etwa das Familienleben der Königin Luise um 1800 aneignen und sich bereits im Vorfeld des Besuchs oder aber im Nachhinein zu Hause mit den für Kinder interessanten Inhalten der preußischen Schlösser und Gärten beschäftigen.

Sonderveranstaltungen und Workshops zu unterschiedlichen Themen zielen sowohl auf Potsdamer und Berliner Besucher wie auf touristische Zielgruppen verschiedenen Alters und verschiedener Interessenslagen: Das Spektrum reicht von Erlebnisführungen für Kinder und Eltern unter der Frage „Spukt es etwa im Schloss" über „Musikalisch-literarische Zeitreisen durch Schloss Schönhausen" oder „Schlossküchengewürzdüfte und Festtafelschmuck" – Besuch der Schlossküche von Sanssouci und gemeinsames Gestalten einer festlichen Tafel" bis zu technischen Fragen „Wie heizte man dem Kaiser ein? – Historische Heiztechniken im Laufe der Jahrhunderte". Eine eigene Abteilung des Marketings konzipiert zentral für alle Schlösser und Gärten immer neue Veranstaltungsformate, die unter unterschiedlichen Fragestellungen Geschichte populär erschließen.

Kulturvermittlung für Touristen unterscheidet sich nicht von Kulturvermittlung für einheimisches Publikum
„Es gibt keinen generellen Unterschied zwischen einheimischen Besuchern und touristischen Besuchern. Wir alle sind fast überall auf der Welt Touristen," so Buri. Die Distinktion zwischen kulturell mehr oder weniger gebildeten Besuchern sei wenig sinnvoll und zeuge von Arroganz der Fachwissenschaftler. „Man selbst ist der Bildungsreisende, die anderen sind die Touristen – mit diesem Denkmodell wird man den Anforderungen eines Museumsbetriebs im 21. Jahrhundert nicht gerecht, die Forderungen eines Zensus auf der Grundlage von Bildungsnachweisen wäre zweifellos ein anachronistisches Verfahren."

Und so gibt es auch kaum Unterschiede in der Vermittlung an touristische oder einheimische Zielgruppen. „Die Gäste in kulturellen Einrichtungen und Stätten haben immer unterschiedliches Vorwissen, sind in ihren Erwartungen und Motiven unterschiedlich prädisponiert – und genau das ist die Herausforderung für die verantwortlichen Akteure auf Seiten der Kultur, es sind in besonderem Maße die Anforderungen an ein intelligentes Besuchermanagement, an ein Handeln im Sinne des Gastes und im Sinne des Kulturgutes."

Ausnahmen bilden spezifische Veranstaltungsformate, wie etwa die Veranstaltungsreihe „Preußisch Grün", die sich speziell an ein regionales Publikum wenden mit der Zielsetzung, Sensibilität für den Umgang mit den Gartenanlagen und Verständnis für die Parkordnung herzustellen. Führungsformate zu den großen Bauvorhaben im Rahmen des Masterplans sind ebenfalls auf eher regionale Zielgruppen ausgerichtet.

Ihren zentralen Bildungsauftrag begreift die Stiftung darin, „Menschen für den Erhalt des gemeinsamen kulturellen Erbes zu sensibilisieren". Beim Besuch der Schlösser gehe es weniger um kognitiven Wissenszuwachs. „Auch wenn Menschen sich einfach und eher intuitiv an der Schönheit des Gesehenen erfreuen, haben sie etwas Wichtiges erfahren, das ihr Verständnis für Kultur erhöht."

5.3 Tourismusorientierter Service, kurzweilige Vermittlungsangebote und einprägsame Architektur. Tourismusmagnet Jüdisches Museum Berlin
Ein Experteninterview mit Dr. Martina Dillmann, freie Kulturberaterin, von 2004 bis 2008 verantwortlich für den Bereich Tourismusmarketing im Jüdischen Museum Berlin, sowie mit Tanja Petersen, Leiterin der Bildungsabteilung im Jüdischen Museum Berlin

Spektakuläre Architektur, inhaltliche Bezüge zur Stadt und konsequente Besucherorientierung als Gründe für die Beliebtheit des Jüdischen Museums bei Berlin-Touristen
Das Jüdische Museum Berlin ist neben dem Neuen Museum, dem Pergamonmuseum, dem Deutschen Historischen Museum und dem Museum Checkpoint Charlie eines der besucherstärksten und bei den Touristen beliebtesten Museen Berlins. Mit 87% stellen nationale und internationale Touristen den größten Anteil der Besucher. Was sind die Gründe für die große Popularität bei Berlin-Touristen?

Zum einen ist es die spektakuläre Architektur des amerikanischen Architekten Daniel Libeskind, die das Museum auch als neues Baudenkmal Berlins für Touristen interessant macht. In den Besucherbefragungen des Museums gaben in den ersten Jahren nach der Eröffnung mehr als die Hälfte der Besucher die Architektur als wesentliche Besuchs-Motivation an. Das Museumsgebäude verbindet einen barocken Altbau mit einem außergewöhnlichen zickzackförmigen Neubau, der auch als geborstener Davidstern interpretiert wird. Im Innern des dekonstruktivistischen Gebäudes erfährt der Besucher körperlich über Gänge mit sich kreuzenden Achsen und schiefen Wänden, die zum Teil in Sackgassen oder vor leeren Räumen enden, auf einer intuitiv sinnlichen Ebene die Inhalte des Museums.

Mit seiner Eröffnungsstrategie hat das Jüdische Museum entscheidende Schritte in Richtung hoher touristischer Attraktivität unternommen. Das (leere) Gebäude war bereits 1999, d.h. zwei Jahre vor Eröffnung seiner Dauerausstellung zu besichtigen und zählte während dieser Zeit 350.000 Besucher. Dies führte früh zur Erwähnung in wichtigen Reiseführern, die laut einer Studie der Berlin Tourismus Marketing und Kongress GmbH (BTM) und des Berliner Kultursenats das wichtigste Informationsmedium für den Museumsbesuch von Touristen darstellen.

Zum anderen ist auch die Präsentation deutsch-jüdischer Geschichte, die als wesentlicher Bestandteil Berliner Geschichte wahrgenommen wird, ein wichtiger Attraktionsfaktor für Berlin-Touristen. Die Dauerausstellung, die zu einer Entdeckungsreise durch zwei Jahrtausende deutsch-jüdische Geschichte einlädt, ist die einzige in einem Jüdischen Museum in Deutschland, die gesamtdeutsch-jüdische Geschichte thematisiert. Berlin war vor dem Zweiten Weltkrieg das Zentrum jüdischen Lebens und jüdischer Kultur in Deutschland.

Auch die sehr rezipientenorientierte Art der Ausstellungsgestaltung, die von der Abteilung Besucherforschung des Museums kontinuierlich überprüft und verbessert wird, hat zur Popularität unter Touristen beigetragen: Ein Drittel kommt aufgrund von Empfehlungen anderer Touristen, die das Museum bereits besucht haben. Das Wechselausstellungsprogramm mit spezifischen Themen zur zeitgenössischen jüdischen Kultur und Geschichte ist hingegen weniger bekannt und wird von den touristischen Besuchern erst vor Ort entdeckt.

Das kuratorische Konzept orientiert sich an der Idee des „erzählenden Museums", das deutsch-jüdische Geschichte, wo immer möglich, in Form persönlicher Geschichten darstellt.
    Die Ausstellung enthält zudem viele interaktive Elemente, wo die Besucher sich selbst einbringen können.
    Das Jüdische Museum gehört zu den wenigen Kultureinrichtungen in Deutschland, die Kulturnutzerforschung fest in ihr Aufgabenprofil integriert haben und zwar nicht nur als Instrument zur Erfolgsmessung, sondern auch als Front-End-Evaluation. Schon vor der Museumseröffnung wurde an Probanden getestet, wie verständlich Objekttexte sind und wie einladend und selbsterklärend kuratorische Konzepte auf

unterschiedliche Nutzergruppen wirken. Die Ergebnisse haben direkte Auswirkungen auf die Gestaltung der Ausstellung und Vermittlungsformate des Museums. Zugleich evaluiert die Abteilung immer wieder die bestehenden Angebote, indem sie etwa Besucher befragt, welche Informationen und Eindrücke sie von einem Ausstellungsbesuch mitnehmen.

Das Jüdische Museum versteht sich generell weniger als Archiv denn viel mehr als ein Ort für Besucher und deren Bedürfnisse und legt seinen Schwerpunkt auf die Vermittlung: „Das Museum orientiert sich in erster Linie an den Bedürfnissen der Besucher. Wir schaffen eine einladende und geborgene Atmosphäre. Wir kommunizieren unmittelbar und verständlich mit allen Besuchern. Sämtliche Abteilungen des Museums tragen dazu bei, den Besuch in unserem Haus zu einer herausragenden Erfahrung zu machen", so formuliert das Museum seinen Auftrag.

Nicht zuletzt habe sich auch die hohe Serviceorientierung, die sich an den besonderen Bedürfnissen von Touristen orientiert, als ein wichtiger Einflussfaktor für die Popularität erwiesen.

Mehrsprachige Informationen, Orientierungshilfen, besucherfreundliche Öffnungszeiten, attraktive Gastronomie und hochwertige Souvenirs im Museumsshop – Touristenorientierter Service als Wohlfühlfaktor und Voraussetzung für inhaltliches Interesse
Touristen haben andere Bedürfnisse als einheimische Besucher: „Service spielt gerade bei den nationalen und internationalen Kulturtouristen eine entscheidende Rolle", so Martina Dillmann, „Sie haben, anders als die lokal ansässigen Besucher, nur eine grobe Vorstellung vom Standort. Sie benötigen mehr Orientierung mit klarer Wegführung und Beschilderung und zumindest zweisprachige Informationen." Die Abteilung Besucherforschung evaluiert regelmäßig, wie sich verschiedene touristische Besuchergruppen zurechtfinden. In den Ausstellungen des Jüdischen Museums sind alle Beschriftungen und auch Auslegematerialien auf deutsch und englisch gehalten. Audioguides sind in acht Sprachen und Führungen in vierzehn Sprachen möglich. Die Freundlichkeit und Mehrsprachigkeit des Personals wird von den befragten Besuchern mehrheitlich sehr gelobt.

„Touristen sind stärker auf besucherfreundliche Öffnungszeiten und auf zusätzliche Serviceeinrichtungen angewiesen. Museumsrestaurant und Shop werden zwar auch von lokalen Besuchern, aber insbesondere von Touristen aufgesucht. Diese sind den ganzen Tag an ihrem Urlaubsort unterwegs und nutzen deshalb verstärkt Möglichkeiten für Ruhepausen."

Darüber hinaus stellen aber auch das Fundsachen- und Beschwerdemanagement sowie der Versandservice für hauseigene Publikationen eher ungewöhnliche zusätzliche Serviceleistungen für Touristen dar. Unter dem Label „Lost and Found" bietet das Jüdische Museum an, liegengebliebene Gegenstände der Touristen weltweit an die Heimatadresse zu versenden.

Die Snack-Box für Schüler, Picknick und Konzerte im Museumsgarten und Shopping auf dem Chanukka-Markt – Ein touristisches Gesamterlebnis durch Gastronomie und zusätzliche Serviceleistungen
Das Jüdische Museum bemüht sich um eine Verzahnung seiner gastronomischen Leistungen mit seiner inhaltlichen Programmatik. So bietet es etwa im Museumsrestaurant Liebermanns internationale jüdische Küche an oder eine Snack-Box, die ein Falafel-Sandwich zum „Selbstbauen" enthält. Für den anspruchsvolleren Besucher gibt es einen mit jüdischen Spezialitäten gefüllten Picknick-Korb, der, mit einer Decke ausgestattet, im Museumsgarten genossen werden kann. Im Sommer werden zusätzliche Veranstaltungen wie Jazz-Konzerte und Lesungen im Garten organisiert, die zu meist niedrigen Eintrittspreisen unaufwändig besucht werden können. Der Chanukka-Markt zur Weihnachtszeit zieht jährlich über 10.000 Besucher an. Er ermöglicht dem Besucher eine niedrigschwellige Begegnung mit dem Museum, da er unabhängig von der Ausstellung eintrittsfrei besucht werden kann.

Darüber hinaus gibt es diverse „Packages" bzw. Pauschalangebote, die mit anderen touristischen Anbietern wie z.B. Hotels und Reiseveranstaltern entwickelt und vertrieben werden: ein Ausstellungsbesuch im Jüdischen Museum mit Hotelunterbringung, eine Reise mit Schwerpunkt Architektur in Kooperation mit anderen Museen oder eine Schiffsrundfahrt mit Festmachen quasi direkt vor dem Museum.

„Mit Siebenmeilenstiefeln durchs Museum", Audioguides in acht Sprachen und an Herkunft spezifischen Interessen orientierte Führungen
Viele Touristen haben das Bedürfnis nach einem kurzen überblicksartigen Besuch von Architektur und Dauerausstellung, so die Beobachtung von Martina Dillmann, da der Museumsbesuch nur eine von vielen Stationen eines dicht gefüllten Städteprogramms darstellt. Kürzere Führungen von einer Stunde Dauer zu den „Highlights" der Ausstellung würden diesem Bedürfnis entgegenkommen. In diesem Zusammenhang bietet das Jüdische Museum eine „Siebenmeilenstiefel-Führung" an, die zu ausgewählten Objekten und Stationen führt und damit einen Ausschnitt aus der insgesamt 3.000 m² umfassenden Ausstellung widerspiegelt.

Alternativ bemüht man sich zunehmend um dialogische Führungen, die über den Austausch der Teilnehmer tiefere Lernerlebnisse ermöglichen können.
Der Audioguide für Erwachsene erläutert besonders aussagekräftige Objekte der Dauerausstellung sowie einige Bereiche der Architektur. Die ausgewählten Objekte werden in den Audio-Texten durch Zusatzinformationen ergänzt, etwa zum Künstler, zur Entstehung des Objekts, zur Beziehung des früheren Besitzers zum Objekt, zum historischen Kontext etc. Aktuell wird über eine Optimierung der Audioguides nachgedacht im Sinne stärkerer Anregung statt reiner Monologe. Die Nutzung der in acht Sprachen erhältlichen Audioguides ist noch ausbaufähig – nur ca. 20% der Besucher nehmen dieses kostenpflichtige Vermittlungsangebot aktuell wahr. Zu überlegen sei auch, inwieweit innerhalb der touristischen Besuchergruppen noch stärker nach Interessen und Alter differenziert werden könnte bei den Führungsangeboten.

Bei den personalen Führungen wird innerhalb der touristischen Besuchergruppen differenziert, denn es gibt unterschiedliche Interessensschwerpunkte je nach Herkunftsland und nach Gruppenstruktur:

„Führungen für Touristen aus dem Ausland beinhalten Exkurse zu den jeweiligen Herkunftsländern, d.h. für eine Gruppe aus Italien werden Narrative deutscher Juden, die über Italien geflohen sind, eingebunden oder die Rolle der jüdischen Gemeinde in Italien heute mit der in Deutschland verglichen. Teilnehmer von Kreuzfahrten auf der Ostsee, die per Tagesausflug nach Berlin kommen, haben ein anderes Interesse als Reisegruppen aus Israel, die spezifisch an der Rezeption deutsch-jüdischer Geschichte interessiert sind. Für die Auswahl der Themen für Schüler, Lehrer und Studierende, die im Rahmen von Klassenfahrten das Museum besuchen sind auch Schulcurricula der Herkunftsländer herangezogen worden sowie Reisezeiträume. So sind die meisten dänischen und italienischen Gruppen, die im Frühjahr kommen, an den Themen „Moderne" und „Nationalsozialismus" interessiert, weil es sich um schulische Gruppen handelt, die mit den Geschichtslehrern ins Haus kommen", so Tanja Petersen.

Grundsätzlich sind Führungskonzepte für touristische Gruppen im Vergleich zu Spezialführungen erlebnisorientierter und vermitteln stärker einen Gesamteindruck des Hauses (Architektur, Entstehungsgeschichte) als sich in Details der Ausstellung zu vertiefen.

Andere Vermittlungsformen wie etwa interaktive Workshops würden von Touristen nicht wahrgenommen, da diese zu lang und aufwändig für die Zielgruppe sind.

Obwohl das Jüdische Museum eine stark besuchte, offensichtlich populäre touristische Sehenswürdigkeit ist, haben auch die Besucher des Jüdischen Museums zu 68% einen Hochschulabschluss, was darauf schließen lässt, dass es auch unter den Touristen mehrheitlich die Hochgebildeten sind, die ein Museum wie das Jüdische Museum in ihre Städtereise integrieren.

Das Museum als Ort erlebnisreicher Unterhaltung
„Museen müssen auf jeden Fall auch Orte der Unterhaltung für touristische Besucher sein", so Martina Dillmann. Inwiefern sie darüber hinaus kulturell bilden würden, sei schwer zu evaluieren. „Jedoch basiert das Museum im Gegensatz zum Erlebnispark auf gesicherten wissenschaftlichen Standards und Erkenntnissen und hat den Anspruch, kulturelles Erbe zu schützen, aufzubereiten und zu vermitteln. Der Bildungsauftrag bleibt oberstes Museumsziel, nicht nur gegenüber Schülern und Studierenden, sondern auch gegenüber Touristen. Die Herausforderung besteht darin, für diese mit dem Museumsbesuch zugleich erlebnisreiche Unterhaltung zu verbinden, die zu einem Urlaubstag passt."

5.4 Die Gästeführung als unverzichtbare Profession stärken
Ein Experteninterview mit Markus Müller-Tenckhoff, Gästeführer in Berlin und Vorstandsmitglied im Berufsverband der Berliner Stadtführer

Markus Müller-Tenckhoff, gelernter Koch und Hotelbetriebswirt, ist seit 20 Jahren „Gästeführer" in Berlin und zugleich Vorstandsmitglied des Berufsverbandes der Berliner Stadtführer „Berlin Guide e.V." sowie Mit-Initiator des Qualitätssystems des Bundesverbands der Gästeführer in Deutschland (www.bvgd.org). Wesentliche Aufgabe dieses Verbandes und der zertifizierten Fortbildung für Gäste-/Stadtführer durch Ausbildungsrichtlinien und Qualitätskriterien ist die Anerkennung des Berufs des Gästeführers. Ca. ein Drittel der 300 Berliner Verbandsmitglieder haben die Fortbildung bereits absolviert. Weitere Aufgaben des Verbandes sind die Vertretung der Gästeführer in Tourismus- und Stadtmarketing-Gremien und auf Messen sowie der Erfahrungsaustausch untereinander, die kontinuierliche Weiterbildung für Mitglieder und die Ausbildung nach DIN EN für Berufseinsteiger.

„Unter den Gästeführern kommen die meisten ursprünglich aus anderen Berufen wie Kunsthistoriker, Architekten, Historiker, Schauspieler. Viele glauben, dass das Expertenwissen in einem Fach genügt und unterschätzen das umfangreiche Gesamtwissen, das notwendig ist, um den Beruf des Gästeführers erfolgreich zu bewältigen," so Müller-Tenckhoff.

„Die erforderlichen Kompetenzen bestehen neben umfangreichen, aktuellem Wissen zu den verschiedensten Dimensionen einer Stadt oder Region: Kunst, Kultur, Geschichte, Religion, Wirtschaft, Geologie etc. auch in guten Umgangsformen, Rhetorik, Managementkompetenz, Gespür für die jeweilige Gruppe und interkulturelle Sensibilität, denn keine Gruppe ist wie die andere."

Menschen aus verschiedenen Herkunftsländern haben verschiedene Interessen an Berlin und unterschiedliche Vorstellungsbilder von Deutschland
So würden sich die englischen Schülergruppen vor allem für das interessieren, was mit dem Holocaust verbunden sei; für die amerikanischen Gruppen sei der „Checkpoint Charly" und die ehemalige Berliner Mauer die wichtigste Sehenswürdigkeit; die südeuropäischen Gruppen interessierten sich in der Regel am intensivsten für kunst- und kulturgeschichtliche Sehenswürdigkeiten. Häufig gäbe es ein spezifisches Bild von Berlin, das auf einer Stadttour unbedingt bestätigt werden soll wie etwa das von der Mauer, die Wohnblöcke teilte und Familien trennte oder das von den verruchten Varietes der 20er-Jahre.

Bei Gruppen aus Schwellenländern wie etwa Indien beobachtet Müller-Tenckhoff entgegen des mitgebrachten Images zum Beispiel großes Erstaunen darüber, dass sich Menschen in Berlin und Deutschland ohne Sicherheitsrisiko relativ frei bewegen könnten wie auch darüber, dass nicht alle Deutschen reich seien.

Insgesamt sei aktuell das Interesse der ausländischen Gruppen am stärksten an den Themen Mauer und DDR-Geschichte, stärker als am Nationalsozialismus, ebenso wie großes Interesse bestehe am „Neuen Berlin", seiner neuen Architektur und dem Regierungsviertel. Darüber hinaus sei auch die Geschichte und Architektur der preußischen Königshäuser bei allen Touristen von Interesse wie sich auch fast alle Touristen für alltagskulturelle Phänomene interessierten.

Interesse an künstlerischen Gestaltungen im engeren Sinne lässt sich gemäß der Erfahrung Müller-Tenckhoffs dann wecken, wenn man als Gästeführer „auf das Schöne aufmerksam macht und seine eigene Begeisterung etwa für eine Skulptur, ein bestimmtes Gestaltungsdetail zum Ausdruck bringt."

„Wenn man als Gästeführer Vertrauen gewonnen hat, kann man auch für Neues, nicht den Erwartungen Entsprechendes Interesse wecken." Das gelte für alle Altersgruppen und alle Milieus.

Die Person des Stadtführers repräsentiert für Touristen Berlin und häufig auch Deutschland
Markus Müller-Tenckhoff begreift sich als „Botschafter Berlins" und mehr noch auch als „Botschafter Deutschlands" und möchte dazu beitragen, dass Touristen die Stadt in ihren vielfältigen Facetten „kennen und lieben lernen". Sehr deutlich ist ihm in den vielen Jahren seiner Tätigkeit bewusst geworden, dass er häufig für Touristen als repräsentativer Vertreter Berlins und bei ausländischen Touristen auch als repräsentativ für die Deutschen betrachtet wird. Da ein Gästeführer oft der einzige intensivere Kontakt der Touristen zu einem Einheimischen ist, wird seine Meinung als „richtig" und „typisch" gewertet, womit Gästeführer tatsächlich eine sehr hohe Verantwortung für die interkulturelle Kommunikation tragen. Sie stehen stellvertretend für die gesamte Nation. Das führt auch dazu, dass Müller-Tenckhoff gelegentlich mit negativen Vorurteilen gegenüber Deutschen konfrontiert wird.

Die Stadt moderieren gemäß der Interessen der Touristen und zugleich eigene Thesen aufstellen
Die Berliner Tourismus & Kongress GmbH visitBerlin empfahl Markus Müller-Tenckhoff als Experten für die Stadtvermittlung, weil er zu denjenigen mit der höchsten Zufriedenheitsrate unter den geführten Gruppen gehöre. Wie gelingt eine Vermittlung, die von Touristen unterschiedlicher Altersgruppen, Herkunftsländer und Milieus geschätzt wird?

„Das Wichtigste ist es, eine persönliche Atmosphäre zu schaffen, die Leute nach ihren Interessen zu fragen und nach ihren Eindrücken. Es geht nicht darum, Wissen abzuspulen, sondern die Stadt zu moderieren und Zugänge zu schaffen." Eigene Ansichten und Thesen über eine Stadt zu vermitteln sei eine gute Möglichkeit, um einen roten Faden für eine Führung zu schaffen wie auch die Teilnehmer zu Widerspruch und eigenen Meinungen anzuregen. So startet Müller-Tenckhoff häufig mit der These, dass Berlin in verschiedenen Phasen seiner Geschichte erst groß geworden sei durch eine Toleranzpolitik und maßgeblich von seinen Neuberlinern und Migranten lebte und lebt. Kulturelle Vielfalt sei das wesentliche Charakteristikum Berlins, eine These, die Müller-Tenckhoff nicht nur in historischen Fakten zu belegen, sondern auch in Routen durch die sehr unterschiedlichen Bezirke Berlins zu zeigen versucht. Sehr wichtig sei es, nicht nur die offiziellen Sehenswürdigkeiten vorzustellen, sondern den Charakter einer gesamten Stadt begreifbar zu machen.

Voraussetzung für gute Vermittlung sei eine klare Sprache; auch Anekdoten und Humor seien eine gute Unterstützung, um Aufmerksamkeit zu schaffen.

Es gibt kein Format, das per se besser geeignet ist für die Vermittlung einer Stadt
„Die Rundtour mit dem Bus durch die gesamte Stadt, die erst einen groben Überblick und dann Interesse an bestimmten Themen wecke, kann genauso aufschlussreich sein wie der Spaziergang durch die Hinterhöfe Kreuzbergs oder die Rallye durch einen Stadtteil, bei dem die Touristen selbst aktiv werden können." Dass ein Format wie die geführte Schiffstour besonders beliebt sei bei Touristen, hänge damit zusammen, dass dieses in besonderer Weise Wissen über die Stadt mit einem Freizeitambiente verbinde. Zunehmend beliebt seien auch die Führungen durch die Restaurant- und Kneipenszene Berlins, weil hier in einem geselligen und kommunikativen Kontext Wissen über Küche, kulinarische Traditionen, Freizeit- und Alltagskultur kombiniert würden.

Wie gelingt es als Stadtführer, sich täglich neu zu motivieren, die gleiche Stadt zu vermitteln?
„Berlin ist eine Stadt, die sich in besonderer Weise immerzu verändert, also ist man auch als Stadtführer gefordert, immer neu zu lernen, sich zu informieren, Hintergründe zu lesen, in Ausstellungen zu gehen, die Stadt immer neu zu entdecken. Auf der anderen Seite ist auch jede Gruppe, die man führt, anders und man muss sich auf sie einstellen, und man selber verändert sich ja auch und wächst mit seinen Aufgaben."
Vor allem aber sei es notwendig, seine Aufgabe tatsächlich als Beruf wie jeden anderen zu betrachten, wozu aus Sicht Müller-Tenckhoffs eine angemessene Bezahlung für die freiberuflichen Gästeführer gehöre. Angesichts der großen Konkurrenz auf dem Gästeführermarkt, gerade in einer Stadt wie Berlin, hätten Veranstalter die Möglichkeit, die Preise sehr zu drücken und damit auch Qualität zu senken. Hinzu kämen in jüngster Zeit diverse selbsternannte Stadtführer, die „Touren für kostenlos" anbieten, oftmals ‚traveller', die eine Zeitlang in Berlin leben oder sogenannte Ehrenamtliche, die am Ende ihrer Tour auf Spenden hoffen. Um so wichtiger sei das geschaffene Ausbildungszertifikat, das Mindeststandards garantiere.

Perspektiven für den Beruf Gästeführer: Der Mensch mit seiner Persönlichkeit und seiner Fähigkeit auf Touristen einzugehen, ist durch kein „App" zu ersetzen
Wie sieht Müller-Tenckhoff die Zukunft für den Beruf des Stadtführers angesichts der Entwicklung von Audioguides und „Apps", die bequem, kostengünstig und auf die individuellen Bedürfnisse abgestimmt von jedem Mobilphone aus Informationen über den besuchten Ort vermitteln? „Der Gästeführer kann nicht durch Medien wie den Audioguide ersetzt werden. Der Mensch wird nie zu ersetzen sein, mit seiner Präsenz, seiner Persönlichkeit, seinem Lächeln, seiner Fähigkeit auf das Gegenüber einzugehen, statt nur vorprogrammierte, standardisierte Informationen abzurufen."
Notwendig sei es jedoch, sich verstärkt für die Anerkennung des Berufs Gästeführer einzusetzen, damit das komplexe Wissen und die vielfältigen Kompetenzen ausgebildeter Gästeführer in der Tourismuswirtschaft und bei den Touristen als nicht zu ersetzender Wert nachgefragt würden.

5.5 Differenzierte, interkulturelle Kulturvermittlung als entscheidender Marktfaktor. Kulturvermittlungskonzepte des Studienreiseunternehmens Studiosus

Ein Experteninterview mit Peter Strub, Mitglied der Unternehmensleitung und Ernst W. Koelnsperger, Leiter der Reiseleiterabteilung von Studiosus

Die Anfänge des Studienreiseunternehmens Studiosus gehen auf die Privatinitiative eines Studenten zurück, der 1954 für sich und seine Kommilitonen Kultur-Reisen nach Italien und Griechenland konzipierte, organisierte, inhaltlich vorbereitete und vermittelte. Aus dem privaten Kreis heraus entwickelten sich immer mehr Interessenten für diese Art der Studien-Reise, so dass sich Studiosus als Wirtschaftsunternehmen gründete.

Bis heute wird Studiosus als Familienunternehmen geführt und zugleich ist es mit ca. 60.000 Studienreise-Kunden im Jahr europäischer Marktführer im Reisesegment der „intelligenten Studienreise". Die profunde Vermittlung kultureller Phänomene im Rahmen einer touristischen Reise ist Alleinstellungsmerkmal des Reiseveranstalters.

Tendenz zur stärkeren Durchmischung des Klientel über die an klassischer Kultur interessierten Bildungsbürger hinaus

Das Klientel von Studiosus ist heute tendenziell breiter durchmischt als in den Anfangszeiten, wo vorwiegend Akademiker dazugehörten. Gut die Hälfte der Teilnehmer sind Nicht-Akademiker, der Altersdurchschnitt liegt bei ca. 50 Jahren. Die Nachfrage ist, mit leichten Schwankungen, seit der Gründung des Unternehmens beständig gewachsen.

Dennoch muss Studiosus immer neu vermitteln, dass es sich bei ihrem Angebot nicht um „die verstaubte Studienreise als Trümmer-Besichtigung von Studienräten" handelt, sondern die Reisen für jeden interessant und für jeden voraussetzungslos verständlich sind. So vermeidet Studiosus bereits in seinen Katalogtexten akademische Formulierungen und benutzt eine Sprache, die bei den vermuteten Interessen und emotionalen Befindlichkeiten der potentiellen Reisenden ansetzt. Der Familienkatalog ist z.B. so anschaulich und aktivierend formuliert, dass er auch bei Kindern Interesse wecken kann.

Die Teilnehmer von Studiosus interessieren sich aus unterschiedlichen Motiven für diese Reiseform:
1. Weil ihnen eine perfekte Organisation ihrer Reise auf hohem Niveau geboten wird;
2. Weil sie auf authentischere Einblicke in das bereiste Land hoffen und Hintergründe über „Land und Leute" kennen lernen wollen mit Hilfe der Vermittlung durch einen kundigen Reiseleiter;
3. Weil sie andere, interessante Mitreisende kennen lernen wollen;
4. Weil sie mit dem Kauf einer Studiosus-Reise einen Prestigegewinn erwarten.

Weiterempfehlung und Markenimage als entscheidender PR-Faktor

Wesentlicher Faktor des Marketings für Studiosus Reisen sind die Mundpropaganda und das positive Markenimage. 2009 gaben über 95% der befragten Gäste an, dass sie Studiosus weiterempfehlen würden.

Zentrales Werbe-Mittel ist auch im Internet-Zeitalter der Katalog, der durch Reisebüros vertrieben wird. „Reisen sind ein sinnliches, stark emotionales Produkt, das Menschen bereits in der Entscheidungsphase entspannt wahrnehmen wollen, indem sie in einem Katalog mit schönen Fotos und animierenden Texten blättern, statt vor dem Computer zu sitzen." Diese Präferenz hängt sicherlich auch mit dem höheren Alter der meisten Teilnehmer zusammen.

Land, Leute und Alltagskultur kennenlernen und verstehen – Ansprüche der Teilnehmer an die Kulturvermittlung von Studiosus
In Bezug auf die Art und Weise, die Methodik der Vermittlung werden von den Reisenden keine Ansprüche direkt formuliert, jedoch gibt es sofort Kritik, wenn den Reisenden die verschiedenen kulturellen Inhalte nicht ausgewogen genug erscheinen, wenn z.B. die Denkmalskultur zu stark über Alltagskultur dominiert. Insgesamt fällt bei der Auswertung der Feedbacks auf, dass alle Teilnehmer ein sehr großes Interesse daran haben, direkte Kontakte zu Alltagskultur und Menschen eines besuchten Landes zu bekommen. Dies wurde mit der Neudefinition von Studiosus als „moderne Studienreise" berücksichtigt, die statt vorwiegend auf kunsthistorisches Wissen stärker auf interkulturelle Begegnungen setzt auf der Grundlage eines breiten Kulturbegriffs.

Für die traditionellen Bildungsbürger, die sich sehr stark und detailliert für museale Kultur und deren kunstgeschichtliche Einordnung interessieren, gibt es zum Ausgleich ein eigenes Format „Die klassische Studienreise".

Veränderung der Reise-Inhalte von der Denkmalskultur zur Alltagskultur und interkulturellen Verständigung und stärkere Ausdifferenzierung der Reisen für unterschiedliche Interessen
Tendenziell gibt es eine stärkere Hinwendung zur Alltagskultur und aktuellen Kultur eines Landes weg von der Denkmal-Kultur sowie mehr Entspannungselemente und mehr Freiraum für eigene Aktionen der Teilnehmer. Veränderungen der Reisen erfolgen grundsätzlich als Reaktion auf Teilnehmer-Feedback. Deshalb wurden in den letzten Jahren die Formate „Kreuzfahrt-Studienreise" für weniger mobile Reisende sowie umgekehrt die Formate „Wander-Studienreise" und „Expeditionsstudienreise" für diejenigen entwickelt, die sich ihr Reiseziel auch körperlich aneignen wollen; die „Natur-Studienreise" für stärker an Natur, Fauna und Flora Interessierte und die „Familienstudienreise", die u.a. auf eine auch kindgerechte Vermittlung von kulturellen Inhalten setzt.

Neben den Gruppenreisen wurde vor einigen Jahren das sehr erfolgreiche Format „kultimer – Kurztrips-Städte-Reisen" konzipiert, das Individualreisenden die Organisation einer Reise in eine Stadt oder Region bietet in der Kombination von schönem Hotel, Museums- und Musiktheaterbesuchen, Festivals, besonderen Ereignissen mit Gastronomie, Sightseeing und Shopping.

Systematische, differenzierte Auswertung des Teilnehmer-Feedbacks als zentraler Faktor der Programmentwicklung sowie der Didaktik der Reise
Studiosus hat als erster und einziger Studienreiseveranstalter in Europa ein zertifiziertes Qualitätsmanagement-System entwickelt. Dies basiert u.a. auf einer Daten-

bank der detaillierten Teilnehmer Feedback-Bögen, die auch im Zeitvergleich und mit verschiedenen Fragestellungen ausgewertet werden können. Über 50% der Reiseteilnehmer geben einen ausgefüllten Feedback-Bogen ab. Aufgrund der Rückmeldung werden gegebenenfalls Programmpunkte einer Reise verändert, Hotels ausgetauscht und vor allem auch dem Reiseleiter spezifische Weiterbildungen angeraten, wenn Teilnehmer Schwachpunkte benennen.

Darüber hinaus veranstaltet Studiosus regelmäßige Gruppen-Feedback-Foren in verschiedenen Städten Deutschlands, zu denen ehemalige Reiseteilnehmer eingeladen werden, um zu bestimmten Punkten ihre Meinungen zu äußeren. Diese Einladungen werden sehr positiv angenommen.

Deutlich ist über die Jahre erkennbar, dass die Reiseleitung der wesentliche Faktor für die Zufriedenheit und, mehr noch, Begeisterung mit einer Reise ist.

Die hoch qualifizierte Reiseleitung ist dann auch das, was Studiosus als seine USP bezeichnet und mittels eines umfangreichen Qualifizierungssystems immer weiter ausbaut.

Alleinstellungsmerkmal sind „Vermittler, die etwas Besonderes bieten".

Leitlinien und Qualitätskriterien für die Kulturvermittlung von Studiosus-Reiseleitern

An Studiosus-Reiseleiter wird von Seiten des Unternehmens der Anspruch gestellt, dass sie vielfältige Funktionen und Rollen gleichzeitig erfüllen können: „Reiseregisseur, Organisator, Fährtenleser, Weggefährte, Impulsgeber, Entertainer und Kulturvermittler".

Im Katalog von Studiosus werden „vier Elemente für die moderne Studienreise" benannt:

„Dem Leben begegnen", also aktuelle und Alltagskultur des bereisten Landes kennen lernen, „Kultur erleben" in Form der wichtigsten Sehenswürdigkeiten, die jedoch immer bei den Erfahrungen und Interessen der Teilnehmer ansetzen, indem Brücken von der Vergangenheit zur Gegenwart und vom fremden zum eigenen Land geschlagen werden, „Entspannung genießen" durch Zeit für eigene Erkundungen und Erholung, „Rücksicht nehmen" durch sozial verantwortliches und die Umwelt schonendes Reisen.

Gute Kulturvermittlung heißt bei Studiosus, vielfältige Aspekte zu thematisieren auf der Basis eines breiten Kulturbegriffs. Folgende Themenbereiche werden in jede Reise integriert: Politik, Wirtschaft, Bildungssystem, Religion, Sport, Alltagskultur, Musik, Kunst, Literatur. Die Kultur eines Landes soll in ihrer Gesamtheit erfahren werden.

Für jedes Reiseziel/Reiseregion gibt es einen „Roten Faden", der von einem Länder-Team jährlich aktualisiert wird und in dem die zentralen Aspekte, inhaltlichen Informationen und aktuellen Diskussionen einer Region als Wissensbasis für jeden Reiseleiter dargestellt sind.

Auf dieser Basis, die einen allgemeinen Qualitäts-Standard garantiert, kann und soll jede Reiseleitung noch zusätzliche individuelle Aspekte einbringen. „Unsere Reiseleiter sind Persönlichkeiten und sollen nicht in ein starres Schema gepresst werden

– und zugleich müssen wir eine umfassende und vielfältige Vermittlung von Inhalten garantieren."

Authentizität wird von den Teilnehmern als wichtiges Kriterium beurteilt. Wenn eine Begegnung mit Einheimischen als rein kommerziell oder folkloristisch empfunden wird, etwa bei der Besichtigung traditionellen Handwerks, reagieren Studiosus-Teilnehmer sofort mit negativer Kritik.

Gute Kulturvermittlung bestehe auch darin, Raum und Zeit für spontane Begegnungen zu lassen. Wenn alles perfekt organisiert und standardisiert abläuft, gibt es keine Überraschungen mehr. Insofern sind die Reiseleiter explizit aufgefordert, auch mal zu improvisieren, gute Gelegenheiten etwa für direkte Kontakte zwischen Einheimischen und Reisegruppe zu nutzen, denn diese besonderen, unerwarteten Situationen werden im Rückblick von den Teilnehmern immer am positivsten beurteilt.

Nicht zuletzt gehöre es auch dazu, die Teilnehmer zu individuellen Erkundungen zu ermutigen, bei denen sie selbst aktiv werden können.

Da immer wieder in den Evaluationsbögen die Kritik geäußert wurde, dass das Programm zu straff sei, gibt es seit neuerem das Konzept „Extratouren". Jeder Reiseverlauf bietet jetzt Möglichkeiten zum Aus- und Wiedereinstieg ins Programm: „Sollte der Abend also mal etwas länger geworden sein, können Sie das Vormittagsprogramm einfach sausen lassen und sich ein spätes Frühstück genehmigen. Und wenn Sie beim Anblick eines netten Cafes, einer schönen Bucht oder Einkaufspassage auf die nächste Besichtigung verzichten wollen – nur zu! Ihr Reiseleiter versorgt Sie mit tollen Tipps für Ihre Unternehmungen auf eigene Faust und hilft Ihnen natürlich auch organisatorisch, Ihre persönlichen Vorstellungen vom Urlaub zu verwirklichen", so heißt es im Katalog.

Der vermeintliche Druck, auf einer Studienreise feste Lernprogramme absolvieren zu müssen, wird dem Touristen bewusst genommen, der Einkaufsbummel oder Cafebesuch wird als gleichwertig zur Besichtigung von Sehenswürdigkeiten präsentiert. Erholungs- und Unterhaltungsbedürfnisse werden ernst genommen.

Qualifizierung und permanente Weiterbildung der Reiseleiter
60% der insgesamt 600 Reiseleiter kommen aus Deutschland, Österreich und der Schweiz. 40% sind aus den Ländern, in denen es nicht erlaubt ist, dass Führungen von nicht-einheimischen Reiseleitern durchgeführt werden wie in der Türkei, Griechenland oder Ägypten oder in denen die Authentizität des Reiseleiters besonders wichtig ist, einheimische Reiseleiter einen guten Kulturtransfer leisten und interkulturelle Begegnungen ermöglichen können.

Sämtliche Reiseleiter müssen eine hohe Affinität zu ihren Reisezielen mitbringen, die Landes- oder Verkehrssprache fließend sprechen, Kontakte und Erfahrungen in dem Land haben.

Die Reiseleiter werden in einem mehrstufigen Verfahren ausgewählt und in mehreren Workshops sowie als Ko-Reiseleiter eines erfahrenen Kollegen qualifiziert. Themen der Qualifizierung sind neben Fragen der Organisation, Recht, Sicherheit vor allem Fragen der Vermittlung: Methodik und Didaktik, Medieneinsatz, Animation, Gruppendynamik sowie eine Einheit: „Sehen lernen". „Ziel von Kulturvermittlung bei

Studiosus ist es, „Augen zu öffnen, neue Perspektiven kennen zu lernen, Interesse und Verständnis für andere Lebensweisen zu entwickeln". Wann immer möglich, soll der Reiseleiter nicht nur Frontalvorträge halten, sondern die Teilnehmer zu eigenen Entdeckungen aktivieren.

Über die Basisausbildung hinaus ist jeder Reiseleiter verpflichtet, an zwei von Studiosus konzipierten Weiterbildungsseminaren pro Jahr teilzunehmen. Themen der Seminare ergeben sich aus den Feedback-Runden mit den Reiseleitern und der Auswertung der Evaluationsbögen der Teilnehmer. Ein Schwerpunkt der Fortbildungen in den letzten Jahren ist die Vermittlung interkultureller Kompetenz: die Sensibilisierung für und der Umgang mit anderen kulturellen Herangehensweisen. Begegnungen zwischen Reiseteilnehmern und Menschen vor Ort zu initiieren erweist sich als eine sehr anspruchsvolle Aufgabe, für die permanent neue Konzepte entwickelt werden müssen.

So gab es etwa speziell für die Reiseleiter aus der Türkei, Griechenland und Ägypten ein Weiterbildungsseminar in Rom, in dem es um abendländische Kultur im Vergleich zu anderen Kulturverständnissen ging. Die Reiseleiter selbst werden in ethnisch gemischten Teams losgeschickt, um ihre eigene Wahrnehmung für interkulturelle Phänomene zu schärfen und Orte neu und anders zu entdecken. Anliegen ist es, die Reiseleiter dazu anzuregen, kulturelle Phänomene differenziert zu betrachten und auch den eigenen Kulturbegriff kritisch zu hinterfragen.

Ziel von Studiosus ist es, bei den Reiseteilnehmern nachhaltig Verständnis für andere Kulturen zu entwickeln
Studiosus hat den Anspruch, dass die Teilnehmer nicht nur etwas über Land und Leute erfahren sondern, auch mit neuen Ideen und mit geschärftem Bewusstsein für kulturelle Unterschiede zurück kommen. Dies wird v.a. dadurch realisiert, dass die Reiseleitung dazu angehalten ist, Brücken zu schlagen zwischen fremder und eigener Kultur, zwischen universalen Denkmälern und eigener Realität des Touristen, zwischen Vergangenheit und Gegenwart, und auch dadurch, dass die Reiseleitung zu direkten Kontakten zwischen Einheimischen und Reisenden anregt. Dieser Anspruch an nachhaltige Kulturelle Bildungsprozesse sorgt zugleich für den wirtschaftlichen Erfolg, denn er wird von den Teilnehmern sehr honoriert.

5.6 „Reality Tours, Travel Mumbai" und „Salaam Baalak City Walk Neu Delhi" – Tourismusprojekte in der Verbindung von sozialen, unternehmerischen und interkulturellen Zielen
Ein Experteninterview mit Christine Sader, Kulturwissenschaftlerin und temporäre Mitarbeiterin bei Tourismusprojekten in Indien

Im Rahmen des entwicklungspolitischen *Praktikum*sprogramms ASA und eines postgraduierten Stipendiums vom DAAD unterstützte die deutsche Kulturwissenschaftlerin Christine Sader von 2009 bis 2011 zwei alternative Stadtführungs-Projekte in Indien, v.a. bei Marketingfragen. Sie arbeitete zusammen mit den Guides an Online-Marketing, am Aufbau von Kontakten zu Botschaften, kulturellen Zentren und internationalen Reiseveranstaltern, entwickelte die bestehenden Führungen weiter und entwickelte auch neue alternative Touren speziell durch Mumbai. In den Touren sollen die Interessen ausländischer Touristen mit Anliegen und Interessen der indischen Guides und Bevölkerung zusammengebracht werden.

„Reality Tours and Travel" Mumbai wurde 2005 gegründet und ist seitdem bekannt geworden durch seine Touren durch Dharavi, einen der größten Slums Asiens. Eine 2009 aus dem Touristik-Unternehmen heraus entstandene NGO betreibt eine Schule, einen Kindergarten und ein Gemeinschaftshaus, in dem u.a. Computer-, Rhetorik-, Bewerbungsvorbereitungskurse angeboten werden. 80% aller Einnahmen von „Reality Tours and Travel" gehen zurück an die Einwohner des Slums.

Der „Salaam Baalak City Walk" in Neu Delhi bietet Touren von ehemaligen Straßenkindern. Salaam Baalak Trust ist eine NGO, die mehrere Kinderheime und Kontaktpunkte in Neu Delhi unterhält. Die Einnahmen des „Salaam Baalak City Walks" helfen den jugendlichen Tourguides durch ein festes Gehalt beim Aufbau einer eigenen Existenz und durch Weiterqualifizierung auf dem Weg ins Berufsleben. Zudem hat sich der Walk als Fundraising-Projekt fest in der NGO etabliert.

Vom Rucksacktouristen bis zum Luxusreisenden. Breites Interesse Indienreisender an Begegnungen mit dem „wirklichen" Indien
Die Zahl der Teilnehmer ist in den letzten Jahren rasant angewachsen; dementsprechend stieg auch die Zahl der Guides und das Angebot neuer Touren. Der Salaam Baalak City Walk z.B. startete 2006 mit einem Guide und beschäftigt nun fünf Vollzeit-Guides. In der Hochsaison finden bis zu vier Stadtführungen mit ca. 15 Teilnehmern am Tag statt.

Die Teilnehmer beider Touren sind mehrheitlich zwischen 30 und 50 Jahren alt, gut situiert, hoch gebildet und wollen das „reale Indien" erfahren und sich weiterbilden. Darüber hinaus besuchen auch viele Backpacker und alternative Touristen die Touren; diese sind oft zwischen 20 und 35 Jahren alt. Sie kommen aus allen Ländern der Welt, hauptsächlich aber aus Amerika, Australien und England sowie anderen westlichen Ländern. An der „Straßenkinder Tour" in Delhi nehmen häufig auch Familien mit Kindern teil.

Seit kurzer Zeit sei zu bemerken, dass auch immer mehr (Luxus-) Reiseveranstalter an die Touranbieter herantreten und exklusive Touren für ihre Gäste buchen. „Es scheint eine vermehrte Nachfrage nach der „Real India Experience" zu geben, die stetig wächst und gerade von Reisenden eines höheren Preissegments nachgefragt wird."

Finanzielle Armut und kultureller Reichtum. Indien differenzierter begreifen durch direkte Begegnungen mit den Bewohnern
> „The brilliant thing about the Slum tour was that it showed the poverty and populousness of India in a positive light. The tours are conducted with exemplary sensitivity, and the co-operation of the residents" (The Daily Telegraph UK).
> „They opened up a world that I felt privileged to enter- one which allowed me to make a brief, but meaningful connection with the locals and, in turn, their country" (Condé Nast Traveller).

„Diese zwei Zitate sagen viel darüber aus, was eine sogenannte Slum-Tour vermitteln kann. Sie kann Touristen mit den Problemen Indiens konfrontieren und zugleich die positiven Seiten des Zusammenlebens in einer wirtschaftlich sehr armen Region zeigen: Nicht nur Armut, Krankheit und Dreck, sondern einen Stadtteil mit all seinen kulturellen und sozialen Facetten", so Christine Sader.

„Wir werden in eine Welt mitgenommen, fernab der typischen Touristen Sights. Wir sollen bei einer Tour nicht bemitleiden, sondern bewundern, bewundern unter welchen Bedingungen Industrie entsteht, wie Menschen auf engstem Raum miteinander leben und arbeiten."

Von Reality Tours and Travel gibt es seit 2001 neben der Slumtour weitere Touren durch „das andere Mumbai", die auch mit anderen Verkehrsmitteln und anderen Zeiten als sonst bei touristischen Stadtführungen üblich experimentieren: z.B. eine Tour mit dem Öffentlichen Nahverkehr, eine Tour mit dem Fahrrad beim Morgengrauen durch die (noch) leeren Straßen Mumbais, die Taxi-Tour „Mumbai bei Nacht" und die Markttour. In den Touren geht es kaum um die traditionellen Sehenswürdigkeiten, sondern um Lebensweisen unterschiedlicher sozialer Gruppen in Indien und um aktuelle soziale, wirtschaftliche und politische Entwicklungen und Probleme des Landes. „Bei der morgendlichen Fahrradtour trifft man etwa auf viele Familien, die auf der Straße schlafen. Anstatt dann beim nächsten Gebäude etwas über die koloniale Architektur zu erfahren, wird hier über die hohen Grundstückspreise, Landflucht und Probleme einer Millionenstadt und einem Land mit 1,2 Milliarden Einwohnern gesprochen. Mir war speziell bei der Konzeption neuer Touren sehr wichtig, dass diese nicht nur alternativ sind, weil sie auf dem Fahrrad oder per Nahverkehr gemacht werden, sondern dass eben auch die Inhalte anders sind als die üblichen begrenzten touristischen Themen wie Kulturgeschichte, Architektur, Gastronomie", so Christine Sader.

Der Salaam Baalak City Walk in Delhi führt durch die Gegend des Neu Delhi Hauptbahnhofes und erzählt vom Leben der Straßenkinder in Indien. Die Guides, ehemalige Straßenkinder, bringen ihre persönliche Geschichte ein.

Der Walk wurde nicht als Tourismusunternehmen, sondern als ein Weiterbildungsprojekt für Straßenkinder in einer NGO gegründet, die verschiedene Heime und Kontaktpunkte für Straßenkinder in Neu Delhi unterhält. Die Idee kam von einem Volunteer, der über alternative Stadtführungen den Jugendlichen ermöglichen wollte, (bessere) Englischkenntnisse zu erwerben sowie ihre Kommunikationsfähigkeit und ihre Managementkompetenzen weiterzuentwickeln. „Durch den engen Kontakt zu Ausländern – zu Touristen und auch im Büro zu Volunteers aus anderen Ländern – verstehen und hinterfragen die Jugendlichen sehr viel und haben ein weitentwickeltes Verständnis anderer Kulturen und Menschen", so die Beobachtung Christine Saders.

Obwohl die Weiterbildung der Jugendlichen primäres Ziel war, dient die Tour zugleich der Aufklärung und Sensibilisierung von Touristen, die auf eine sehr persönliche Weise mehr über das Thema Straßenkinder, ihre Hintergründe, ihr Leben und ihre Probleme erfahren können.

Der City Walk hat sich in den letzten Jahren zunehmend professionalisiert und ist zu einem wichtigen Wirtschaftsfaktor für die NGO mit viel öffentlicher Beachtung geworden. Neben den Teilnahmegebühren ergeben sich durch die teilnehmenden Touristen oftmals Kontakte zu finanzkräftigen Spendern.

Authentische Begegnungen mit realen Menschen und ihren Geschichten statt Kulturgeschichte. Konzeption der Touren als interkulturelle Herausforderung
Konzipiert werden die Touren in der Regel von ausländischen Unternehmern oder gemeinsam von Volunteers und einheimischen Guides. Diesen fällt es schwer, zu antizipieren, was Touristen aus anderen Kulturkreisen an ihrem Alltag interessieren könnte. „Für die indischen Guides ist es schwer zu erkennen, dass alltägliche Dinge wie Gottheiten, Festivals, Bräuche und Essensgewohnheiten für Ausländer erklärungsbedürftig sind. Selbst gebildete Inder, die z.B. über Filme einen Eindruck von der westlichen Kultur haben, können sich z.B. nicht wirklich vorstellen, dass es in westlichen Ländern keine arrangierten Ehen mehr gibt, und ebenso können wir uns sehr schwer vorstellen, dass sich ein Großteil der Inder für eine von den Eltern arrangierte Ehe entscheidet und damit auch glücklich wird."

Voraussetzungen für alle Tour-Guides ist neben Kenntnis der englischen Sprache auch Wissen über Erwartungen und Interessen von Touristen aus westlichen Ländern sowie ein Bewusstsein für die Relevanz der eigenen Geschichten. Diese Kompetenzen werden ihnen vor allem im Austausch mit den Volunteers aus westlichen Ländern vermittelt. „Danach lernen sie im Gespräch mit den Touristen viel dazu. Die Guides erfahren, oft zu ihrem Erstaunen, wie interessant und wichtig ihre Erklärungen und Geschichten für die Touristen sind und „sie wachsen daran, dass sie für ihre Lebensgeschichte Achtung und Bewunderung erfahren". Wichtig ist dabei die Authentizität der Guides. Anders als bei professionellen Führungen und Führern, sind es die persönliche Geschichte und persönliche Orte und weniger fundierte allgemeinen Informationen, die die Führungen besonders machen.

Interkulturelles Lernen auf beiden Seiten durch persönliche Begegnungen (ohne Fotoapparat)
Was beeindruckt die Teilnehmer der Touren in der Regel am stärksten?

„Die touristischen Teilnehmer der Neu-Delhi-Touren sind in der Regel sehr beeindruckt davon, dass ehemalige Straßenkinder nun selbstbewusst vor einer Gruppe von Menschen über ihr Schicksal und Indien sprechen, es beeindruckt sie, dass diese Jugendlichen Englisch sprechen. Es ist spannend zu hören, wie Straßenkinder ihr Geld verdienen, dass sie es sparen, um ins Kino zu gehen, dass sie erbetteltes Geld fast nie für Essen ausgeben, weil sie sich dieses auf andere Weise organisieren.

Im Slum Dharavi ist es für alle Touristen erstaunlich, wie ein Slum funktioniert. Es ist eine Welt für sich, mit unterschiedlichen Menschen und Lebensarten. Die meisten Tourteilnehmer schildern, dass sie nicht Mitleid empfinden mussten und sich schlecht fühlten, sondern sie auch auf Seiten der Einheimischen ein Interesse erfuhren, als sie durch den Slum liefen. Kinder kommen und fragen: „What is your name", OHNE im nächsten Satz nach Geld zu fragen, und Geschäftsbesitzer erzählen stolz, wie viele Blätterteigteilchen sie am Tag produzieren, oder wie alte Ölfässer recycelt werden."

„Touristen erwarten Bilder von großem Elend und erfahren kulturellen Reichtum: Da ist z.B. ein Altar mitten im Slum, mit allen Gottheiten und Religionen, wo jeder Religion gehuldigt werden kann. Da sitzen Kinder und Jugendliche neben der Müllkippe, spielen Carrom und erzählen, was sie studieren. Da baut ein Muslim in seinem Shop hinduistische Holzaltäre. Man sieht, wie Familien auf engem Raum zusammen wohnen, man erfährt über Familienzusammenhalt und Tradition, aber auch Aufbruch und Veränderung. Indien ist ein sehr gastfreundliches, herzliches Land, ein Land in dem Menschen sich wenig beklagen, sich eher mit ihrem Schicksal zufrieden geben und das Beste daraus machen. Man sieht, wie ein Geschäft entsteht in einem 2 qm kleinen ‚Raum', wie Menschen sich arrangieren."

Auf beiden Touren ist Fotografieren generell verboten. Das sei eine sehr gute Lösung, um eine ohnehin voyeuristische Perspektive nicht noch weiter zu forcieren.

„Die Touren überraschen und man kommt nicht umhin, über seine eigene Herkunft, seine Privilegien aber auch Vorurteile nachzudenken, die eigene Kultur das eine oder andere Mal zu hinterfragen."

Nachbereitende Gespräche von Erlebnissen während einer Tour als wesentlicher Faktor für Kulturelle Bildung auf beiden Seiten
„Irritationen, Unverständnis, aber auch neue Anregungen gehören zum Alltag eines jeden Guides und tragen dazu bei, dass sich sein Bild gegenüber Westlern oder Ausländern verändert. Vielen Guides wird schnell klar, dass Westler direkter fragen, direkter kritisieren und präzise Antworten haben wollen. Manches wirkt sicher auch befremdlich auf Inder."

Sehr wichtig für die Guides, um interkulturelle Unterschiede zu begreifen, seien differenzierte, persönlichere Gespräche, z.B. bei der Arbeit mit Volunteer, um über Unterschiede und auch über Gemeinsamkeiten zu sprechen. Genauso wie es für Touristen aus westlichen Ländern wichtig sei, ihre Erfahrungen zu teilen und zu besprechen und sich auszutauschen. „Einem wirklich professionellen Kultur-Tourveranstalter wäre genau dies anzuraten und umzusetzen. Gute Erfahrungen habe ich damit gemacht, nach der Tour an einem ruhigen Ort eine Art Abschlussgespräch zu machen. Dabei entstehen ruhige und interessante Gespräche, die für beide Seiten sicher gewinnbringend sind." Auf diese Weise seien auch interkulturelle Begegnungen auf Augenhöhe möglich.

Qualitätskriterien für „Kulturvermittlung" auf Reisen in einen anderen Kulturkreis
„Besonders beim „Slumtourismus" erscheint mir das wichtigste Kriterium, vor welchem Hintergrund und mit welcher Intention ein solcher Tourismus stattfindet. Wem kommt der Tourismus zu Gute? Fließt das Geld in den Aufbau des Landes zurück? Dient es auch der Weiterqualifizierung der Guides? Wie und durch wen werden die Guides ausgebildet und werden sie weiterhin in ihrer Arbeit begleitet? Kann man von nachhaltigem Tourismus sprechen? Und kann über die Formate ein Verständnis auf beiden Seiten hergestellt werden?"

Weitere Kriterien in Bezug auf Bildungsprozesse bei den Touristen seien:

"Was wird von dem Land vermittelt und warum? Mit welchen Mitteln? Werden Unterschiede zur eigenen Kultur angesprochen?

Ein weiteres Kriterium ist es, die Touristen in Bezug auf ihr Verhalten gemäß der Landeskultur zu sensibilisieren: Sich entsprechend der Landesgewohnheiten kleiden, Respektbezeugungen nicht vernachlässigen, nicht ungefragt zu fotografieren."

Um gute touristische Touren zu konzipieren, die solche interkulturellen Bildungsprozesse auf beiden Seiten auslösen können, braucht es nach Einschätzung von Christine Sader weniger Tourismusfachkräfte oder Betriebswirte, sondern viel eher Kulturwissenschaftler, die etwas von Kultur und Führungsformaten verstehen und Menschen, die sich mit beiden Kulturen – in diesem Fall der Westlichen und der Indischen – gut auskennen. „Nur so können fundierte Begegnungen zwischen Menschen beider Kulturen konzipiert und vermittelt werden".

5.7 Verbindung von hochwertigen Musikkonzerten mit Erkundung von Natur und Kultur auf einer Ferieninsel. Das Usedom Musikfestival
Ein Experteninterview mit Thomas Hummel, Leiter des Usedom Musikfestivals

Das Usedom Musikfestival wurde 1994 gegründet und zwar explizit auf Initiative von Hoteliers und ortsansässigen Unternehmen, die damit die Saison auf der Ferieninsel an der Ostsee verlängern wollten. Mit einem Musikfestival Ende September wollten sie einen zusätzlichen Reiseanreiz schaffen für solche Zielgruppen, die nicht zu den auf die Sommerferien angewiesenen Familien gehören und neben Sonne, Strand und Meer auch kulturelle Anregungen im Urlaub schätzen.

Programmatisch gibt es in jedem Jahr Musik und Ensembles aus einem der Ostseeländer, im Jahr 2011 beschäftigte sich das Festival etwa mit Musik und der Musikszene des Partnerlandes Litauen. 2012 prägt die Musiklandschaft Russlands das dreiwöchige Festival. Die Fokussierung auf sowohl klassischer wie zeitgenössischer Musik aus dem Ostseeraum ist Alleinstellungsmerkmal des Festivals.

Das Festival setzt weniger auf große Namen und Stars, sondern beschäftigt sich mit der Vielfalt der Musikszene eines bestimmten Kulturraums und setzt diese unter Berücksichtigung von Kultur und Natur der Urlaubsinsel Usedom in Szene. „Es ermöglicht den Besuchern ein Gesamterlebnis, das hochwertige Musik mit den Sehenswürdigkeiten der Insel und zugleich interessanten Einblicken in benachbarte Kulturen verbindet."

Neben dem Musikfestival im Herbst werden von den Veranstaltern zudem die Usedomer Literaturtage im Frühjahr sowie ein frei zugängliches Sommerkonzert am Strand im Hochsommer in einem der „Königsbäder" veranstaltet, um über den Festivalzeitraum hinaus präsent zu sein.

Das Festival hat eine sehr hohe Medienreichweite deutschlandweit und international, viele der Konzerte werden übertragen.

Die Besucherzahlen konnten seit Gründung des Festivals kontinuierlich gesteigert werden und lagen 2011 bei 13.000 Gästen.

Neue Touristen für Usedom gewinnen durch Musik und neue Interessenten für Musik gewinnen durch Ansprache von Usedom-Urlaubern
In Zusammenarbeit mit der Universität Greifswald wurde 2007 eine Publikumsbefragung durchgeführt, die ergab, dass zwei Drittel der Festivalbesucher Touristen sind, die auf Usedom Urlaub machen. Von diesen wiederum gab ein Drittel an, dass das Festival ein wesentliches Motiv für die Usedom Reise sei, was zeigt, dass die Gründungsidee, mit dem Festival neue Touristen für Usedom zu gewinnen, aufgegangen ist.

Für die anderen, die „Auch-Kulturtouristen", war es ein attraktives Rahmenprogramm ihres Urlaubs, das viele erst durch Zufall während ihres Aufenthaltes entdeckten.

„Aktiviert werden sicherlich auch solche Menschen, die sonst eventuell nicht in ein klassisches Konzert gehen würden, sich aber aufgrund der besonderen Atmosphäre: interessante, beeindruckende Veranstaltungsorte an reizvollen Plätzen der Insel, die Zeit dafür nehmen. Sie bekommen etwas Einmaliges geboten, was sie zu Hause vermutlich nicht bekommen", so Hummel über den Faktor „Exklusivität" als Auslöser für (sonst nicht speziell musikinteressierte) Touristen ein Konzert im Urlaub zu besuchen.

Durch gute Präsentation in den örtlichen Medien, durch Werbung und hohe Präsenz an allen Urlaubsorten werden auch solche Touristen erreicht, die sich vorher nicht mit dem Usedomer Musikfestival beschäftigt haben. „Gerade zu unseren spektakulären Peenemünder Konzerten, die in einem ehemaligen Heizkraftwerk und imposanten Industriedenkmal stattfinden, kommen viele Urlauber." Viele Feriengäste, die die Musikveranstaltungen mehr oder weniger durch Zufall besucht haben, kämen gezielt im nächsten Jahr wieder zum Festival – ein Hinweis dafür, dass im Urlaub entdeckte kulturelle Angebote aufgrund einer positiven Erfahrung ein nachhaltigeres Interesse auslösen können.

Gesamtpakete aus Sightseeing und guter Musik – Service und Vermittlung für Usedom-Urlauber
Für die touristischen Besucher, die häufig am Urlaubsort über kein Auto verfügen, werden Bustransfers von den Urlaubsorten zu den Festivalorten angeboten.

Mit Vorträgen an verschiedenen Orten versuchen die Veranstalter die Gesamtthematik des jeweiligen Festivals verständlich zu machen. „In diesem Jahr zum Beispiel stand der litauische Komponist und Maler Mikalojus Konstantinas Ciurlionis im Mittelpunkt. In einer Ausstellungseröffnung seiner Bilder zu Beginn des Festivals wurde die Beziehung zwischen Bildern und Musik ebenso wie zur Kultur Litauens verdeutlicht. In Vorträgen in Kurhallen der verschiedenen Urlaubsorte wurde Interesse und Verständnis für die litauische Musik insgesamt geweckt. Auch die Festivalpublikation versucht in ihren Texten, Verständnis für die Besonderheit jedes Konzerts zu vermitteln."

Ein spezielles Anliegen des Festivals ist die Musikvermittlung für Kinder und Jugendliche. Mit Unterstützung einer Stiftung sowie der Sparkasse werden Workshops, Schulkonzerte und Familienkonzerte angeboten. Das „Junge Usedomer Musikfestival" bietet ein großes musikalisches Programm eigens für Kinder und Jugendliche, das gemeinsam mit einer Kunstpädagogin auch die Verbindung von Musik und Bildender Kunst beleuchtet.

5. Best Practise Beispiele und Expertenmeinungen

Die Festivalveranstaltungen finden überwiegend abends statt und „ermöglichen so dem Urlauber einen aktiven Tag in der Natur mit kulturellen Erlebnissen abzuschließen."

Darüber hinaus verbindet das Festival die kulturelle Erschließung der Region mit musikalischen Veranstaltungen. Eine musikalische Rundfahrt mit dem Reisebus, bei der verschiedenen Kirchen der Insel besichtigt und vorgestellt werden, stößt seit Jahren auf großes Interesse, ebenso eine Schiffsfahrt mit Jazzband „Swing at Sea", die die Besucher entlang der Ostseeküste bis an die Nachbarinsel Wolin und in den polnischen Hafen Swinoujscie bringt. Die Besucher können auf diese Weise Musik und Natur genießen, neue Orte der Insel kennen lernen, geschichtliche Hintergründe der Insel Usedom erfahren und Musik erleben, die sie noch nicht kannten. Durch die vielen verschiedenen Spielstätten, die über die gesamte Insel verteilt sind, entdecken Besucher neben der Musik die Landschaft sowie unbekanntere kulturelle Orte wie beispielsweise verschiedene Galerien, mittelalterliche Dorfkirchen oder Industriedenkmäler und kommen selbst in entlegene Winkel, die weit entfernt von den Küstenorten sind. „Die Einbindung der Musik in den geografischen und geschichtlichen Hintergrund macht das Festival für viele Besucher besonders attraktiv". Wichtigstes Erfolgskriterium ist es also „musikalische Erlebnisse auf hohem Niveau mit den Gegebenheiten der Insel zu verbinden und somit den auswärtigen Gästen ein in vielerlei Hinsicht sinnliches wie informatives Erlebnis zu ermöglichen" (Hummel 2008, S. 12).

Diese Verknüpfung von Musikfestival und touristisch reizvoller Natur und Infrastruktur wird auch in der PR und Werbung für das Festival konsequent angewandt, wenn man etwa Fotos zur Eröffnung des Festivals auf der Ahlbecker Seebrücke zeigt.

Begegnungen zwischen touristischen und einheimischen Besuchern durch Festivalveranstaltungen an kleineren Spielorten
Dass die Konzerte des Festivals an ganz verschiedenen Orten auf Usedom stattfinden, steigert nicht nur die Attraktion für Touristen, sondern fördert auch die Identifikation der Einheimischen mit dem Festival, denn gerade kleine Gemeinden im Hinterland profitieren von der Aufmerksamkeit, die ihnen zukommt, wenn bei ihnen Konzerte sind und richten etwa das kulinarische Angebote aus. Auch viele Einheimische nehmen die Konzerte wahr, wenn sie in ihrer unmittelbaren Nachbarschaft stattfinden. „Der große überregionale Erfolg, den das Festival mittlerweile genießt und der in Funk und Fernsehen dokumentiert wird, weckt auch den Stolz der Einheimischen, die sich als Gastgeber fühlen und somit den auswärtigen Besuchern positiv begegnen" (Hummel 2008, S. 13).

Das wiederum macht das Festival auch aus Sicht der touristischen Besucher „authentischer" im Sinne von verbunden mit der einheimischen Lebensweise.

Deutlich wird, dass sich Musikvermittlung mit dem Kennenlernen von Land und Leuten und den Marketingansprüchen des Tourismusgewerbes erfolgreich verbinden lässt.

5.8 Erlebniswelt Europa-Park – Emotionale und ästhetische Verbundenheit mit den Länder-Kulturen Europas erfahren durch eine Kurzreise in ein idealisiertes Europa

Auf der Basis eines Experteninterviews mit den Abteilungen Marketing, Kommunikation, Produktgestaltung sowie einer eigenen Analyse vor Ort

Urlaub im Europapark

Der Europa-Park in Rust ist mit 85 ha nicht nur Europas größter und meist besuchter Freizeitpark, sondern wurde im Laufe seines Entstehens immer mehr auch zum Kurzreiseziel in ein „ideales Europa". Auf dem Gelände gibt es inzwischen vier stark nachgefragte Erlebnishotels mit insgesamt knapp 5.000 Betten, die bis zu 90% ausgelastet sind. 26% der Besucher bleiben mehr als einen Tag im Europapark.

Im Stile der Themenhotels von Las Vegas können Kurzreisende im italienische Hotel Colosseo übernachten oder in einem der im spanischen Stil erbauten Hotels Santa Isabel, El Andaluz und Castillo Alcazar. Hinzu kommen ein Camp Ressort und ein großer Campingplatz.

Das Hotel Colosseo wurde mit dem „Traveller´s Choice Award der TripAdvisor-Nutzer als eines der weltweit besten Hotels ausgezeichnet. Die Architektur des Colosseo ist an die italienische Bauweise des historischen Roms angelehnt und erinnert von außen an das Colosseum. Die Hotelanlage gruppiert sich um eine stimmungsvolle italienische Piazza mit Café, Bar und italienischen Restaurants, nachts ist sie aufwendig mit Fackeln illuminiert. Im Inneren des Hotels findet man große Wandmosaike und ionische Säulen und u.a. „Theater-Zimmer", deren Einrichtung zu bekannten Theaterstücken gestaltet wurde.

Das Hotel Santa Isabel wurde einem mittelalterlichen Kloster nachempfunden, El Andaluz ist im Stil einer spanischen Finca erbaut und das Hotel Europa-Park Castillo Alcazar erinnert an eine mittelalterliche Burg.

„Im Europa-Park soll der Besucher in Urlaubsstimmung versetzt werden und vergessen, dass er sich mitten in Deutschland befindet."

Er begibt sich auf die Reise in eine typisierte, bekannte Fremde, eine idealisierte Vergangenheit und eine Welt aufregender Fahr-Technik. Alle Unannehmlichkeiten des Reisens werden ausgeschaltet und schöne, besondere Erlebnisse werden garantiert.

Im Jahr 1975 hatte der Park 250.000, 2010 waren es deutlich über 4 Millionen Besucher, davon 80% Wiederholungsbesucher, was für eine sehr hohe Zufriedenheit mit dem Angebot spricht. Um auch diesem Besucherkreis immer neue Attraktionen zu bieten, gibt es in jedem Jahr ein neues Fahrgeschäft und eine neue Länderinszenierung. Jahreszeitlich gibt es Events wie Halloween, eine spezielle Wintershow etc. Das Ambiente des Parks wandelt sich in den verschiedenen Jahreszeiten, was immer häufiger zu einem Zweitbesuch im Jahr führt.

Der Europa-Park wurde 1975 als Familienunternehmen eröffnet, angeregt durch Reisen der Betreiber in die Erlebnisparks in den USA. Mit viel Liebe zum Detail wurde das Konzept, die verschiedenen Länder Europas mit ihren „typischen" Attributen und

Bauten darzustellen in Kombination mit Fahrgeschäften und Achterbahnen, fortlaufend umgesetzt.

Hochwertige ästhetische Gestaltung von positiven Länder-Images
Der Park bietet 13 länderspezifische Bereiche, in denen immer eine Mischung aus Attraktionen, Fahrgeschäften, musealen Inszenierungen, Shows, Shopping und Gastronomie untergebracht ist. Eingebettet ist das Angebot meistens in detailgetreue Nachbildungen der besonderen Sehenswürdigkeiten und der typischen, symbolträchtigen Attribute dieser Länder. Unterstützt werden die Länderinszenierungen durch atmosphärische Elemente wie aufwendige Dekorationen, Musik aus dem jeweiligen Land und Gerüche von typischen Speisen wie Crepes in Frankreich, Käsefondue in der Schweiz und Knoblauch-Souvlaki in Griechenland.

Häufig sind Fahrten und Länder-Erleben miteinander kombiniert. So gibt es etwa im niederländischen Teil des Parks die „Piraten von Batavia", eine thematische Bootsfahrt, die den Besucher ins Jahr 1619 zurückversetzt und den Angriff der Niederländer auf die Hafenstadt Batavia, das heutige indonesische Jakarta, darstellt, ebenso wie vielfältige Szenen aus der Geschichte der Kolonialmacht Niederlande. Hinzu kommen Geräusche aus der damaligen Zeit: Kanonenschüsse, das Plätschern des Wassers, dazu das Schaukeln des Bootes, in dem die Besucher sitzen. Einerseits ist die Bootsfahrt wie eine Reise durch ein spannendes Gruselkabinett und erzeugt hohen Nervenkitzel, andererseits sind die integrierten Puppen und Kulissen so detailgetreu und kostbar gestaltet, als seien es Museumsstücke in einem Völkerkundemuseum.

Gestaltet werden diese Länderinszenierungen von Bühnenbildnern und Filmarchitekten.

Nach welchen Kriterien werden die Länder-Inszenierungen gestaltet?
„Der Europa-Park ist bestrebt, das Typische eines jeden Landes herauszustellen, ohne dabei ein bereits existierendes Gebäude zu kopieren (Ausnahme: Colosseo-Bogen!)", so das Konzept. „Vielmehr werden Versatzstücke zu einer neuen, einzigartigen Architektur zusammengefügt, selbstverständlich unter Berücksichtigung aller ästhetischen und funktionalen Aspekte. Diese Architektur muss einerseits die Erwartungen der Besucher bedienen, andererseits sollte sie aber auch überraschen und die Phantasie beflügeln. Die Vielfalt der heutigen Medienlandschaft trägt dazu bei, dass die meisten Besucher ein Bild von einem Land in sich tragen, ohne es jemals selbst bereist zu haben. Das führt auch dazu, dass stark bilderbeladene Reiseländer wie z.B. Italien (römische Säulen, Statuen, bröckelnder Putz, Pinien und Zypressen) oder die Niederlande (Windmühlen, Grachten, Delfter Kacheln) für den Planer und Gestalter viel einfacher zu handhaben sind als das touristisches Neuland wie z.B. Polen oder Bulgarien."

In kulturellen Events traditionelle Kultur der Länder Europas erleben
Die Ländereinheiten werden regelmäßig bespielt von länderspezifischen Shows wie Flamenco-Tanzgruppen für Spanien, Ritterspiele in Deutschland oder ein italienisches Straßentheaterfestival mit der bekannten Museumstheater-Gruppe „Le Arti per Via", die in ihrer Show versuchen, ein „authentisches Bild" von Sitten, Gebräuchen,

Berufen in Italien Ende des 18. Jahrhunderts aufzuführen und Leute zum Mitmachen anzuregen.

„Bei unseren länderspezifischen Festen wie z.B. dem Spanischen/Russischen Fest oder dem Elsass-Tag legen wir großen Wert darauf, den Besuchern die Kultur des jeweiligen Landes in Form von Musik, Kostümen oder auch Handwerkskunst näher zu bringen. Ein wichtiges Kriterium ist hierbei auch das landestypische Essen, wie z.B. die spanische Paella oder der Elsässer Flammkuchen".

In Kooperation mit dem Kultusministerium Baden-Württemberg findet regelmäßig das Euromusique-Festival statt, ein internationales Festival, das jugendlichen Musikern aus den verschiedensten europäischen Ländern die Möglichkeit gibt, sich zu präsentieren. „Bei Euromusique kommen mehr als 2.600 internationale Jungmusiker getreu dem Motto der Veranstaltung „Musik verbindet" zusammen und musizieren. Das Fest schafft eine grenzenlose Begeisterung sowie eine internationale Verbindung, durch die Grenzen zu verschwinden scheinen. Mit seinem internationalen Flair ist der Europa-Park die optimale Kulisse und ideale Plattform für neue Freundschaften und interkulturellen Austausch."

Hier verbinden sich reale interkulturelle Begegnungen jugendlicher Musiker aus verschiedenen europäischen Ländern mit den schönen Kulissen eines idealen Europas.

Kulturelle Erlebnisse für alle Altersgruppen und alle Milieus

Das Durchschnittsalter der Besucher des Parks ist 28 Jahre; mehrheitlich wird der Europark von Familien besucht, zunehmend auch von Schulklassen, für die es in den Park integrierte Bildungsprogramme und ein eigenes Lehrerportal gibt.

Gleichzeitig finden auch immer mehr Tagungen oder Incentive-Reisen von Firmen in den Europa-Park statt, der offensichtlich für verschiedene Altersgruppen und Milieus attraktiv ist. Zwar gibt es keine Erkenntnisse zum Bildungsniveau der Besucher, vermutet wird jedoch, dass die gesamte Bandbreite der Bevölkerung erreicht werden kann.

Um auch ältere Besucher anzuziehen, gibt es unter dem Titel „Angebote für Menschen im besten Alter" spezielle Seniorenprogramme, die stärker auf kulturelle Erlebnisse als auf körperliche Thrills setzen. So gibt es unter dem Titel „Ein Tag im Europa-Park" die bei Senioren sehr beliebten Kombipakete aus Anreise mit dem Bus, Eintritt, gemeinsames Mittagessen oder Kaffeetrinken, gemeinsamer Besuch der Shows und Betreuung und Park-Führung durch einen Guide.

Wissensrallye durch Europa als explizites Bildungsangebot

Als expliziertes Bildungsangebot, das von Schulgruppen viel genutzt wird, ist eine Wissensrallye zum Thema Europa in die Besichtigung des Parks integrierbar, die es mit unterschiedlichen Schwerpunkten und Schwierigkeitsgraden für die verschiedenen Zielgruppen gibt. Dabei geht es um geografische, soziale und kulturelle Dimensionen wie etwa Fragen zur Architektur, zur Kunst, zu Sitten und Gebräuchen.

„Die „Europa-Rallye" ist eine geografische Entdeckungsreise durch den Europa-Park, in der die Geografie, Wetter, Klima und Geschichte der verschiedenen Länder behandelt werden. „In dieser Rallye geht es nicht so sehr um das Abfragen von

Wissensinhalten, sondern vielmehr darum, in unterschiedlichen Themenbereichen beispielhaft verschiedene geographische Fachmethoden kennen zu lernen und anzuwenden. Darunter verstehen Erdkundelehrer die Fähigkeit zur Informationsbeschaffung, -aufbereitung und -darstellung sowie die Informationsdeutung, wozu beispielsweise Methodenkompetenzen gehören wie Karten lesen, Daten erheben (z.B. zählen, messen, befragen, kartieren), Bilder, Grafiken, Statistiken decodieren, versprachlichen und bewerten, Texte Sinn erfassend lesen und auswerten und in vielfältiger Form visualisieren, Grundkenntnisse über Staaten und Regionen erwerben".

Neben der „Europa-Rallye" gibt es seit 2008 ein Science House direkt vor den Toren des Parks, in dem naturwissenschaftliche und technische Themengebiete spielerisch erarbeitet werden können. Hier gibt es regelmäßig populäre Science Shows mit bekannten Stars. Im Rahmen spezieller Science Days gibt es vor allem für die Zielgruppe Kinder, die Möglichkeit an naturwissenschaftlichen Experimenten teilzunehmen.

Lernen und Spaß verbinden – das Edutainment-Konzept des Europa-Parks
Im Park selbst haben vor allem die russische Raumstation MIR und die Mercedes-Benz-Halle musealen Charakter, in der die Geschichte des Auto-Rennsports ausgestellt ist als Vorhalle zur zentralen Achterbahn-Attraktion des Parks Silver Star, so dass die die Leute in der Warteschlange nebenbei etwas „lernen" können. „Alle unsere Wartebereiche sind so gestaltet, dass sie unseren Gästen sowohl Unterhaltungs- als auch Bildungselemente bieten. Wir nennen das Ganze dann EDUTAINMENT (*Edu*cation = Bildung; Enter*tainment* = Unterhaltung)".

Was lässt sich im Europa-Park Rust über Kultur in Europa lernen?
Am Eingang eines Themenbereichs ist jeweils eine Informationstafel zu finden, die den Besucher aufklärt, was es in dem Länderteil zu erleben gibt. Auf diesen Tafeln sind keine Informationen über Geschichte und Kultur der Länder zu erhalten, diese soll sich eher atmosphärisch vermitteln.

„Da sich die gesamte Gestaltung des Europa-Park (Architektur, Essen, Musik etc.) stark am Typischen des jeweiligen Landes orientiert, wirkt sie sehr authentisch. Sie wurde mit einer derartigen Liebe zum Detail verwirklicht, dass die Besucher leicht den Eindruck bekommen, sie seien wirklich im jeweiligen Land. Der Europa-Park schafft es, die Besucher in seinen Bann zu ziehen und ihnen die Kultur Europas näher zu bringen." Deutlich wird auch an dieser Antwort, dass sich Lernen hier nicht auf Wissen über ein Land bezieht, sondern auf eine positive emotionale Verbundenheit über das vermeintlich „Typische" und „Schöne" eines Landes.

Der Europa-Park bietet die Mischung aus biotischem Erleben und ästhetischem Erleben und löst bei seinen Besuchern offensichtlich nachhaltige positive Emotionen und Erfahrungen aus.

Explizite Bildungsprozesse als Reflexion über Differenzen innerhalb der Länder Europas und Gemeinsamkeiten werden nicht angeregt, wären aber durchaus integrierbar, wie etwa die positive Resonanz auf das Science House und die Wissensrallyes zeigt.

5.9 Phantasie statt Animation – Vamos Reisen für Eltern und Kinder
Ein Experteninterview mit Ulrich Mühlberger, Gründer und Geschäftsführer von Vamos, und Ninanin Raschewski, Verantwortliche für das Kinderprogramm

Das 1987 gegründete Reiseunternehmen ist Deutschlands einziger expliziter Eltern-Kinder-Reise-Veranstalter. „Zeit für mich, Zeit für dich" ist das Motto der Eltern-Kind-Reisen mit einer Balance aus eigenen und gemeinsamen Aktivitäten. Bei unseren Reisen mit Kinderbetreuung sorgen wir für ein qualifiziertes und liebevoll gestaltetes Programm. Unsere speziell geschulten Mitarbeiter orientieren sich dabei an dem Leitbild der Vamos Kinderbetreuung, das einen reform- und erlebnispädagogischen Ansatz verfolgt. In altersgemischten Gruppen werden das soziale Miteinander und die Persönlichkeit jedes einzelnen Kindes gefördert" (Vamos Leitbild vgl. Website www.vamos-reisen.de/philosophie.html).

Bewusst gibt es keine ganztägige Kinderbetreuung, wie etwa in den französischen Familienferienclubs, sondern nur Halbtagsbetreuung, damit auch Zeit für gemeinsame Aktivitäten von Eltern und Kindern bleibt. Einmal pro Woche werden Aktivitäten für die gesamte Familie angeboten wie etwa Wanderungen oder Kanutouren, was von den Kindern besonders geschätzt wird.

Vamos bietet 1.000 Gastgeber bzw. Reiseziele in 17 verschiedenen Ländern Europas an, die meisten Domizile sind in Italien. Im Jahr reisen ca. 35.000 Eltern und Kinder mit Vamos, Tendenz kontinuierlich steigend.

Weiterempfehlung statt Werbung als erfolgreiches Marketingkonzept
Das ungewöhnliche Vamos-Marketingkonzept ging aufgrund hoher Zufriedenheit der mitreisenden Familien auf: „Konsequent keine Werbung, sondern nur Weiterempfehlungen und Direktvertrieb". Der sehr ansprechende, jeweils von einem Künstler illustrierte Katalog wird ausschließlich an Vamos-Stammkunden versandt, einen Verkauf über Reisebüros oder externe Internetanbieter gibt es nicht. Darüber hinaus betreibt Vamos sehr erfolgreich Pressearbeit in Reisemagazinen, Frauenzeitschriften, Elternmagazinen und überregionalen Zeitungen. Vor allem Journalisten, die selbst Kinder haben, berichten sehr positiv über das Vamos-Konzept.

Vamos-Reiseangebote sind in der Regel kurz nach Erscheinen des Katalogs ausgebucht. Das Problem bestehe nicht darin, ausreichend Kunden zu finden, sondern eher darin, neue schöne Unterkünfte mit kinderfreundlichen, entspannten und flexiblen Gastwirten ausfindig zu machen an schönen Orten in Europa. Um diese Gastgeber zu pflegen und Verständnis für das Vamos-Eltern-Kind Leitbild zu schaffen, organisiert Vamos einmal im Jahr ein Gastgebertreffen mit allen Hoteliers.

„Selbermachen statt konsumieren. Phantasie statt Animation" als Leitlinie für das Kinderprogramm
„Unbeschwert spielen" – so fassen die Vamos-Verantwortlichen ihren zentralen Anspruch an ihre Kinderprogramme zusammen. „Auch Kinder sollen mal Urlaub haben. Wir wollen Feriengestaltung anbieten, die der Persönlichkeit jedes einzelnen Kindes

gut tut und nicht Schule den Ferien überstülpen. Wir haben keinen Bildungsauftrag, aber trotzdem ein klares Leitbild unserer Kinderprogramme: Phantasie statt Animation. Die Kinder sollen mit allen Sinnen selbst Erfahrungen machen statt sich bespaßen zu lassen."

Wichtig dabei sind altersübergreifende Gruppen, wo sich die Kinder auch umeinander kümmern, sowie viel Flexibilität im Ablauf. „Wenn die Kinder mit Begeisterung an einem Staudamm bauen, dann lassen wir sie dabei, statt programmgemäß noch den nächsten Berg zu erkunden."

Über die halbtäglichen Angebote hinaus gibt es einmal pro Woche einen sogenannten Thementag, an dem die Kinder spielerisch und kreativ schaffend die kulturellen wie Natur-Besonderheiten ihres Reiseziels erkunden.

In Vorbereitung auf ihr Reiseziel schickt Vamos an die teilnehmenden Kinder einen bunt bebilderten Katalog, der für Kinder interessante Hintergründe über die Besonderheiten und die Kultur und Geschichte des bereisten Landes vermittelt, beschreibt wie Kinder in dem Land leben, einen Sprachkurs der wichtigsten Worte bereitstellt sowie ein erstes Kochrezept für ein landestypisches Gericht. Ein Landes-Quiz regt dazu an, das Gelesene zu reflektieren. Unter dem Stichwort „Fünf Dinge, die du tun solltest, damit du deinen Urlaub niemals vergisst" macht der Katalog Vorschläge zur bewussten und zugleich kreativ-tätigen Auseinandersetzung vor Ort wie etwa „Dinge oder Geräusche zu sammeln, die dich hinterher an deinen Urlaub erinnern".

Hochwertige Kinderprogramme als Alleinstellungsmerkmal und zentraler Erfolgsfaktor

Die hohe Qualität ihrer Kinderbetreuung begreifen die Vamos-Verantwortlichen als das wesentliche Alleinstellungsmerkmal ihrer Reiseangebote und als ihren größten Erfolgsfaktor, noch vor der besonderen Qualität ihrer Feriendomizile in ausgewählt schöner Naturlage mit gutem Essen und vor dem Motiv, nette Gleichgesinnte anderer Familien kennen zu lernen. Vamos-Eltern gehören in der Regel zu den höher Gebildeten und besser Verdienenden mit besonders hohen Ansprüchen an die Kinderbetreuung. „Jedes Kind soll gesehen und individuell angesprochen, nicht massenhaft animiert werden." Sämtliche Vamos-Angebote werden evaluiert durch eine differenzierte, schriftliche Gästebefragung. Die Kinderbetreuung erhält in der Regel Bestnoten, ebenso wie hier auch Kritik, wenn es sie einmal gibt, am heftigsten ausfällt. Das deutet darauf hin, dass dies der Bereich ist, an dem die Kunden Vamos-Reisen vor allem messen.

Studierende aus kulturellen, künstlerischen oder sozialen Studiengängen als Kinderbetreuer

Vamos beschäftigt insgesamt 150 Kinderbetreuer. Diese rekrutieren sich mehrheitlich aus Studierenden kultureller oder sozialer Studiengänge, die von Vamos in einwöchigen Seminaren auf ihre Aufgabe vorbereitet werden. Behandelt werden pädagogische Fragestellungen, Kommunikation mit Kindern und Eltern im Urlaub, ebenso wie interkulturelle Differenzen, die im Umgang mit den Gastebern in anderen Ländern immer virulent werden. Einen großen Raum nimmt aber auch das eigene Ausprobieren und Reflektieren der zukünftigen Betreuer von Spielen und künstlerisch-musischen Angeboten ein, wofür Vamos jeweils professionelle Künstler, Kulturschaffende und Spielpädagogen einlädt.

Viele der Betreuer sind auch selbst künstlerisch tätig oder beherrschen eine spezifische Sportart sehr gut, was sie dann jeweils in ihr Kinder- (und Eltern-) Programm einbringen. Programme sind bei Vamos grundsätzlich nicht standardisiert, sondern immer abhängig davon, was die Betreuer jeweils an spezifischer Kompetenz einbringen können. Da Vamos seine Betreuer nicht fest einstellen kann, sondern diese immer nur saisonal für ca. zwei bis drei Monate an einem Standort tätig sind, muss sich Vamos sehr bemühen, um genügend geeignete Betreuer zu finden.

Künstlerische Angebote für Kinder und auch Eltern besonders nachgefragt
Zunehmend werden auch spezielle künstlerische Programme angeboten wie Tanzworkshops mit professionellen Choreografen, Theaterworkshops mit ausgebildeten Schauspielern, Kinder-Comic-Zeichenwochen, ein Holzbildhauerworkshop sowohl für Kinder wie für Eltern. Denn auch die Eltern zeigen in der Regel großes Interesse an künstlerischen Tätigkeiten.

Darüber hinaus lädt Vamos regelmäßig Kinder- und Jugendbuchautoren zu Lesungen in die Ferienhotels ein. Seit einigen Jahren gibt es jeweils in den Oster- und Herbstferien eine spezielle Kinderbuchwoche in der Lüneburger Heide, wo Kinderbuchautoren mit Kindern lesen, schreiben, malen, illustrieren, spielen.

Unter dem Leitmotiv „Den Gedanken Flügel verleihen" bietet Vamos in Griechenland auch Philosophie-Wochen für Kinder an. Fragen wie „Kann ein Fußball ein Freund sein"? oder „Wo wohnt das eigene Ich" werden unter Leitung einer Philosophin ausführlich diskutiert. Dabei gehe es nicht um „Kant für Kinder", sondern darum, Philosophieren als Kulturtechnik und menschliches Grundbedürfnis zu erfahren.

Unter anderem für dieses Angebot erhielt Vamos bereits zum siebten Mal innerhalb der letzten 10 Jahre die Touristikauszeichnung „Die Goldene Palme" der Zeitschrift Geo für die beste Reise in der Kategorie „Reisen mit Kindern".

Die Erkundung der kulturellen Sehenswürdigkeiten des Gastlandes oder der Region ist nur im Rahmen des Thementages in die Kinderbetreuung integriert, weil Vamos davon ausgeht, dass solche Ausflüge von den Eltern selbst organisiert werden.

Während Vamos in der ersten Jahren seines Bestehens organisierte Familien-Gruppenreisen mit dem Bus angeboten hat, bei denen oftmals in Campingzelten übernachtet und gemeinsam gekocht wurde, gibt es inzwischen mehrheitlich Angebote mit individueller Anreise in eher hochklassigen Unterkünften mit gutem Service und exzellenter Küche, häufig in Kombination mit Kochkursen und Weinverkostungen für die Erwachsenen. Die Ansprüche an Komfort seien gestiegen ebenso wie das Bedürfnis nach mehr privaten Räumen und Individualität.

Die Vamos Verantwortlichen schauen optimistisch in die Zukunft. Das Potential ihrer Zielgruppen: Eltern, die für sich und ihre Kinder hochwertige Qualität und Reisekultur haben wollen, sei noch lange nicht ausgeschöpft. Für die Zukunft planen sie neue

Angebote wie eine Eltern-Kinder-Kunst-Sommerakademie unter anderem für Kurzreisen innerhalb Deutschlands.

Die Bedeutung hochwertiger Kinder- und Familienprogramme werde aktuell in der Tourismusbranche stark unterschätzt, da ist man sich bei Vamos sicher

5.10 „Die Zukunft des Kulturtourismus liegt in der Leichtigkeit des Umgangs mit kulturellen Phänomenen"
Ein Experteninterview mit Dr. Wolfgang Isenberg, Thomas-Morus-Akademie, Bensberg, Berater Zukunftswerkstatt TUI

Dr. Wolfgang Isenberg, Direktor der Thomas-Morus-Wissenschaftsakademie in Bensberg bei Köln, veranstaltet seit den 80er-Jahren immer wieder Tagungen zu einem breiten Themenspektrum im Bereich Tourismus und Reisepädagogik. Er hat sich intensiv mit den negativen Folgewirkungen ebenso wie mit den Potentialen des Tourismus auseinander gesetzt, aktuell u.a. im Rahmen einer Zukunftswerkstatt für die TUI AG. Die TUI AG, Europas führender Touristikkonzern, gründete zum Jahresbeginn die „Denkfabrik für Freizeit & Tourismus". „Nach dem Vorbild US-amerikanischer ‚Think tanks' soll damit „ein Instrument geschaffen werden, mit dessen Hilfe wir langfristig besonders einflussreiche und prägende Entwicklungen und Trends für unsere Industrie identifizieren und anschließend unternehmensstrategische Ansätze entwickeln", erklärt TUI Vorstandschef Michael Frenzel die Zielsetzung. Ziele der Denkfabrik bestehen darin, Debatten über die Zukunft des Tourismus und Reisens zu organisieren, Analysen zu wichtigen Zukunftsfragen durchzuführen und Experten miteinander zu vernetzen. Auf der Agenda der Initiative stehen unter anderem die Themen Wohlstandsentwicklung, Social Media, Positionierung von Urlaubsgebieten und neue Produktwelten.

Deutlich ist nach Ansicht Isenbergs bei Tourismusunternehmen ein Nachdenken über Nachhaltigkeit im Tourismus erkennbar. So haben sich die großen Reisekonzerne, darunter auch TUI und Thomas Cook, unter dem Stichwort Corporate Social Responsability u.a. mit der Initiative „Futoris" zu einem nachhaltigen, umweltschonenden Tourismus verpflichtet und setzen konkrete Maßnahmen für den Umweltschutz ein. So engagiert sich TUI Deutschland mit einem Projekt für den Schutz der Heimat von Walen auf Teneriffa und unterstützt den Aufbau von Lebens-, Bildungs- und Kulturstätten der vom Erdbeben betroffenen Menschen auf Haiti. Das Touristikunternehmen Thomas Cook setzt sich für die Erhaltung des Waldbestands im Alexander-von-Humboldt-Nationalpark im Osten Kubas ein und engagiert sich für den Schutz der Robben auf Madeira.

Exklusive Wellness Welten all inclusive statt Beschäftigung mit Kultur als vorherrschender Trend bei den Reisekonzernen
Während das Thema „ökologische Nachhaltigkeit" in den Blickpunkt der Tourismuskonzerne geraten ist, gibt es derzeit kein Interesse, in Kulturelle Bildung im Tourismus zu investieren. Nach Einschätzung Isenbergs gibt es dafür keinen systematischen

Grund, eher handelt es sich um Konjunkturen. Aktuell setzen die großen Tourismuskonzerne in ihren Zukunftsinvestitionen vor allem auf Wellness und die Weiterentwicklung einer luxuriösen touristischen Infrastruktur. Schon lange gäbe es in der Tourismusbranche einen Glaubensstreit darüber, ob bei Touristen das Interesse an der bereisten Region oder das Bedürfnis nach einem guten Hotel und einer perfekten „Wellness-Infrastruktur" im Vordergrund stünden. Gegenwärtig setzten sich eher die Wellness-Anhänger durch.

Immerhin gäbe es jedoch auch erste Bedenken auf Seiten der Touristiker über die Konsequenzen der perfekten Urlaubswelten. So werde aktuell diskutiert, wie sich das immer mehr ausweitende „All inclusive"-Konzept, bei dem einheimische touristische Infrastruktur kaum noch genutzt wird, auf die finanzielle Situation der bereisten Länder auswirkt. Ebenso gäbe es erste Überlegungen dazu, welche Folgen es hat, wenn Touristen dadurch nicht mehr mit einheimischer Kultur in Berührung kommen.

Qualität im Kultur-Tourismus ist eine Frage der gelungenen Inszenierung und Vermittlung
Haben Touristen denn überhaupt ein Interesse daran, sich im Rahmen ihres Urlaubs auch mit Kunst und Kultur auseinanderzusetzen oder reicht ihnen die perfekte Wellnesslandschaft? „Die Zukunft des Kulturtourismus liegt in ‚der Leichtigkeit des Umgangs' mit kulturellen Phänomenen", so die zentrale These Isenbergs. Nur dann werde Kultur auch für einen breiteren Kreis von Touristen interessant. Der Kulturtourismus werde an Bedeutung gewinnen, wenn der Kulturbegriff sich erweitere und es nicht mehr nur um Besichtigung kunsthistorisch bedeutender Objekte gehe, sondern um Kultur im breitesten Sinne. Dazu sei auch das Experimentieren mit neuen kulturellen Formaten notwendig.

So habe die Thomas-Morus-Akademie die „Heimat-Kurzreisen" entwickelt, wo auf Tagestouren zum Beispiel zum Thema „Küchenkultur" der Besuch eines Heimatmuseums mit dem Besuch in der Küchenabteilung von „Ikea" verbunden werde. Ziel dabei sei es, „die Auseinandersetzung mit den eigenen kulturellen Wurzeln anzuregen".

Ob Kultur im Tourismus breitenwirksam sein kann, hänge weniger von den spezifischen Inhalten ab, sondern von der Art und Weise der Inszenierung: „Qualität im Kulturtourismus ist eine Frage der gelungenen Inszenierung und der Qualität der ästhetischen Raumerfahrung." Positive Beispiele seien etwa das Getty Museum in Los Angeles, das Guggenheim Museum in Bilbao oder die Museumsinsel Hombroich. In allen drei, bei Touristen sehr beliebten Museumsanlagen, können „hochwertige Architektur, schöne Landschaft und Kunstwerke als Einheit genossen werden". Ein anderes Beispiel für eine sehr gelungene Gesamt-Vermittlung sei das Auswandererhaus in Bremerhaven, das mit sinnlicher Inszenierung, Gesamtdramaturgie und Storytelling in der Lage ist, Touristen aller Bildungsmilieus zu faszinieren. Touristen hätten Interesse daran, Kunst und Kultur zu erfahren, wenn dies mit einer Leichtigkeit und einer stimmungsvollen Atmosphäre verbunden sei.

Isenberg geht davon aus, dass nicht eine Reiseform oder Reiseziel per se besser geeignet sei für Bildungserlebnisse, sondern „bei seriöser Vermittlung könnten auch Erlebnisparks bilden". Bei Erlebnisparks wüssten die Besucher, dass es sich dort um Kopien und nicht um Originale handelt und könnten bewusst damit umgehen. Allein über Spaß lasse sich jedoch keine Bildungswirkung erzielen, es müssten durch Vermittlung angeregte Reflexionen dazu kommen.

„Destination Ich" als Ziel Kultureller Bildung im Tourismus
Ziel aller touristischen Kulturellen Bildung sei es, Menschen anzuregen, sich anhand der erfahrenen Inhalte und ästhetischen Phänomene mit sich selbst und der eigenen kulturellen Herkunft auseinanderzusetzen. Es gehe um die „Destination Ich". Dass dies ein starkes Bedürfnis von Touristen sei, komme auch in dem Ergebnis einer Studie „Religion und Tourismus" der Thomas-Morus-Akademie und der Universität Paderborn im Auftrag einer kirchlichen Organisation zum Ausdruck, wonach jeder zweite Bundesbürger den Besuch einer Kirche oder eines Klosters zu seinen beliebtesten Urlaubsaktivitäten zählt. Dabei gehe es nicht um religiöse Motive, sondern um kulturelle und spirituelle Bedürfnisse.

Dass es aktuell kaum mehr eine wissenschaftliche Beschäftigung mit dem Thema Reisepädagogik gibt, sei möglicherweise damit zu erklären, dass deren in den 70er- und 80er-Jahren aktiven Vertreter inzwischen im Ruhestand seien und das Thema für nachwachsende Wissenschaftler offensichtlich nicht mehr von Interesse ist, da sich Kooperationen zwischen Erziehungswissenschaften/Freizeitwissenschaften und Reisebranche nicht durchgesetzt hätten. Einen Grund dafür, warum sich die Reisepädagogik nicht in die Tourismuswirtschaft einbringen konnte, sieht Isenberg darin, dass diese etwa mit Nahrstedts Postulat der „Emanzipation auf Reisen" zu radikal war, um mit den Interessen der Reiseveranstalter kompatibel zu sein.

Interkulturelle Bildung im Tourismus nur mit Kontakten auf Augenhöhe möglich
Kann Reisen bilden und könnte es sogar interkulturell bilden? Der Anspruch, ein anderes Land wirklich kennen und verstehen zu lernen, lasse sich vermutlich über einmalige Reisen dorthin nicht realisieren. „Man geht davon aus, dass man mindestens sieben Mal in einem Land gewesen sein muss, bevor man es wirklich begreift", so Isenberg. Der Tourismus könnte potentiell zur interkulturellen Verständigung beitragen, die dann auch positiv auf den Umgang mit Migranten in Deutschland rückwirkt, jedoch nur dann, wenn sich Kontakte mit Einheimischen nicht nur auf Servicepersonal beschränken, sondern es zu Kontakten kommt, wo man gleichrangig begegnen könne.

Wie die großen Reiseunternehmen von der Bedeutung Kultureller Bildung und Kulturvermittlung überzeugt werden könnten, ist auch für Isenberg eine offene Frage. Möglicherweise sei die Zeit noch nicht ganz reif dafür.

5.11 Kulturrezeption im Tourismus. Ein weißes Blatt in der Tourismus- und der Kulturmanagementforschung

Ein Experteninterview mit Yvonne Pröbstle, wissenschaftliche Mitarbeiterin im Institut für Kulturmanagement an der Pädagogischen Hochschule Ludwigsburg und verantwortlich für eine Studie über Kulturrezeption im Tourismus.

Yvonne Pröbstle hat im Rahmen ihrer Dissertation das Kulturverständnis, die Motive und das Nutzungs- sowie Rezeptionsverhalten von Kulturtouristen untersucht. In offenen Interviews wurden insgesamt 90 Touristen an verschiedenen kulturtouristischen Orten im deutschsprachigen Raum befragt, u.a. beim Holocaust Mahnmal sowie in einer Ausstellungshalle für zeitgenössische Fotografie in Berlin, bei den Freilichtspielen in Schwäbisch-Hall, im Wikingermuseum Haithabu, beim Schleswig-Holstein Musikfestival und in der Zeche Zollverein in Essen während des Kulturhauptstadtjahres. Die Befragungsorte hat sie dahingehend ausgewählt, dass ein möglichst breites Spektrum an unterschiedlichen Destinationen und kulturtouristischen Erscheinungsformen abgedeckt wird.

Differenzierte Betrachtung der Motive und Erwartungen von Kulturtouristen
Yvonne Pröbstles Interesse am Kulturtourismus ging gemäß ihres Lehrgebiets am Institut für Kulturmanagement zunächst von Marketingfragen der Akteure des Kulturbetriebs an das Thema aus: Wie lässt sich der vermeintliche Kulturtourismus-Boom nutzen, um mehr touristische Besucher in Kultureinrichtungen zu lenken. Sehr schnell wurde ihr bei Literaturrecherchen klar, dass man mit einer undifferenzierten Marketingfrage den vielschichtigen Motiven der sehr unterschiedlichen touristischen Kulturnutzer nicht gerecht wird.

„Es gibt sehr wohl eine Handvoll Studien zum Kulturtourismus, aber die Mehrzahl ist oberflächlich in Bezug auf Motive und insbesondere Erwartungen an die Kulturrezeption im Tourismus. Das hat mich angespornt, durch eigene Befragungen differenziertere Erkenntnisse über Kulturtouristen zu generieren".

Tatsächlich zeigten die vorhandenen quantitativen empirischen Studien zu touristischen Motiven generell, dass Kultur als primäres Reisemotiv ganz weit unten auf der Skala steht, während auf den vorderen Plätzen Motive wie „Entspannung, keinen Stress haben", „Sonne, schönes Wetter", „Zeit füreinander haben" und „Natur erleben" stehen. Dementsprechend haben touristische Massenanbieter auch kein Interesse daran, (hochwertige) kulturelle Angebote zu installieren, weil damit nicht in großem Maße neue Kunden gewonnen werden können, so erklärt Pröbstle das Desinteresse der großen Konzerne am Thema Kultur und Kulturvermittlung. Kulturinteresse entstehe bei Pauschalreisenden wenn, dann erst vor Ort, ist also vorher überhaupt noch kein Motiv, so eines der Ergebnisse ihrer Studie.

Kategorisierung von Kulturtouristen gemäß ihrer kulturbezogenen Motive
Deutlich wurde in ihren Befragungen, dass es ganz verschiedene Typen von Touristen gibt, die sich im Urlaub bzw. auf Reisen mit Kunst und Kultur beschäftigen und die Pröbstle gemäß ihrer Reisemotive kategorisiert. Das Spektrum reicht von Kulturtouristen, die ein ausgeprägtes Interesse an einer bestimmten kulturellen Veranstaltung

bzw. Sehenswürdigkeit haben und entsprechend vorinformiert sind, über Touristen, die sich verpflichtet fühlen, im Urlaub auch mal eine kulturelle Sehenswürdigkeit anzuschauen, bis hin zu solchen, die aus anderen primären Gründen wie z.B. einem Besuch bei Verwandten oder Bekannten verreisen, dann aber vor Ort durchaus kulturellen Aktivitäten nachgehen bzw. sich dazu anregen lassen.

Kulturinteresse entsteht erst beim Besuch – Zentrale Ergebnisse der Befragungen von Touristen
Es gibt beim Großteil der Touristen keine spezifischen Erwartungen an den Besuch einer kulturellen Sehenswürdigkeit oder Veranstaltung. Interesse und Fragen werden erst beim Besuch geweckt, so eines der wesentlichen Ergebnisse der Befragung von Yvonne Pröbstle. Dementsprechend bereiten sich die wenigsten auf ihren Kulturbesuch vor, sehr viel mehr hingegen bereiten ihn nach.

Es gibt klare Unterschiede zwischen dem Kulturrezeptionsverhalten im Alltag und auf Reisen:
„Im Alltag haben die meisten kaum Zeit und Muße für Kunst und Kultur, wohingegen sie sich als Tourist bewusst auf Kultur einlassen und sehr viel aufnahmefähiger sind." Auch das Wissen darum, dass man eine bestimmte kulturelle Sehenswürdigkeit oder Veranstaltung nur jetzt vor Ort wahrnehmen kann und die Urlaubszeit begrenzt ist, aktiviere zu Kulturbesuchen.
„Man kann zugespitzt sagen: Nicht-Kulturbesucher werden auf Reisen zu Gelegenheitsbesuchern, Gelegenheitsbesucher werden zu Vielfachnutzern."
Je unterhaltungsbezogener die Angebote sind, so etwa eine Open-Air-Veranstaltung mit populärer Musik in Kombination mit Kulinarik, um so eher würden auch solche Menschen davon angesprochen, die zu Hause selten bis gar nicht kulturelle Einrichtungen bzw. Veranstaltungen besuchen.

In der Art der Inszenierung und attraktiven Aufbereitung von Kultur sieht Pröbstle keine Unterschiede in der Wahrnehmung auf Reisen oder zu Hause. „Generell kommen solche kulturellen Angebote bei der Mehrzahl der nicht stark kunstaffinen Nutzer sehr viel besser an, die Kultur mit Unterhaltung kombinieren und emotionalisieren."
Bei den befragten Touristen wurden zum Beispiel inszenierte Stadt- oder Schlossführungen sehr geschätzt, bei denen Schauspieler in der Rolle einer historischen Figur in der Kombination von Geschichten, Anekdoten und Musik Zugänge zur Kultur einer anderen Zeit schafften.
Eine große Rolle spiele die Art und Weise und die Situation der Kulturvermittlung für die Rezeption:
Erfahren Touristen Kultur etwa im Rahmen einer geführten Gruppenreise, beschäftigen sie sich sehr viel mehr mit den Inhalten, indem sie sich auch mit anderen Reise-Teilnehmern darüber austauschen; ihre Kulturerfahrung werde intensiviert.

„Vermittlung ist anstrengend und nichts für uns" – Negativurteile über Kulturvermittlung abbauen
Kulturvermittlung spielt nach den empirischen Erkenntnissen Pröbstles eine zentrale Rolle, um kulturtouristische Aktivitäten zu einer wertvollen Erfahrung für den einzelnen Touristen zu machen. Dabei geht es ihrer Ansicht nach nicht im Sinne von Audience Development darum, Auch-Kulturtouristen zu Stammkulturnutzern im Alltag zu machen, sondern darum, überhaupt erstmalig bereichernde kulturelle Erfahrungen machen zu können. „Wenn dann während der nächsten Reise aufgrund dieser Erfahrung eine erneute Auseinandersetzung mit Kultur erfolgt, wäre dies ein wesentlicher Schritt zu einer wiederkehrenden Kulturnutzung auf Reisen."

Zugleich sei Kulturvermittlung jedoch mehrheitlich eher negativ konnotiert. So zeigten viele Antworten der Touristen auf die Frage danach, ob sie auch Kulturvermittlungsangebote genutzt hätten, dass Vermittlung tendenziell als anstrengend empfunden, aber eben nicht mit schönen und besonderen Erlebnissen verbunden wird. In solchen Fällen, wo überraschend positive Erfahrungen gemacht wurden wie etwa bei inszenierten Führungen, sei die Überraschung hingegen groß gewesen.

Es gehe also zukünftig auch darum, negative Klischees über Vermittlung abzubauen. Sehr positiv beurteilt Pröbstle ein Angebot wie „Mit Siebenmeilenstiefeln durch das Jüdische Museum in Berlin", weil es dem Interesse von Touristen, in begrenzter Zeit die Besonderheiten eines Ortes mitzunehmen, gerecht werde, statt zu versuchen, Touristen zu disziplinieren. Ohnehin sei nach einer Stunde die Aufnahmekapazität bei den meisten Besuchern erschöpft und „es geht ja nicht darum, jedes Detail mit voller Aufmerksamkeit wahrzunehmen, sondern sich persönlich bereichert zu fühlen nach einem Kulturbesuch."

Hier sieht Pröbstle einen generellen Konflikt zwischen Kulturakteuren und Touristen. Kulturschaffende befürchten oftmals, dass freizeitorientierte Interessen von Touristen zu einer Banalisierung und Kommerzialisierung beitrügen. „Dahinter steckt viel mehr auch eine grundsätzliche Ablehnung des Konzepts der Besucherorientierung vieler traditioneller Kultureinrichtungen. Wo Besucherorientierung längst praktiziert wird, stößt man hingegen auf einen weitaus unkomplizierteren Umgang mit Touristen."

Mehr Touristen vor Ort für kulturelle Angebote mobilisieren – Kulturtourismus als zukunftsträchtiges Arbeitsfeld für Kulturmanager
Der Kulturtourismus ist perspektivisch ein interessanter Arbeitsmarkt für Kulturmanager, so die Einschätzung Pröbstles, und zwar in folgenden vier Aufgabenfeldern:

1. in Tourismusagenturen, um Kooperationen und Dialoge zwischen Touristikern und Kulturschaffenden anzubahnen;
2. in der Kulturverwaltung, wo Kultur und Tourismus immer häufiger in Personalunion verantwortet werden;
3. im Marketing von Kultureinrichtungen als Spezialist für tourismusspezifische Ansprache
4. in der Gründung eigener Unternehmen, die attraktive Kulturvermittlungsdienstleistungen für Touristen anbieten.

Yvonne Pröbstle hält die euphorische Einschätzung vieler Touristiker und Kulturakteure für undifferenziert, dennoch sieht auch sie bislang ungenutzte Potentiale im Kulturtourismus. „Insbesondere im ländlichen Raum und in anderen naturnahen Destinationen fristet das oftmals vorhandene und erhaltene kulturelle Erbe häufig noch ein touristisches Schattendasein." Durch entsprechende Kommunikation und Aufbereitung ließe sich ein Teil der Touristen ansprechen, die ohnehin schon vor Ort sind.

Warum bewegt sie das Thema Kulturtourismus ganz persönlich?
Yvonne Pröbstle begreift sich als zweite Generation von Kulturmanagern in Deutschland, für die das Prinzip der Besucherorientierung bereits eine Selbstverständlichkeit geworden ist: „Wenn es uns nicht gelingt, mehr Menschen davon zu überzeugen, dass Kunst und Kultur sehr bereichernd für ihr eigenes Leben sein können, wird die Zukunft des Kultursektors ungewiss sein. Der Tourismus – insbesondere das Heraustreten aus dem Alltag und die Konfrontation mit bislang Unbekanntem – bietet sehr gute Bedingungen, um Menschen besondere kulturelle Erfahrungen zu ermöglichen."

6. Fazit: Qualitätskriterien, Vermittlungsstrategien und Voraussetzungen für Kulturelle Bildung im Tourismus

Kulturtourismus bietet grundsätzlich Potentiale für kulturelle Bildung. Diese gestalten sich jedoch in den einzelnen kulturtouristischen Formaten unterschiedlich (6.1).

Die Potentiale und Bedingungen Kultureller Bildung und die Wirkungen von Kulturvermittlung im Tourismus sind derzeit noch kaum erforscht. Viele Fragen können deshalb auf der Grundlage der ausgewerteten Literatur, der verfügbaren empirischen Erkenntnisse und der Einschätzungen von Experten nur vorläufig in Form von Thesen und ersten Ergebnissen beantwortet werden. Die Thesen und Ergebnisse werden thematisch in drei Komplexen zusammengefasst: Das Verhältnis von Kulturinteresse und Kulturrezeption im Urlaub, Bedingungen, die Kulturelle Bildung fördern und Qualitätskriterien für Kulturvermittlung im Tourismus und Herausforderungen und Perspektiven für Tourismusanbieter (6.2).

Abschließend werden Reflexionen angestellt, wie Kulturangebote und Vermittlungsangebote besser mit touristischen Aktivitäten verzahnt werden könnten, damit der Tourismus zu einem kulturellen Lernfeld werden kann (6.3).

6.1 Realität und Potentiale Kultureller Bildung in verschiedenen Tourismusformaten

Sightseeing und Stadtführungen

Ein Großteil der touristisch relevanten kulturellen Sights sind quasi universelle Sehenswürdigkeiten, die unabhängig vom Herkunftsmilieu der Touristen besichtigt werden.

Touristen haben in der Regel zunächst keine spezifischen Fragen an die Sehenswürdigkeiten, die sie als „Must Sees" akzeptieren ohne damit eigene Interessen zu verbinden.

Schriftliche Reiseführer sind die meist genutzten Vermittler für bekannte kulturelle Sehenswürdigkeiten. Diese bieten serviceorientierte Informationen und Fakten und markieren das Sehenswürdige tendenziell idealisierend als „herausragend", regen jedoch kaum zu einer differenzierten Auseinandersetzung mit einem Kulturdenkmal an.

Eine personale Vermittlung erweist sich als sehr viel nachdrücklicher in Bezug auf neue Erfahrungen und Erkenntnisse, weil sie zum Dialog herausfordert und ist offensichtlich durch Medien nicht zu ersetzen

Im Rahmen von personalen Stadtführungen gelingt es durch den Einbezug künstlerischer Elemente und Inszenierungen in besonderer Weise, Menschen zu stimulieren, mit gewohnten oder stereotypen Sichtweisen zu brechen und neue Perspektiven einzunehmen. Die durch ästhetische Mittel bedingte Emotionalisierung öffnet für kulturelle Bildungsprozesse, die dazu befähigen, eine Stadt lesbar und interpretierbar zu machen.

Besuch von Kultureinrichtungen als (städte-)touristische Attraktionen
Touristen sind bevorzugt an kulturellen Angeboten interessiert, die in ein Gesamtpaket eingebunden sind und unterschiedliche kulturelle Sphären und Bedürfnisse verbinden.

Bildungsprozesse werden ermöglicht, wenn Kulturbesichtigungen im Zusammenhang stehen zur Gesamtwahrnehmung einer Stadt/Region/Land, wenn etwa die Besichtigung eines Museums ein Baustein ist zum Begreifen der Charakteristik und der Geschichte einer Stadt.

Lernen findet u.a. dann statt, wenn Kulturbesichtigungen Antworten auf Fragen geben, die sich Touristen während ihrer Reise stellen.

Traditionelle Kultureinrichtungen wie Museen sind bis auf wenige Ausnahmen noch kaum am größeren Stimulierungs- und Vermittlungsbedarf von nicht spezifisch kulturinteressierten Touristen ausgerichtet. Ihre Vermittlungsangebote wenden sich in der Regel an stark Kulturinteressierte und setzen nicht auf Animation und besondere Erlebnisse.

Kulturinstitutionen, die unterschiedlichen Bedürfnissen von Touristen gerecht werden, wie denen nach Pausen und Gastronomie in einem stimmungsvollen, der Kulturerfahrung adäquaten Ambiente oder dem Bedürfnis nach sinnfälligen Souvenirs, werden von Touristen stark nachgefragt.

Durch Besuche von Kultureinrichtungen wie Museen finden in der Regel weniger Wissenszuwächse statt, sondern eher emotionale Lernprozesse, die nachhaltig positive Erinnerungen an Kunst und Kultur auslösen können.

(Interkulturelle) Studienreisen
Auch das Klientel der Studienreisen hat sich gewandelt von den klassischen Bildungsbürgern, die den geisteswissenschaftlichen Vortrag vor Ruinen wollen, hin zu einem gemischteren Publikum, das sich auch mit der aktuellen Landeskultur auseinandersetzen möchte und das Freiräume ebenso wie Erlebniselemente in der Reisedramaturgie erwartet.

Studienreisen fördern in besonderer Weise kulturelle Bildungsprozesse, weil sie Touristen von Anfang bis Ende durch kompetente personale Vermittlung interessieren, animieren und auf die sich entwickelnden persönlichen Fragen individuelle Antworten geben können.

Auch Interkulturelle Bildung wird maßgeblich durch eine kompetente Reiseleitung ermöglicht, die in der Lage ist, zwischen der ethnischen Herkunftskultur der Touristen und der Kultur des bereisten Landes zu vermitteln, die Vorurteile und Länder-Klischees mit den Teilnehmenden kritisch reflektiert und Brücken baut für direkte Begegnungen, möglichst auf Augenhöhe, zwischen Touristen und Einheimischen. Obwohl Ferntouristen oft der Wunsch nach einer fernen, ganz anderen Kultur antreibt, der durch exotisierende Bilder der Tourismusindustrie forciert wird, werden als die beglückendsten Momente der Reise diejenigen beschrieben, in denen sie Gemeinsamkeiten mit Einheimischen erfahren haben.

6. Fazit

Touristische Festivals und Events
Kulturelle Inszenierungen erhöhen die Attraktivität und den „Mehrwert" touristischer Orte für unterschiedliche Touristengruppen. Besonders erfolgreich sind sie dann, wenn sie eng mit der Natur einer Urlaubsregion und den sonstigen kulturellen Gegebenheiten und Sehenswürdigkeiten verbunden sind, also eine inhaltliche und ästhetische Beziehung zum jeweiligen touristischen Ort besteht. Von Touristen werden kulturelle Events weniger als Lernorte, sondern vielmehr als stimmungsvolle Veranstaltungen guter Live-Unterhaltung wahrgenommen, dennoch kann emotionales und ästhetisches Lernen dort stattfinden.

Als besonders authentisch werden Kulturevents von Touristen dann beurteilt, wenn es sich um sogenannte „dritte Orte" handelt, die auch von Einheimischen besucht werden. Im Idealfall ist eine touristische Attraktion also sowohl für Touristen wie für die einheimische Bevölkerung attraktiv, entweder, weil sie den gelebten kulturellen Traditionen einer Reiseregion entspricht, oder, weil sie als neu geschaffene Attraktion eine kulturelle Bereicherung für beide Seiten ist, bei der es auch zu Begegnungen kommen kann.

Themenparks und Erlebniswelten
Erlebniswelten als eigenständige kulturtouristische Attraktionen, die keinen Wert auf Authentizität legen, sondern als „optimierte Orte" vielmehr das perfekte, alle Sinne einbeziehende Gesamterlebnis wollen, ermöglichen vor allem kommunikative, sowie eindrückliche emotionale und ästhetische Erlebnisse und Erfahrungen, die jedoch in der Regel wenig eigene Aktivität und kreative Spielräume umfassen. Kulturelle Erlebniswelten lösen positive, ästhetisch gestützte Erinnerungen an Kultur als etwas Schönes und Bereicherndes aus, kümmern sich mehrheitlich jedoch nicht um die weitere Vermittlung und Auswertung von ästhetischen Erlebnissen und Erfahrungen.

Die Ergänzung dieser Erlebnisse durch gezielte Informationen, durch Austausch mit anderen oder durch Anregungen, sich auch aktiv und kreativ mit dem Erfahrenen auseinanderzusetzen, ist möglich, wie einzelne Beispiele zeigen, und auch notwendig, damit aus den emotionalen Erfahrungen Kulturelle Bildung erwachsen kann.

Cluburlaube und Kreuzfahrten
Die bisherigen Kulturangebote in Cluburlauben und auf Kreuzfahrten nutzen sowohl in ihren aktiven wie rezeptiven Formaten das Potential von Kunst, neue Perspektiven zu vermitteln und Kreativität zu fördern, nicht aus, ebenso wie sie die Chance interkultureller Erfahrungen durch Aufenthalt in anderen Ländern und Kulturen kaum nutzen. Sie setzen vorwiegend auf bekanntes, standardisiertes, weitgehend konsumtiv genutztes Kultur-Entertainment am Abend sowie einfachere Bastelarbeiten im Kreativbereich.

Kultur-Besichtigungsprogramme sind nicht Bestandteil der Animation im Club und an Bord, sondern werden von externen Reiseleitern durchgeführt und müssen extra bezahlt werden. So sind Wissen und Erfahrungen über Land und Leuten weder strukturell noch inhaltlich eingebunden in das Gesamtangebot, und es können keine thematischen kulturellen Zusammenhänge erschlossen werden. Potentiell böten Clubs und Kreuzfahrtschiffe jedoch ausreichend Zeit und Raum für eine kreative Auseinandersetzung ihrer Gäste mit Land und Leuten, die durch qualifizierte Kulturvermittler angeregt werden könnte.

6.2 Thesen und Ergebnisse zu den Voraussetzungen für Kulturelle Bildung im Tourismus

Zum Verhältnis von Kulturinteresse und Kulturrezeption im Urlaub:
„Gelegenheits- und Zufallskulturtouristen" haben zunächst keine Erwartungen und keine eigenen Interessen an Kunst und Kultur, diese können aber vor Ort geweckt werden.

Die vorliegenden empirischen Erkenntnisse zeigen, dass es sich bei einem Großteil der Touristen um „Gelegenheitskulturtouristen" ohne spezifische kulturelle Interessen und Vorwissen handelt. „Kultur" wird in allen empirischen Studien nur als ein untergeordnetes Reisemotiv genannt. Die ebenso unspezifischen Motive „Land und Leute kennen lernen" und „Sightseeing" stehen hingegen meist an vorderer Stelle. Entsprechend dem in der deutschen Bevölkerung vorherrschenden konservativen (Hoch- und Kunst-) Kulturbegriff verbinden die meisten vermutlich auch bei einer touristischen Reise mit dem Begriff „Kultur" zunächst vor allem kunsthistorisch als wertvoll markierte Artefakte des kulturellen Erbes und weniger die Alltagskultur des besuchten Landes.

Wie aus der allgemeinen Kulturnutzerforschung bekannt ist, verspürt die große Mehrheit der Bevölkerung keine Motivation, sich mit Kunst und Kultur im Sinne von Hochkultur zu beschäftigen, obwohl diese zugleich bei fast allen ein sehr positives Image hat. Die meisten haben das Gefühl, dies habe nichts mit ihrem eigenen Leben zu tun und passe nicht zu ihnen.

Sich im Urlaub mit kulturellen und ästhetischen Phänomenen differenziert auseinanderzusetzen oder sogar selbst künstlerisch-kreativ tätig zu werden kann also schon deswegen nicht zu den präferierten Urlaubsmotiven gehören, weil die meisten überhaupt noch keine Erfahrungen damit gemacht haben; auch zu Hause beschäftigen sie sich nicht mit Kunst und Kultur. Was man nicht kennt und wovon man kaum etwas weiß, das kann man sich auch nicht wünschen.

Sieht man von wenigen Spezialanbietern ab, machen die Tourismusunternehmen derzeit nur sehr begrenzt kulturbezogene Angebote und reagieren damit auf die geringe explizite Nachfrage nach solchen Angeboten. Es ist allerdings zu vermuten, dass entsprechende Bedürfnisse gerade in Urlaubssituationen auch geweckt werden können, in denen viele Menschen aufgeschlossen sind für neue Erfahrungen.

Das Interesse an Kunst und Kultur entsteht bei den meisten Touristen erst vor Ort.

Kulturelle Sehenswürdigkeiten sind im Tourismus jenseits von Milieus universell. Intensität und Motivationen ihrer Aneignung sind jedoch unterschiedlich zwischen spezifisch Kulturinteressierten und Gelegenheitskulturtouristen
Auch die Gelegenheits-Kulturtouristen übernehmen im Sightseeing offensichtlich die Sehenswürdigkeiten der spezifisch interessierten Kultur-Touristen. Das kulturell „Sehenswürdige" ist durch die massenmediale Verbreitung in Prospekten, Reiseführern, Websites so stark normiert, dass bestimmte touristische Highlights und zentrale Sehenswürdigkeiten unabhängig von sozialen Milieus als „Must See" gelten. Der Fotoapparat ist zentrales Aneignungsinstrumente bei allen Touristengruppen.

6. Fazit

Die Intensität und Systematik der Beschäftigung mit den Sehenswürdigkeiten ist jedoch bei den stark Kulturinteressierten und den „Gelegenheits-Kulturtouristen" unterschiedlich. Während sich bei letzteren die Aneignung oft darauf beschränkt, die „zentralen, universellen" Sehenswürdigen kurz anzuschauen und zu fotografieren, gehen spezifisch Kulturinteressierte in die Tiefe und halten sich deutlich länger mit detaillierten Betrachtungen auf.

Die Gelegenheits-Kulturtouristen rezipieren Kunst und Kultur im Urlaub vorwiegend deswegen, weil kulturelles Sightseeing zu den touristischen Konventionen gehört. Sie haben weniger Interesse an systematischem Wissenserwerb als vielmehr an Abwechslung und stimmungsvoller Unterhaltung. Dem entsprechend sind sie nicht an Vollständigkeit interessiert, sondern wollen Kunst und Kultur eher exemplarisch erfahren. Sie bevorzugen Gesamterlebnis-Settings, in denen Kunst-Kultur ein Bestandteil ist.

Zufallskulturbesuche können kulturelles Interesse auslösen
Auch wenn kulturelles Sightseeing zunächst nur aus einer „Konvention" heraus geschieht, kann dadurch vor Ort echtes Interesse an den kulturellen Gegenständen ausgelöst werden. Deutlich wurde, dass sich Gelegenheitskulturtouristen zwar nicht auf Kulturbesuche vorbereiten, sehr wohl aber im Nachhinein Interesse an einer weiteren Beschäftigung besteht.

Wenn man Zufallskulturtouristen Informationen lebendig vermittelt, sind sie interessiert und in der Regel positiv überrascht. Daraus könnte auch ein nachhaltiges Interesse an Kunst und Kultur entstehen.

Erfolgsbedingungen Kultureller Bildung im Tourismus:
>> **Interesse an kulturbezogenen touristischen Aktivitäten und Kultureller Bildung werden vor allem bei nicht kunstaffinen Touristen durch Reiseformate gefördert, die unterhalten und emotionalisieren**

Je unterhaltungsbezogener Kulturformate gestaltet sind, um so eher fühlen sich davon auch nicht kunstaffine Touristen angesprochen: Während Studienreisen noch immer eher von höher Gebildeten und von stärker kulturinteressierten Touristen wahrgenommen werden, sind kulturelle Erlebniswelten von einem deutlich breiteren Klientel einschließlich niedrig Gebildeter nachgefragt. Cluburlaube und Kreuzfahrten sind für alle Milieus attraktiv, segmentieren diese jedoch wieder durch sehr unterschiedliche Preise, die auch Auswirkungen auf Exklusivität und Individualität der Angebote haben.

Unterhaltung lässt sich im Tourismus mit kultureller Bildung verbinden. Auch in populären Freizeitsettings wie Themenparks, Erlebniswelten oder Cluburlauben können Prozesse Kultureller Bildung durch emotionales Lernen und positive ästhetische Erfahrungen angestoßen werden. Dies gilt vor allem, wenn diese Prozesse gezielt durch qualifizierte Vermittler unterstützt werden.

>> **Künstlerische bzw. ästhetische Inszenierungen sind eine wesentliche Grundlage für Kulturelle Bildung**

Auch das Ergebnis, dass künstlerisch inszenierte Führungen, die als sehr unterhaltsam und emotional berührend empfunden werden, zugleich auch viel stärker und intensiver erinnert und reflektiert werden als konventionelle, auf Faktenvermittlung basierende Führungsformate, spricht dafür, dass Unterhaltung und Lernen sich nicht ausschließen, sondern im Gegenteil sehr gut verbinden.

Künstlerische Inszenierungen erweisen sich als besonders erfolgreich für die Vermittlung im Tourismus. Vermittlungsangebote, die verschiedene Kunstformen und -werke integrieren: Musik, Gedichte, Zitate aus Romanen, werden sehr viel intensiver und positiver wahrgenommen als rein kognitive Vermittlung. Künstlerische Inszenierungen schaffen Aufmerksamkeit und zugleich Distanz zum Alltag, sie markierten etwas als „ästhetisch" und fordern dazu auf, es auf neue Weise zu sehen. Sie stehen für mehrschichtige Perspektiven, die über richtig und falsch hinausgehen.

Insofern bietet die Beschäftigung mit künstlerischen Phänomenen bzw. Aktionen als Teil kultureller Bildung auch im Tourismus einen Mehrwert, der über andere, informelle Lernprozesse hinausgeht.

>> **Die Touristifizierung von Räumen ermöglicht eine von der Alltags- und Zweckwahrnehmung losgelöste ästhetische Wahrnehmung**

Werden Räume als touristische Räume betrachtet, so kann das einerseits zu einem standardisierten, der touristischen, tendenziell voyeuristischen und passiven Rolle entsprechenden Umgang mit diesen Orten, Regionen und Landschaften führen. Andererseits aber beinhaltet der touristische Blick auch, einen Ort nicht mehr nur in seiner Funktion wahrzunehmen, sondern als einen ästhetischen, einen besonderen, einen schönen Ort. Diese durch touristische Wahrnehmung ausgelöste ästhetische Perspektive kann auch im Alltag dazu führen, Orte neu zu entdecken, sie als „betrachtenswert" bewusst wahrzunehmen.

Ästhetische Erfahrungen im Tourismus können also auch neue Sichtweisen der Alltagskultur zu Hause befördern.

>> **Kultureinrichtungen, die den Anspruch haben, Orte kultureller Bildung auch für nicht vorgebildete touristische Besucher zu sein, müssen Bedürfnisse von Touristen nach „kurzweiliger" Vermittlung sowie das Kulturerlebnis ergänzenden Rahmenbedingungen berücksichtigen**

Kultureinrichtungen, deren Zielgruppen zu großen Teilen aus Touristen bestehen, sind aktuell vor allem damit beschäftigt, Besucherströme zu lenken, um kulturelles Erbe durch den massentouristischen Ansturm nicht zu beschädigen.

Vielfach fehlen noch Konzepte, wie aus traditionellen Kulturorten Erlebnisorte werden könnten, die zu Kultureller Bildung gerade auch von nicht kunstaffinen Gruppen anregen..

Dazu gehören nicht nur neue Formen von Service wie eine den Ausstellungsinhalten entsprechende Gastronomie, auf die Touristen in besonderer Weise als „Erholungsorte" angewiesen sind, oder Shops mit sinnfälligen Souvenirs, sondern auch an touristischen Bedürfnissen orientierte Vermittlungsangebote wie kurze Besichtigungstouren, erlebnisorientierte Führungen, kostenlose Audioguides, prägnant formulierte Informationstafeln in mehreren Sprachen, wie auch Gesamtpakte, die dem Bedürfnis entsprechen, Kultur mit verschiedenen Sinnen zu erfahren, oder auch Kombinations-Angebote, die Besuche verschiedener Kultur- und Freizeiteinrichtungen unter einer spezifischen Fragestellung verbinden.

Solche Veränderungen stellen keinen Verfall von Hochkultureinrichtungen zur „Touristenbuden" dar, sondern bilden Brücken zu Kunst und Kultur, die letztlich auch einheimischen Freizeit-Kultur-Besuchern zugute kommen.

>> **Vermittlung im Tourismus muss niedrigschwellig sein und sich deutlich von kognitiven Lernsettings unterscheiden**

Touristen, die im Urlaub durch Zufall oder aufgrund von Konventionen Kultur rezipieren, brauchen Vermittlung, da sie mit wenig Vorwissen und Erfahrungen und auch ohne spezifische Interessen und Fragestellungen an Kunst und Kultur herangehen. Zugleich aber sind sie tendenziell misstrauisch gegenüber Vermittlungsangeboten, weil sie diese eher mit Lernen und Anstrengung verbinden, was nicht zum Urlaub als schöner stressfreier Zeit passt. In der Vermittlung muss also umso mehr darauf geachtet werden, dass sie niedrigschwellig ist und dass sie sich deutlich von kognitiven Lernsettings unterscheidet.

Dabei spielen auch touristische Informationsmedien: Prospekte, Reiseführer, Hinweistafeln, die inhaltliche Zusammenhänge prägnant und anschaulich vermitteln und zu eigenen Fragen anregen, eine wichtige Rolle.

>> **Fotografie für kreative Gestaltungstätigkeiten im Tourismus nutzen**

Auch wenn Fotografieren im Tourismus meist nebenbei und ohne spezielle Aufmerksamkeit und Gestaltungswillen abläuft, zeigen Urlaubsfotos keineswegs identische, von der Tourismusindustrie vorgegebene Klischeebilder, sondern kombinieren diese, eher intuitiv denn bewusst, mit persönlichen Interessen bzw. ästhetischen Details. Dies zeigt, dass es durchaus das Bedürfnis gibt, auf einer Urlaubsreise eigene Bilder zu finden und zu gestalten. Das könnte auch für Vermittlungsprozesse genutzt werden, die zu bewusster, ästhetischer Reflexion des Gesehenen und Erfahrenen anregen. Fotografieren ist ein Medium, das es ermöglicht, sich auch ohne größere künstlerisch-technische Gestaltungsfähigkeiten kreativ mit neuen ästhetischen Eindrücken auseinanderzusetzen.

>> **Voraussetzung dafür, dass im Tourismus auch bei nicht kunst- und kulturaffinen Touristen kulturelle Bildungsprozesse angeregt werden, ist eine professionelle Kulturvermittlung, die Interesse weckt, Bezüge herstellt und Reflexions- und Spielräume eröffnet**

Die traditionelle Weise touristischen Sightseeings, die Besichtigung der als „Must-See" gekennzeichneten Kulturobjekte mit interesselosem Wohlgefallen ohne eigene Fragestellungen, trägt kaum zur Kulturellen Bildung bei. Kulturelle Bildung kann nur dann stattfinden, wenn es für den Rezipienten die Anregung gibt, individuelle Fragen an das Sehenswürdige zu stellen, die die standardisierte touristische Aneignungsweise überwinden. Es geht dann nicht mehr nur darum, vergangene Kulturleistungen zu bewundern, sondern auch aktuelle und persönliche Fragen zu stellen. Prozesse Kultureller Bildung finden im touristischen Kontext dann statt, wenn etwas intensiv ästhetisch wahrgenommen und erlebt und bewusst unter kulturellen Aspekten und verschiedenen Perspektiven reflektiert wird.

Damit aus einer erlebnisorientierten ästhetischen Erfahrung Kulturelle Bildung erwachsen kann, braucht es professionelle Vermittler, die dazu anregen ästhetische und interkulturelle Erfahrungen zu reflektieren und mit vorangegangenen Erfahrungen zu verbinden, um daraus neue individuelle Erkenntnisse gewinnen zu können.

>> **Für kulturelle Bildung ist nicht die Art der kulturellen Angebote und besichtigten Objekte, sondern die Art der Vermittlung und Reflexion entscheidend**
Hilfreich ist eine Vermittlung, die nicht nur fehlendes Hintergrundwissen schafft, sondern die überhaupt erst Interesse am spezifischen Gegenstand weckt und Bezüge zum eigenen Leben herstellen kann.

Auf den ersten Blick sind die bekannten kulturellen Sehenswürdigkeiten scheinbar mit einer universell gültigen Bedeutung ausgestattet. Auf den zweiten Blick, angeregt durch eine hinterfragende Vermittlung, werden eine Fülle weiterer länderspezifischer, kulturspezifischer, milieuspezifischer und individueller Lesarten sichtbar. Bedeutungen sind nicht festgeschrieben. Kulturvermittler können dazu beitragen, dass Touristen verschiedene Lesarten aufspüren, eigene Fragen und Interessen an das „Sehenswürdige" herantragen und individuelle Bedeutungskonstruktionen schaffen.

>> **Interkulturelle Bildung erwächst aus der kritischen Reflexion von kulturellen Unterschieden einschließlich mitgebrachter Vorurteile sowie aus der Begegnung mit Einheimischen, wozu es in der Regel einen Mittler braucht**
Um andere Kulturen und Mentalitäten (v.a. im Rahmen von Fernreisen in solche Länder, deren Kulturen der eigenen offensichtlich sehr fremd sind) zu verstehen, bedarf es einer personalen Vermittlung, die gezielt den „touristischen Blick" und mitgebrachte kulturelle Stereotypen hinterfragt und diskutiert.

Interkulturelle Bildung findet dann statt, wenn Wahrnehmung von Differenz zur eigenen Herkunftskultur in ihren vielfältigen Dimensionen (von wirtschaftlichen über soziale bis zu städtebaulichen und künstlerischen Aspekten) bewusst reflektiert und im besten Falle mit Vertretern der anderen Kultur darüber kommuniziert wird. Solche interkulturellen Dialoge sind nur dann möglich, wenn Kontakte auf Augenhöhe stattfinden und auch Touristen bereit sind, etwas von sich preiszugeben. Dafür braucht es entweder viel Zeit in einem Land, mehr als in touristischen Reisen üblich, oder aber eine Reiseleitung, die diese Kontakte vermitteln kann.

Es gibt also Kulturvermittlungs-Formate und Strategien, die auch bei nicht spezifisch kulturinteressierten Touristen vertieftes Interesse und Verständnis für Kunst und Kultur auslösen.

Zusammenfassend lassen sich folgende Prinzipien benennen:
>> Ein unkonventioneller Umgang mit kulturellen Inhalten, die Verknüpfung verschiedener hoch- und alltagskultureller Sphären;
>> das Gestalten von Erlebnisräumen mithilfe verschiedener Inszenierungstechniken, in denen unterschiedliche Bedürfnisse befriedigt werden, alle Sinne einbezogen sind und zugleich das Eintauchen in eine besondere Atmosphäre möglich ist;

6. Fazit

>> das Schnüren von Gesamtpaketen, die Bündelung von Einzelattraktionen zu Ensembles, zu Programmrouten und Themenpfade, über die auch Zufalls-Kulturtouristen „stolpern", Leitsysteme und leicht verständliche Informationen vor Ort, die helfen, einen Gesamtzusammenhang zu begreifen und die zu eigenen Überlegungen anregen;
>> das Erzählen emotional berührender Geschichten, um Kultur-Geschichte zugänglich zu machen;
>> die Betonung der sozialen und kommunikativen Dimension von Kulturveranstaltungen;
>> dasErmöglichen direkter Begegnungen auf Augenhöhe mit Einheimischen;
>> das Bemühen um aktive Beteiligung der Touristen;
>> niedrigschwellige Vermittlungsformen, keine Frontalvorträge und verschulte Lernsettings, kostenlose inklusive Vermittlungsangebote;
>> personale Vermittlung, die nach eigenen Wahrnehmungen und subjektiven Sichtweisen fragt und die eigene Begeisterung für bestimmte Themen oder Artefakte zeigt und sich nicht hinter „autorisiertem Wissen" versteckt.

Qualifizierte Kulturvermittlung auf Reisen braucht Wissen über die Potentiale des Tourismus für Prozesse kultureller Bildung

Auch wenn Wirkungen von Kulturvermittlung auf Reisen letztendlich von dem sich bildenden Subjekt und seinen Motivationen abhängen, trägt eine bewusste Beschäftigung mit Zielen und Gelingensbedingungen Kultureller Bildung auf Seiten der Vermittler dazu bei, Vermittlungsprozesse adäquater zu gestalten, denn nur wenn Klarheit über Potentiale besteht, können passende Wege gefunden werden.

Herausforderungen und Perspektiven für Tourismusanbieter:
>> **Auch im Tourismus ist Kulturelle Bildung bislang ein Privileg der hoch gebildeten, besser verdienenden Elite**

Je hochwertiger Kulturvermittlung im Tourismus angelegt ist und damit die Chance bietet, dass kulturelle Bildungsprozesse stattfinden können, desto teurer sind die Angebote. In den unteren Preissegmenten findet hingegen eher „Massenabfertigung" statt. Ansätze einer neuen Form des „nachhaltigen, wertorientierten authentischen Kulturtourismus" (Nahrstedt), gibt es bei einigen Studienreiseveranstaltern und bei Nischen-Anbietern wie etwa Vamos-Reisen. Leider sind wir jedoch von der Vision eines reflektieren „Kulturtourismus für alle" (Nahrstedt) noch weit entfernt.

Initiativen der großen Reiseveranstalter, sich zu einem umweltorientierten und umweltschonenden Tourismus zu verpflichten, zeigen gesellschaftliches Verantwortungsbewusstsein, was offensichtlich auch von den Touristen der europäischen Herkunftsländer wertgeschätzt wird. In Bezug auf die Kulturelle Bildung ist aktuell bei den großen, massentouristischen Veranstaltern noch kein solches Verantwortungsbewusstsein vorhanden.

>> Während massentouristische Veranstalter kein Interesse an qualitativ hochwertiger Kulturvermittlung haben, sind auf Kulturreisen spezialisierte Veranstalter gerade durch ihr hochklassiges Vermittlungsprogramm auch wirtschaftlich sehr erfolgreich

Tourismusunternehmen, die qualitativ sehr hochwertige Kulturvermittlung anbieten, wie Studiosus und Vamos, werden von bildungsorientierten Milieus so stark nachgefragt, dass die Nachfrage oft das Angebot übersteigt.

Bei den großen Mainstream-Anbietern wie etwa TUI ist (abgesehen von ihrer Bildungsreise-Sparte Gebecco/Dr. Tigges) derzeit kein Interesse erkennbar, in ihre Pauschalreisen und Cluburlaube hochwertige Kulturvermittlung zu integrieren, da das Thema Kultur für den Massenmarkt nicht relevant sei, zumindest nicht zu den von Touristen bevorzugt genannten Urlaubsmotiven gehöre.

Auch wenn die „Riesen" der Branche viel Potential und Einfluss hätten, über den Weg des Tourismus Prozesse kultureller Bildung bei noch nicht kunstaffinen Gruppen zu initiieren, ist dieser Weg derzeit mangels Bewusstseins oder aus wirtschaftlichen Überlegungen bei den handelnden Akteuren verschlossen.

Vielmehr werden neue Modelle offensichtlich von alternativen bzw. spezialisierten Unternehmen für finanziell potente, gebildete Kunden entwickelt, um im besten Falle in einigen Jahren Mainstream zu werden.

Die repräsentative Bevölkerungsbefragung zu Urlaubsmotiven und -zielen (vgl. 2.3) zeigt, dass das zentrale Bedürfnis von Touristen, „Land und Leute kennenzulernen" nach Ansicht der Befragten von den Tourismusveranstaltern nur unzureichend befriedigt wird. „Die organisierten Ausflüge vor Ort scheinen (noch) keine Alternative zu sein. Sie finden nicht die volle Zustimmung der Befragten. Für die Reiseveranstalter heißt dies, hier innovativ tätig zu werden. Reiseveranstalter können so ihre gesellschaftliche Relevanz und ihre marktstrategische Position verbessern und zu Trägern von Innovationen im Tourismus werden" (Isenberg/Müllenmeister/Steincke 2003, S. 33).

Eine Investition der Tourismusunternehmen in qualitativ hochwertige Kulturvermittlung wäre insofern vermutlich langfristig auch wirtschaftlich erfolgreich. Denn über qualifizierte Kulturvermittlung mit dem Ziel kultureller Bildung würde die nachhaltige Zufriedenheit der Gäste gesteigert, indem unerwartete neue, bereichernde Erfahrungen gemacht werden, unentdeckte kreative Potentiale erfahren werden, aus denen neue Perspektiven wachsen können, die auch im Alltag noch nachwirken.

„Sonnenbräune vergeht, aber kulturelle Exkursionen wirken oft lange nach" (Opaschowski 1996, S. 194).

6.3 Die Perspektive: Tourismus als kulturelles Lernfeld

Eine (Urlaubs-) Reise setzt Zeit und Energie frei, die für die aktive und rezeptive Beschäftigung mit Kunst und Kultur genutzt werden kann. Die neue Umgebung einer Urlaubsreise kann dazu anregen, bewusst ästhetisch wahrzunehmen, häufig unter-

6. Fazit

stützt durch eigenes Fotografieren. Sie kann das Bedürfnis hervorrufen, eine andere Kultur im Verhältnis zur eigenen Kultur besser zu verstehen.

Im Tourismus könnten ethnisch bedingte unterschiedliche kulturelle Herangehensweisen, andere ästhetische Präferenzen, andere kulturelle Rituale, anderes Kulturverständnis, unterschiedliche Kommunikationsformen erfahren und reflektiert werden und zwar mit einer grundsätzlich positiven Haltung und Aufgeschlossenheit gegenüber dem anderen, denn als Tourist hat man sich ja bewusst entschieden, Zeit woanders zu verbringen.

Damit daraus kulturelles Interesse, gesteigerte Wahrnehmungsfähigkeit und Lust an eigener kreativer Gestaltung, interkulturelle Toleranz und Dialogfähigkeit entstehen können, ist die bewusste Thematisierung und Reflexion nötig, die oftmals professionelle Kulturvermittler braucht.

Der Tourismus in seiner Massenhaftigkeit hat das Potential, den Umgang mit Kunst und Kultur zu popularisieren und dabei auch das in Deutschland vorherrschende Image von Kultur als Hochkultur, die nur für eine kleine Elite von Bedeutung ist, zu erweitern. Kunst und Kultur im Tourismus sind eingebettet in einen weiten Kulturbegriff, der auch Lebensformen und alltägliche kulturelle Ausdrucksformen beinhaltet und damit vielschichtige Zugangsmöglichkeiten bietet. Der Tourismus als kulturelles Lernfeld könnte zeigen, dass Kultur in ihren vielfältigen Auftrittsformen, von den kulturhistorischen Denkmälern über zeitgenössische Kunstformen bis zu alltagskulturellen Formen, von hoher Relevanz ist, dass Kultur die Fähigkeit hat, Gesellschaften zu reflektieren und zu bereichern, interkulturelle Unterschiede verständlich zu machen, Kommunikation zu stiften und Lebensqualität jedes einzelnen zu erhöhen.

Es gibt in den verschiedensten Reiseformen Ansätze qualitativ hochwertiger Kulturvermittlung, die Möglichkeiten für nachhaltige kulturelle Bildungsprozesse bereitstellen. Es fehlt jedoch bislang an Bewusstsein dafür, dass Kulturelle Bildung und kulturelle Kompetenz überhaupt ein Ziel touristischer Reisen sein können, und es fehlt an einer systematischen Betrachtung und Etablierung dieses Themas.

Tourismusunternehmen nutzen kulturelle Angebote bislang als zusätzliche Attraktionen für Touristen, ohne damit aber bestimmte Qualitätsansprüche zu verbinden. Diese könnten durch die positiven Beispiele derjenigen Unternehmen, die gerade durch ihre qualitativ hochwertigen Kulturvermittlungsangebote am Markt erfolgreich sind, ermutigt werden, sich auf dem Feld der Kulturvermittlung zu engagieren.

(Öffentliche) Kulturinstitutionen wiederum nutzen den Tourismus derzeit als zusätzlichen Absatzmarkt, ohne touristischen Besuchern ein wirkliches Interesse an den Inhalten und einen Bedarf an einer qualitätsvollen Vermittlung zuzutrauen. Sie sollten die Chance sehen, ihrem Bildungsauftrag gerade auch da gerecht zu werden, wo sie von Menschen ohne spezifisches Kulturinteresse und Vorerfahrungen besucht werden, um diesen einen guten Einstieg in kulturelle Welten zu ermöglichen.

Literaturverzeichnis

ADAC: Trendforschung im Reisemarkt. Reise-Monitor 1995 – 2012, 2012. www.media.adac.de

Antz, Christian: Kulturtourismus. Empfehlungen für einen langfristigen Erfolg. In Handbuch Kulturmanagement. Berlin/Stuttgart 2008

Bachleitner, Reinhard/Kiefl, Walter: Authentizität im Tourismus. In: Lexikon zur Tourismussoziologie. München/Wien 2005

Bachleitner, Reinhard/Kagelmann, Jürgen (Hg.): Kultur, Städte, Tourismus, München 2003

Bachleitner, Reinhard: Erlebniswelten. Faszinationskraft, gesellschaftliche Bedingungen und mögliche Effekte. In: Bachleitner/Kagelmann/Rieder (Hg.): Erlebniswelten, München/Wien 1998

BAT Stiftung für Zukunftsfragen, 27: Deutsche Tourismusanalyse 2011, www.stiftungfuerzukunftsfragen.de

Bausinger, Hermann/Beyrer, Klaus/Korff, Gottfried (Hg.): Reisekultur. Von der Pilgerfahrt zum modernen Tourismus. München 1991

Bernhard, Anja: Animation im Urlaub. Eine Chance für die Kulturelle Bildung? Diplomarbeit Universität Hildesheim 2008

Bhabha, Homi: Culture's in between. In: Hall, Stuart (Hg.) Questions of Cultural Identity. London 1996

Bhabha, Homi: Die Verortung der Kultur. Tübingen 2000

Bourdieu, Pierre: Die feinen Unterschiede. Kritik der gesellschaftlichen Urteilskraft, Frankfurt a. M. 1982

Brinkmann, Dieter/Freericks, Renate/Krämer, Stefan/Theile, Heike: Projekt Aquilo. Aktivierung und Qualifizierung erlebnisorientierter Orte. Endbericht des Forschungsprojekts. Gefördert vom BMBF. Bremen 2005

Bundesministerium für Wirtschaft: Tourismuspolitischer Bericht der Bundesregierung. Berlin 2008

Bundesvereinigung Kulturelle Kinder- und Jugendbildung: Flagge zeigen für Kulturelle Bildung. Jahresbericht BKJ 2010. Remscheid 2011

Bundesvereinigung Kulturelle Kinder- und Jugendbildung: Prinzipien Kultureller Bildung. Positionspapier, In: Jahresbericht BKJ 2009. Remscheid 2010

Buri, Heinz: Tourismus und kulturelles Erbe. Versöhnungsstrategien für zwei Lieblingsfeinde. In: Handbuch Kulturmanagement und Kulturpolitik. Stuttgart/Berlin 2006

Busse, Gerd/ Fromme, Johannes/Günther, Wolfgang/Isenberg, Wolfgang: Lernen auf Reisen? Reisepädagogik als neue Aufgabe für Reiseveranstalter, Erziehungswissenschaft und Tourismuspolitik.(Bensberger Protokolle 65), 2. Auflage, Köln 1995

BVGD/Deutscher Tourismusverband (Hg.): Ratgeber Gästeführer Qualifizierung nach europäischen Standard Din EN 15565, ohne Jahreszahl; abrufbar unter: www.bvgd.org

Cohen, Erik: The tourist guide. The origins, structure and dynamics of a role. In: Annals of Tourism Research, 12/1, 1985
Curtis, Barry/Pajaczkowska, Claire 1994: Getting there. Travel, Time and Narrative. In: Robertson et al. (Hg.): Travellers` Tales. Narratives of home and displacement. London 1994
Deutsche UNESCO Kommission e.V. (Hg.): Kulturelle Bildung für alle. Von Lissabon 2006 nach Seoul 2010, Bonn 2008
Deutscher Reiseverband: Fakten und Zahlen zum Deutschen Reisemarkt 2006. Berlin 2006
Deutscher Städtetag (Hg.): Kultur in der Stadt. Stuttgart 1998
Deutscher Tourismusverband e.V.: Tourismus in Deutschland 2010. Zahlen. Daten. Fakten. 2011, www.deutschertourismusverband.de
Deutscher Tourismusverband e.V.: Tourismus in Deutschland 2008, www.deutschertourismusverband.de
Deutscher Tourismusverband e.V. (Hg.): Städte- und Kulturtourismus in Deutschland. Grundlagenuntersuchung. Bonn 2006
Dewey, John: Kunst als Erfahrung. Frankfurt a. M. 1988 (Originalausgabe 1958)
Dietsch, Klaus: Studienreisen. In: Dreyer (Hg.): Kulturtourismus. München 2000
Dillmann, Martina: Städtetourismus: Kultur erleben. Besucherorientierung im Jüdischen Museum Berlin. In: Grünewald Steiger/Brunotte (Hg.): Forum Kulturtourismus. Qualitäten des kultivierten Reisens. Wolfenbütteler Akademie-Texte, Bd. 32, Wolfenbüttel 2007
Dreyer, Axel (Hg.): Kulturtourismus. München/Wien, 2. Auflage 2000
Enzensberger, Hans M.: Eine Theorie des Tourismus. In: Enzensberger, Einzelheiten. Frankfurt a. M. 1962 (Erstveröffentlichung 1958)
European Travel Commission: City Tourism and Culture. In: ETC Research Report Nr. 1/2005, ETC Research Group/WTO, Brüssel, www.etc-corporate.org
Fendl, Elisabeth/Löffler, Klara (1993): Man sieht nur was man weiß. Zur Wahrnehmungskultur in Reiseführern. In: Kramer/Lutz (Hg.): Tourismus-Kultur, Kultur-Tourismus. Münster/Hamburg 1993
Finger, Claus/Gayler, Brigitte: Animation im Urlaub. Handbuch für Planer und Praktiker. München/Wien 2003
Finger, Klaus: Animation im Urlaub. In: Hahn/Kagelmann (Hg.): Tourismuspsychologie und Tourismussoziologie. Ein Handbuch zur Tourismuswissenschaft, München 1993
Forschungsgemeinschaft Urlaub und Reisen e.V.: Reiseanalyse 2011, Reiseanalyse 2009, Reiseanalyse 2005, Reiseanalyse 2003, www.fur.de
Forum Neue Städtetouren/Stattreisen e.V.: Qualitätsstandards www.stattreisen.org/qualitaetsstandards, Stand 2009
Freericks, Renate: Reiseleitung im Kulturtourismus. In Dreyer (Hg.) Kulturtourismus, 2. Auflage München 2000
Fuchs, Max: Kulturelle Bildung. Grundlagen, Praxis, Politik, München 2008
Getz, Donald: Festivals, Special Events and Tourismus. New York 1991
Giesecke, Hermann.: Tourismus als neues Problem der Erziehungswissenschaft. In: Hahn (Hg.) Jugendtourismus. München 1965
Giesecke, Hermann/Keil, Annelie/Perle, Udo: Pädagogik des Jugendreisens. München 1967

Goethe, Johann Wolfgang: Italienische Reise. Auch ich in Arkadien, Bd. 1, Frankfurt a.M., 1786/1976

Goethe, Tina: Das Erlebnis der Grenze. Über die Verwandtschaft von Rassismus und Tourismus. In: Backes/Goethe/Günther/Magg (Hg.): Im Handgepäck Rassismus. Beiträge zu Tourismus und Kultur. Freiburg 2002

Goronzy, Frederic: Spiel und Gestalten in Erlebniswelten, Ein theoriegeleiteter Ansatz und eine empirische Untersuchung zur Angebotsgestaltung von Freizeitparks. Berlin 2006

Graburn, Nelson: Tourism. The Sacred Journey. In: Smith, V. (Hg.), Hosts and Guests. The Anthropology of Tourism. Blackwell 1978

Graf, Bernhard/Treinen, Heinrich: Besucher im technischen Museum. Zum Besucherverhalten im Deutschen Museum München, Berliner Schriften zur Museumskunde, Bd. 4, Berlin 1983

Grötsch, Kurt: Emotionales Management und emotionales Lernen in Erlebniswelten. In: Nahrstedt u.a (Hg): Lernen in Erlebniswelten. Bielefeld 2002

Grötsch, Kurt: Merkwürdig. Lernen im Museum oder Lernen in Erlebniswelten. In: John, Hartmut/Dauschek, Anja (Hg.): Museen neu denken. Bielefeld 2008

Gründel, Florian: Vermittlung interkultureller Kompetenz auf organisierten (Gruppen-) Fernreisen – unter spezieller Berücksichtigung ritualisierter touristischer Verhaltensweisen und postkolonialer Zuschreibungsmuster. Eine Untersuchung am Beispiel von Nepal-Touristen. Diplomarbeit Universität Hildesheim 2011

Grünewald Steiger, Andreas/Brunotte, Jörn (Hg.): Forum Kulturtourismus. Qualitäten des kultivierten Reisens. Wolfenbütteler Akademie-Texte, Bd. 32, Wolfenbüttel 2007

Gyr, Ueli: Touristenkultur und Reisealltag. Volkskundlicher Nachholbedarf in der Tourismusforschung. In Zeitschrift für Volkskunde 84, 1988

Hahn, Heinz/Kagelmann, Jürgen (Hg.): Tourismuspsychologie und Tourismussoziologie. Ein Handbuch zur Tourismuswissenschaft, München 1993

Hartmann, Klaus Dieter: Die Wirkungen des Tourismus auf Länderkenntnis und Völkerverständigung. In: Günter, Wolfgang (Hg.), Studienkreis für Tourismus: Handbuch für Studienreiseleiter. Starnberg 1982

Heinze, Thomas: Kultursponsoring, Museumsmarketing, Kulturtourismus. Leitfaden für Kulturmanager. Wiesbaden 2002

Hennig, Christoph: Die unstillbare Sehnsucht nach dem Echten. Warum Vergnügungsparks so viel Mißvergnügen produzieren. Die Zeit, 7.3. 1997

Hennig, Christoph: Reiselust, Touristen, Tourismus und Urlaubskultur. Frankfurt a. M. 1999

Herdin, Thomas/Luger, Kurt: Der eroberte Horizont. Tourismus und interkulturelle Kommunikation. In Politik und Zeitgeschichte (Bd. 47/2001) S. 11, www.bpb.de

Heydenreich, Maria (2003): Stereotypen in Reiseführern am Beispiel Schweden; www.hu-berlin.de/skan/studium/kvv/ws9900/gk52243/maria_heydenreich.html

Hoffmann, Robert: Die Erfindung der Tradition. Welterbe und Identität am Beispiel Salzburg. In: Luger/Wöhler (Hg.), Welterbe und Tourismus. Schützen und Nützen aus einer Perspektive der Nachhaltigkeit. Innsbruck 2008

Hummel, Thomas/Martin, Janine: Kulturtourismus – ein Boombereich. Steigerung der Attraktivität einer Region durch Kultur am Beispiel Usedom. In: Handbuch Kulturmanagement. Berlin/Stuttgart 8/2005

Isenberg, Wolfgang (Hg.): Lernen auf Reisen? Reisepädagogik als neue Aufgabe für Reiseveranstalter, Erziehungswissenschaft und Tourismuspolitik. Thomas-Morus-Akademie Bensberg/Studienkreis für Tourismus Starnberg, Bergisch-Gladbach 1991

Isenberg, Wolfgang/Müllenmeister, Horst Martin/Steinecke, Albrecht/ Forschungsgruppe Tourismus: Tourismus im Wandel. Bevölkerungsbefragung zu Reisemotiven und Reisezielen. Universität Paderborn, Lehrstuhl für Wirtschafts- und Fremdenverkehrsgeografie, Paderborn 2003

Jähner, Harald: Tour in die Moderne. Die Rolle der Kultur für städtische Imagewerbung und Städtetourismus. In: Sempe (Hg.): Die Unwirklichkeit der Städte, Hamburg 1988

John, Hartmut: Museen und Tourismus – Partner einer (fast) idealen Allianz. In: John/Schild/Hieke (Hg.): Museen und Tourismus. Wie man Tourismusmarketing wirkungsvoll in die Museumsarbeit integriert. Bielefeld 2010

Kagelmann, Jürgen: Erlebniswelten. Grundlegende Bemerkungen zum organisierten Vergnügen. In: Bachleitner/Kagelmann/Rieder (Hg.) Erlebniswelten, München/Wien 1998

Kagelmann, Jürgen: Städtetourismus und populäre Kultur. In: Bachleitner/Kagelmann (Hg.): Kultur. Städte. Tourismus. München/Wien 2003

Klein, Hans Joachim/Wegner, Nora: Touristen im Museumspublikum. Befunde empirischer Untersuchungen aus Museumsperspektive. In: John/Schild/Hieke (Hg.): Museen und Tourismus. Wie man Tourismusmarketing wirkungsvoll in die Museumsarbeit integriert. Bielefeld 2010

Knapp, Wolfgang: Kulturtourismus in Deutschland und in Niedersachsen. Aussagen zum Incomingtourismus. In: Grünewald Steiger/Brunotte (Hg.): Forum Kulturtourismus. Qualitäten des kultivierten Reisens. Wolfenbütteler Akademie-Texte, Bd. 32, Wolfenbüttel 2007

Knebel, Hans Joachim: Soziologische Strukturwandlungen im modernen Tourismus. Stuttgart 1962

Kolland, Franz: Konfliktlinien im Kulturtourismus. In: Bachleitner/Kagelmann (Hg.): Kultur. Städte. Tourismus. München/Wien 2003

Kriegner, Edith: Museen und Tourismus. Chancen und Probleme der Kooperation am Beispiel ausgewählter Museen. 2004; online unter www.inst.at/trans/15NR/09_1/kriegner15.htm

Krippendorf, Jost: Die Ferienmenschen. Für ein neues Verständnis von Freizeit und Reisen, Zürich 1984

Krohm, Christoph (2007): Was gutes Reisen besser macht. Die Qualität von Studiosus Studienreisen. In: Grünewald Steiger/Brunotte (Hg.): Forum Kulturtourismus. Qualitäten des kultivierten Reisens. Wolfenbütteler Akademie-Texte, Bd. 32, Wolfenbüttel 2007

Landgrebe, Silke/Schnell, Peter (Hg.): Städtetourismus. München/Wien 2005

Lang-Wojtasik, Gregor/Scheunpflug, Annette: Bildung durch Begegnungsreisen? Interkulturelles Lernen in Zeiten des Massentourismus. In: Kreienbaum/Gramelt/

Pfeiffer/Schmitt (Hg.): Bildung als Herausforderung. Leben und Lernen in Zambia. Frankfurt a.M. 2002

Löfgren, Orvar: Tourism, zitiert in: Lauterbach: Tourismus. Eine Einführung aus Sicht der volkskundlichen Kulturwissenschaft. Würzburg 2006

Lohmann, Martin: Kulturtouristen oder die touristische Nachfrage nach Kulturangeboten. In: Heinze, Thomas (Hg.): Kulturtourismus. Grundlagen, Trends und Fallstudien. München/Wien 1999

Lüddecke, Julian/Karakasoglu, Yasemin: Migrationsforschung und Interkulturelle Pädagogik: Aktuelle Entwicklungen in Theorie, Empirie und Praxis. Münster 2004

Luger, Kurt: Welterbe-Tourismus. Ökonomie, Ökologie und Kultur in weltgesellschaftlicher Verantwortung. In: Luger/Wöhler (Hg.): Schützen und Nützen aus einer Perspektive der Nachhaltigkeit. Innsbruck 2008

MacCannell, Dean: The tourist. A new theory of the leisure class. New York 1976

Mandel, Birgit: Kulturelle Lernorte im (Massen-)Tourismus? Potentiale und Strategien Kultureller Bildung von Musentempel bis Disneyland. In Hausmann/Murzik (Hg.), Neue Impulse im Kulturtourismus. Wiesbaden 2011

Mandel, Birgit (Hg.): Audience Development, Kulturmanagement, Kulturelle Bildung. Konzeptionen und Handlungsfelder der Kulturvermittlung. München 2008

Mandel, Birgit/Renz, Thomas (2010): Barrieren der Nutzung kultureller Einrichtungen. Eine qualitative Annäherung an Nicht-Besucher. Institut für Kulturpolitik, Universität Hildesheim, abzurufen unter: www.kulturvermittlung-online.de

Mandel, Birgit/Timmerberg, Vera (2008): Kulturelle Partizipation im Ruhrgebiet in Zeiten des Strukturwandels. Universität Hildesheim in Kooperation mit Ruhr 2010, Hildesheim/Essen, abzurufen unter: www.kulturvermittlung-online.de

Mandel, Birgit/Institut für Kulturpolitik: Einstellungen zu Kunst und Kultur, Kulturimage und Kulturbegriff. Ergebnisse einer Bevölkerungsumfrage in Hildesheim, Universität Hildesheim 2005, abzurufen unter www.uni-hildesheim.de/kulturpolitik.htm

Mandel, Birgit: Wunschbilder werden wahr gemacht. Aneignung von Urlaubswelt durch Fotosouvenirs am Beispiel deutscher Italientouristen der 50er- und 60er-Jahre. Frankfurt a.M. 1996

Mörth, Ingo: Fremdheit wohldosiert. Tourismus als Kultur der kontrollierten Begegnung mit dem Fremden. In: TRANS. Internet-Zeitschrift für Kulturwissenschaften Nr. 15/2004

Müllenmeister, Horst Martin: Animationsmodell Länderkunde, TUI. Beitrag zum Internationalen Modellwettbewerb „Mehr Urlaubsqualität", Internationale Tourismusbörse Berlin 1978 sowie in Studienkreis für Tourismus (Hg.) Mehr Ferienqualität. Starnberg 1978

Müllenmeister, Horst: Spiegelungen und Verspiegelungen. Infotainment oder kulturelle Animation. In: Steinecke/Treinen (Hg.): Inszenierung im Tourismus. Trends. Modelle. Prognosen. 5. Tourismus Forum Luxemburg. Trier 1997

Mundt, Jörn: Tourismus. München 2006

Nahrstedt, Wolfgang/Institut für Freizeitwissenschaft und Kulturarbeit (Hg.): Lernort Erlebniswelt (Vorstudie Acquilo). Bielefeld 2002

Nahrstedt, Wolfgang: Die Kulturreise. Gedanken zur Charakterisierung einer Reiseform. In: Dreyer (Hg.): Kulturtourismus. München/Wien 2000

Nahrstedt, Wolfgang: Freizeitberatung. Animation zur Emanzipation? Göttingen 1975

Nahrstedt, Wolfgang: Der Pädagoge geht auf den Markt. In: Korbus/Nahrstedt/Porwol/Teichert (Hg.): Jugendreisen. Vom Staat zum Markt. Analysen und Perspektiven. Bielefeld 1997

Nahrstedt, Wolfgang: Tourismus. Von der Erziehungswissenschaft vergessen? Themen und Strukturen der Reisepädagogik heute. In: Busse/ Fromme/Günther/Isenberg: Lernen auf Reisen? Reisepädagogik als neue Aufgabe für Reiseveranstalter, Erziehungswissenschaft und Tourismuspolitik.(Bensberger Protokolle 65), Köln 1991

Neupert, Sikko: Live-Rollenspiele, Diplomarbeit FH München 2001

Opaschowski, Horst: Deutschland 2030. Wie wir in Zukunft leben. München 2008

Opaschowski, Horst: Das gekaufte Paradies. Tourismus im 21. Jahrhundert. Hamburg 2001

Opaschowski, Horst: Tourismus. Systematische Einführung, Analysen und Prognosen. Opladen 1996,

Opaschowski, Horst: Einführung in die freizeitkulturelle Breitenarbeit. Methoden und Modelle der Animation. Bad Heilbrunn 1979

Pröbstle, Yvonne: Kulturtouristen. Soll- und Ist-Zustand aus Perspektive der empirischen Kulturforschung. In: Föhl/Glogner (Hg.): Publikumsforschung. Fragestellungen und Befunde der empirischen Forschung. Wiesbaden 2010

Reinwand, Vanessa: „Ohne Kunst wäre das Leben ärmer". Zur biografischen Bedeutung aktiver Theater-Erfahrung. München 2008

Reinwand, Vanessa: Zum Wesen der ästhetischen Erfahrung und ihrer Bedeutung für Bildungsforschung und Neuroästhetik. In: Hermann (Hg.): Neuroästhetik. Perspektiven auf ein interdisziplinäres Forschungsgebiet. Kassel 2011 (S. 88)

Richards, Greg: Cultural Attraction and European Tourism. Wallingford 2001

Riebesehl, Heinrich: Photographierte Erinnerungen. Kunstverein Hannover, Hannover 1976

Rieder, Max: Erlebniswelten. Jenseits der Realität. Inmitten der Utopie. In: Bachleitner/ Kagelmann/Rieder (Hg.): Erlebniswelten. München/Wien 1998

Romeiß-Stracke, Felizitas: Die Zukunft des Kulturtourismus. In: Internationale Musikfestwochen Luzern (Hg.): Das Festival im 21. Jahrhundert. Bern 1999

Rosenberger, Fritz: Was geht den Tourismus die Erwachsenenbildung an? In: Karlpeter (Hg.) Bildungsreise-Reisebildung, Wien 2004

Schäfer, Eva Maria: Kulturelle Bildung im Städtetourismus? Eine Untersuchung am Beispiel neuer Stadtführungsformate des StattReisen-Verbandes Forum Neue Städtetouren e.V.. Diplomarbeit Universität Hildesheim 2010

Schäfer, Christian: Kreuzfahrten. Die touristische Eroberung der Ozeane. Nürnberg 1998

Schmidt, Stefan: Das Museum auf der Straße. Konzepte von Vermittlungsformen und -Inhalten bei Stadtführungen. Diplomarbeit Universität Hildesheim 1996

Schober, Reinhard: Urlaubserleben/Urlaubserlebnisse. In: Hahn/Kagelmann (Hg.): Tourismuspsychologie und Tourismussoziologie. Ein Handbuch zur Tourismuswissenschaft, München 1993

Schulze, Gerhard: Die Erlebnisgesellschaft. Kultursoziologie der Gegenwart. Frankfurt a. M. 2000

Serra, Strobel: 10 Thesen zum Kulturtourismus, in: In: Grünewald Steiger/Brunotte (Hg.): Forum Kulturtourismus. Qualitäten des kultivierten Reisens. Wolfenbütteler Akademie-Texte, Bd. 32, Wolfenbüttel 2007

Sommer, Corina Katharina: Infotainment, Edutainment, Happytainment. Aspekte Kultureller Bildung am Beispiel von Themenparks. Diplomarbeit Universität Hildesheim 2009

Spode, Hasso: Geschichte des Tourismus. In: Hahn/Kagelmann (Hg.): Tourismuspsychologie und Tourismussoziologie. Ein Handbuch zur Tourismuswissenschaft, München 1993

Stagl, Justin: Die Apodemik oder die Reisekunst als Methodik der Sozialforschung vom Humanismus bis zur Aufklärung. In: Rassem/Stagl, Statistik und Staatsbeobachtung in der Neuzeit, Paderborn 1980.

Steckenbauer, Christian: Kulturtourismus und kulturelles Kapital. Die feinen Unterschiede des Reiseverhaltens. In: TRANS. Internet-Zeitschrift für Kulturwissenschaften. Nr. 15/2004, www.inst.at/trans/15Nr. 09

Steinecke, Albrecht: Was besichtigen wir morgen? Trends und Herausforderungen im Kulturtourismus. In: Hausmann/Murzik (Hg.): Neue Impulse im Kulturtourismus. Wiesbaden 2011

Steinecke, Albrecht: Themenwelten im Tourismus. München 2009

Steinecke, Albrecht: Kulturtourismus. Marktstrukturen, Fallstudien, Perspektiven, München 2007

Steinecke, Albrecht: Perspektiven des Kulturtourismus. In: Heinze, Thomas (Hg.): Kulturtourismus. Grundlagen, Trends und Fallstudien. München 1999

Steinecke, Albrecht (Hg.): Lernen. Auf Reisen? Bildungs- und Lernchancen im Tourismus der 90er-Jahre. Schriftenreihe Institut für Freizeitwissenschaft und Kulturarbeit. Bd. 9. Bielefeld 1990

Steinecke, Albrecht: Reisepädagogik 2000. Perspektiven und Aufgaben der Pädagogik im Tourismus der 90er-Jahre. In Zeitschrift für Freizeitpädagogik Bd. 11, Bielefeld 1989

Steinecke, Albrecht (Hg.): Der bundesdeutsche Reiseführer-Markt. Leseranalyse, Angebotsstrukturen, Wachstumsperspektiven. Starnberg 1988

Steinecke, Albrecht (Hg.) /Zeitschrift Freizeitpädagogik: Pädagogik des Reisens. 8.Jg. Heft 3-4, Baltmannsweiler 1986

Studienkreis für Tourismus: Animation im Urlaub. Anregung oder Verführung? Bericht über eine Tagung vom 7.-9.5., München 1974

Süddeutsche Zeitung: Probieren geht über Studieren. Bildungsreisende wollen weniger Bildung, dafür mehr Austausch. 11.3. 2010

Terkessides, Mark: Interkultur. Berlin 2010

Thomas-Morus-Akademie/Universität Paderborn/Akademie Bruderhilfe: Religion & Tourismus. Eine Repräsentativstudie. Bensberg 2011, www.tma-bensberg.de

Thurner, Ingrid: Sehenswürdigkeiten. Konstruktion und Rezeption. In: Kagemeier/Steinecke (Hg.): Kultur als touristischer Standortfaktor. Potenziale, Nutzung, Management. Paderborner Geographische Studien zu Tourismusforschung und Destinationsmanagement. Universität Paderborn 2011

Tourism Research and Marketing: ATLAS Cultural Tourism Research Project. Summary results for 2002 www.tram-research.com/atlas)

Treinen, Heiner: Das Museumswesen. Fundus für den Zeitgeist. In: Kirchoff/Schmidt (Hg.): Das magische Dreieck. Bielefeld 2007
Treinen: Besucher im technischen Museum. Zum Besucherverhalten im Deutschen Museum München, Berliner Schriften zur Museumskunde, Bd. 4, Berlin 1983
Urry, John: The tourist gaze. Leisure and travel in contemporary societies. London 1990,
visitBerlin/ Senator für kulturelle Angelegenheiten Berlin: Kulmon Studie, Ergebnisse. Berlin 2010
von Humboldt, Wilhelm: Ideen zu einem Versuch, die Grenzen der Wirksamkeit des Staates zu bestimmen 1792. Stuttgart 1967
Wagner, Ernst: Anmerkungen zu Romreiseführern. In Gruppe Neues Reisen, Reisebriefe 15/16, München 1986
Wallraven, Klaus (Hg.): Zeitschrift Freizeitpädagogik: Bilanz pädagogischer Tourismusforschung 13.Jg. Heft 2, Baltmannsweiler 1991
Weber, Carl-Hans: Städtereisen. In: Dreyer (Hg.) Kulturtourismus, München/Wien 2000
Wegener-Spöhrig, Gisela (1991): Wünsche und Träume auf Reisen. Über die Schwierigkeit der Erziehungswissenschaft mit dem Tourismus. In: Busse/Fromme/Günther/Isenberg: Lernen auf Reisen? Reisepädagogik als neue Aufgabe für Reiseveranstalter, Erziehungswissenschaft und Tourismuspolitik. (Bensberger Protokolle 65), Köln 1991
Wegener-Spöhring, Giesela: Massentourismus und Pädagogik. Hohengehren 1991
Weier, Michael: Innovative Gästeführungen. In: Landgrebe/Schnell (Hg.): Städtetourismus. München/Wien 2005
Welsch, Wolfgang: Transkulturalität. In: Institut für Auslandsbeziehungen (Hg.) Migration und kultureller Wandel, Schwerpunkt der Zeitschrift für Kulturaustausch, 45. Jg. Nr. 1, Stuttgart 1995
Wöhler, Karlheinz: Kulturstadt versus Stadtkultur. Zur räumlichen Touristifizierung des Alltagsfremden. In Bachleitner/Kagelmann (Hg.): Kultur, Städte, Tourismus. München 2003
Wöhler, Karlheinz/Pott, Andreas/Denzer, Vera: Formen und Konstruktionsweisen von Tourismusräumen. In: Wöhler/Pott/Denzer (Hg.): Tourismusräume. Zur soziokulturellen Konstruktion eines globalen Phänomens. Bielefeld 2010
World Tourism Organisation (Hg.): Tourism Market Trends – Europe. Madrid 2003
Zacharias, Wolfgang: Kulturpädagogik. Kulturelle Jugendbildung. Eine Einführung. Opladen 2011
Zentrum für Kulturforschung/Keuchel (Hg.): 8. Kulturbarometer. Bundesweite Bevölkerungsumfrage, Bonn 2005, www.kulturforschung.de
Zintgraf, Jörg: Von Städtereisen zu StattReisen. Städtetourismus auf neuen Wegen: Das Beispiel Stattreisen. In: Integra. Zeitschrift für Integrativen Tourismus und Entwicklung. Heft 4/04, 2004
Zirfas, Jörg: Aisthesis. In: Bilstein/Winzen/Wulf (Hg.): Anthropologie und Pädagogik des Spiels. Weinheim/Basel 2005

www.deutschland-tourismus.de Deutsche Zentrale für Tourismus
www.partner.visitberlin.de/artikel/kulturmonitoring
www.visitberlin.de/de/artikel/gaestefuehrer-rundgaenge-und-rundfahrten

Kulturelle Bildung vol.1-

Ina Bielenberg (Hrsg.)
Bildungsziel Kreativität
Kulturelles Lernen zwischen Kunst und Wissenschaft
vol. 1, München 2006, 160 S.,
ISBN 978-3-938028-91-9 € 14,80

Hildegard Bockhorst (Hrsg.)
Kinder brauchen Spiel & Kunst
Bildungschancen von Anfang an – Ästhetisches Lernen in Kindertagesstätten
vol. 2, München 2006, 182 S.,
ISBN 978-3-86736-002-9 € 14,80

Viola Kelb (Hrsg.)
Kultur macht Schule
Innovative Bildungsallianzen – Neue Lernqualitäten
vol. 3, München 2006, 216 S. + CD-ROM,
ISBN 978-3-86736-033-3 € 14,80

Jens Maedler (Hrsg.)
TeilHabeNichtse
Chancengerechtigkeit und kulturelle Bildung
vol. 4, München 2008, 216 S.,
ISBN 978-3-86736-034-0 € 14,80

Birgit Mandel (Hrsg.)
Audience Development, Kulturmanagement, Kulturelle Bildung
Konzeptionen und Handlungsfelder der Kulturvermittlung
vol. 5, München 2008, 205 S.,
ISBN 978-3-86736-035-7 € 16,80

Jovana Foik
Tanz zwischen Kunst und Vermittlung
Community Dance am Beispiel des Tanzprojekts *Carmina Burana* (2006) unter der choreografischen Leitung von Royston Maldoom
vol. 6, München 2008, 104 S.,
ISBN 978-3-86736-036-4 € 14,80

Kim de Groote / Flavia Nebauer
Kulturelle Bildung im Alter
Eine Bestandsaufnahme kultureller Bildungsangebote für Ältere in Deutschland
vol. 7, München 2008, 279 S.,
ISBN 978-3-86736-037-1 € 18,80

Vanessa-Isabelle Reinwand
„Ohne Kunst wäre das Leben ärmer"
Zur biografischen Bedeutung aktiver Theater-Erfahrung
vol. 8, München 2008, 210 S.,
ISBN 978-3-86736-038-8 € 16,80

Max Fuchs
Kultur – Teilhabe – Bildung
Reflexionen und Impulse aus 20 Jahren
vol. 9, München 2008, 424 S.,
ISBN 978-3-86736-039-5 € 22,80

Max Fuchs
Kulturelle Bildung
Grundlagen - Praxis - Politik
vol. 10, München 2008, 284 S.,
ISBN 978-3-86736-310-5 € 19,80

kopaed (muenchen) www.kopaed.de

Kulturelle Bildung vol.1-

Wolfgang Schneider
Kulturpolitik für Kinder
Eine Studie über das Recht auf
ästhetische Erfahrung und künstlerische
Praxis in Deutschland
vol. 11, München 2010, 188 S.,
ISBN 978-3-86736-311-2   € 16,80

Burkhard Hill / Tom Biburger /
Alexander Wenzlik (Hrsg.)
Lernkultur und kulturelle Bildung
Veränderte Lernkulturen – Kooperationsauf-
trag an Schule, Jugendhilfe, Kunst und Kultur
vol. 12, München 2008, 192 S.,
ISBN 978-3-86736-312-9   € 16,80

Tom Biburger / Alexander Wenzlik (Hrsg.)
**„Ich hab gar nicht gemerkt,
dass ich was lern!"**
Zur Wirkung kultureller Bildung und
veränderter Lernkultur an Schulen
vol. 13, München 2009, 301 S.,
ISBN 978-3-86736-313-6   € 18,80

Almuth Fricke / Sylvia Dow (Hrsg.)
**Cultural Participation and Creativity
in Later Life**
A European Manual
vol. 14, München 2009, 182 S.,
ISBN 978-3-86736-314-3   € 16,80

Vera Timmerberg / Brigitte Schorn (Hrsg.)
**Neue Wege der Anerkennung von
Kompetenzen in der Kulturellen Bildung**
Der Kompetenznachweis Kultur
in Theorie und Praxis
vol. 15, München 2009, 296 S.,
ISBN 978-3-86736-315-0   € 18,80

Norma Köhler
**Biografische Theaterarbeit zwischen
kollektiver und individueller Darstellung**
Ein theaterpädagogisches Modell
vol. 16, München 2009, 215 S.,
ISBN 978-3-86736-316-7   € 16,80

Tom Braun / Max Fuchs / Viola Kelb
Auf dem Weg zur Kulturschule
Bausteine zu Theorie und Praxis
der Kulturellen Schulentwicklung
vol. 17, München 2010, 140 S.,
ISBN 978-3-86736-317-4   € 14,80

Wolfgang Zacharias
Kulturell-ästhetische Medienbildung 2.0
Sinne. Künste. Cyber
vol. 18, München 2010, 507 S.,
ISBN 978-3-86736-318-1   € 24,80

Kim de Groote / Almuth Fricke (Hrsg.)
Kulturkompetenz 50+
Praxiswissen für die Kulturarbeit mit
Älteren
vol. 19, München 2010, 156 S.,
ISBN 978-3-86736-319-8   € 16,80

Max Fuchs
Kunst als kulturelle Praxis
Kunsttheorie und Ästhetik
für Kulturpolitik und Pädagogik
vol. 20, München 2011, 202 S.,
ISBN 978-3-86736-320-4   € 18,80

kopaed (muenchen) www.kopaed.de

Kulturelle Bildung vol. 1-

Gerhard Knecht / Bernhard Lusch (Hrsg.)
Spielen Leben lernen
Bildungschancen durch Spielmobile
vol. 21, München 2011, 211 S.,
ISBN 978-3-86736-321-1 € 18,80

Hildegard Bockhorst (Hrsg.)
KUNSTstück FREIHEIT
Leben und lernen
in der Kulturellen BILDUNG
vol. 22, München 2011, 260 S.,
ISBN 978-3-86736-322-8 € 18,80

Tom Braun (Hrsg.)
Lebenskunst lernen in der Schule
Mehr Chancen durch
kulturelle Schulentwicklung
vol. 23, München 2011, 333 S.,
ISBN 978-3-86736-323-5 € 19,80

Flavia Nebauer / Kim de Groote
Auf Flügeln der Kunst
Handbuch zur künstlerisch-kulturellen
Praxis mit Menschen mit Demenz
vol. 24, München 2012, 206 S.,
ISBN 978-3-86736-324-2 € 16,80

Tobias Fink
**Lernkulturforschung
in der Kulturellen Bildung**
Eine videographische Rahmenanalyse
der Bildungsmöglichkeiten
eines Theater- und Tanzprojektes
vol. 25, München 2012, 450 S.,
ISBN 978-3-86736-325-9 € 22,80

Max Fuchs
Kunst als kulturelle Praxis
Bildungsprozesse zwischen
Emanzipation und Anpassung
vol. 26, München 2012, 213 S.,
ISBN 978-3-86736-326-6 € 18,80

Wolfgang Sting / Gunter Mieruch / Eva
Maria Stüting / Anne Katrin Klinge (Hrsg.)
TUSCH: Poetiken des Theatermachens
Werkbuch für Theater und Schule
vol. 27, München 2012, 221 S. + DVD,
ISBN 978-3-86736-327-3 € 18,80

Birgit Mandel
Tourismus und Kulturelle Bildung
Potentiale, Voraussetzungen,
Praxisbeispiele und empirische
Erkenntnisse
vol. 28, München 2012, 188 S.,
ISBN 978-3-86736-328-4 € 16,80

kopaed (muenchen) www.kopaed.de

**Bundesvereinigung
Kulturelle Kinder- und Jugendbildung e.V.**

Wir fördern soziale und kreative Kompetenz

Die BKJ ist der Dachverband der Kulturellen Kinder- und Jugendbildung in Deutschland. Sie vertritt die jugend-, bildungs- und kulturpolitischen Interessen von 56 bundesweit agierenden Institutionen, Fachverbänden und Landesvereinigungen der Kulturellen Kinder- und Jugendbildung. Vertreten sind die Bereiche Musik, Spiel, Theater, Tanz, Rhythmik, bildnerisches Gestalten, Literatur, Museum, Medien, Zirkus und kulturpädagogische Fortbildung. Die BKJ und ihre Mitglieder unterstützen und fördern gemeinsam Vielfalt, Qualität und Strukturen der Kulturellen Bildung.

Durch Tagungen, Seminare, Evaluationen und Fachpublikationen trägt die BKJ zur Qualifizierung und Qualitätssicherung sowie zum Transfer zwischen Praxis und Wissenschaft bei und regt den Informations- und Erfahrungsaustausch an. Mit ihren Modellprojekten liefert sie Impulse für die Praxis. Dabei agiert sie sowohl außerhalb von Schule als auch in und mit Schulen sowie in den kulturellen Freiwilligendiensten und dem internationalen Jugendkulturaustausch.

Kontakt
BKJ – Bundesvereinigung Kulturelle Kinder- und Jugendbildung e. V.
Küppelstein 34
42857 Remscheid
Fon: 02191.794 390
Fax: 02191.794 389
info@bkj.de
www.bkj.de
www.facebook.com/kulturelle.bildung